實用

누구나 쉽게 활용하여 복 받을 수 있는

玄空風水

實用

누구나 쉽게 활용하여 복 받을 수 있는

玄空 風水

릴리언 투 지음 | **이민열** 옮김

【8운 ➜ 2004. 2. 4 ~ 2024. 2. 3】

8운 20년간의 재물·건강·애정운 증진 비법!

Lillian Too' s
FLYING STAR FENG SHUI FOR PERIOD 8
© Konsep Lagenda SDN BHD

이 책을 제니퍼[Jeniffer]와 그의 풍수학인들에게 바칩니다.

부디 8운 내내 행운이 깃들기를 바랍니다.

추천사

'릴리언 투(Lillian Too)' 는 누구인가?

그의 이름은 우리나라에서는 비교적 생소한 편이지만, 풍수계(風水界)에서는 세계적으로 유명한 여류인사(女流人事)이다. 말레이시아 출신인 원저자는 미국의 하버드 대학 Business School에서 MBA로 졸업한 후, 풍수지리를 기업에 적용하여 대성공을 일궈낸 입지적인 인물이며, 은퇴 후에는 풍수서적 집필에 힘쓰고 있는데 기존의 여러 저서물들이 세계적으로 번역 출간되어 동양권의 풍수지리를 세계화하는 데 최고의 공로자 역할을 하고 있다.

그의 홈페이지인 http://www.wofs.com를 보면 그의 명성을 쉽게 확인할 수 있는데, 이를테면 Aruba, Australia, Belgium, Brunei, Canada, France, Hawaii, Indonesia, India, Japan, Malaysia, Mauritius, Mexico, Netherlands, N. Caledonia, New Zealand, Philippines, Russia, Singapore, Spain, Tahiti, Thailand, USA, UK, Ukraine 등의 나라에서는 이미 '릴리언 투' 와 연결하여 풍수지리를 보급하고 있다.

1970년대에 미국을 중심으로 '신시대 과학, 신물결 과학(New Age Science, New Wave Science)' 이라는 새로운 세계관이 주창되면서 기존의 과학을 탈피하고 동양의 전통 역학(易學)에 접근함에 따라 풍수지리도 관심을 받기 시작하였다.

그동안 서양에 사는 화교(華僑)들이 서양인을 대상으로 간간히 영어로 출간한 풍수지리책이 있기는 하나 이들은 대부분 이해와 원론 수준에 머무른 반면, '릴리언 투' 의 본서는 최근에 가장 인기 있는 현공풍수(玄空風水)에 대해 신세대들도 쉽게 이해하고 실생활에 바로 적용할 수 있도록 쓴 실용적인 책이다.

역자인 이민열(李旼烈) 박사는 대학에서 외국어를 전공하고 해외 관련 업무를 해왔으며, 동양역학(東洋易學) 전반에 걸쳐 오랫동안 연구해 오고 있다. 최근에는 풍수지리에 매료되어 영어와 중국어가 통용되며 수준이 높은 말레이시아의 풍수서적을 입수하여 연구하는 신지식인(新知識人)이며 하늘의 뜻을 헤아리는 지천명(知天命)의 인생을 살고 있는 멋진 사람이다.

그동안 기존의 우리나라 양택풍수 이론이 거의 동사택(東四宅)과 서사택(西四宅) 이론인 소위, 팔택법(八宅法)에만 의존하는 실정이었다. 이에 대해 이(李) 박사는 영어로 된 현공풍수이론을 국내에도 알려야 한다는 사명감과 정보의 공유화 차원에서 본 책을 번역하게 되었다고 한다. 본서의 출간을 계기로 글로벌시대에 걸맞게 우리나라의 풍수지리도 세계로 수출되는 시대가 성큼 다가오기를 기대해 본다.

2013. 2

대한현공풍수지리연구소장

崔明宇

책을 내면서

조금만 추워도 따스한 햇볕을 찾고 조금만 더워도 시원한 그늘을 찾는 것이 사람들의 정서이다. 누구든지 잠을 자고 나면 몸이 개운한 곳이 있는가 하면 아무리 깊은 잠을 자도 몸이 찌뿌드드한 곳이 있다는 것을 경험했을 것이다. 우리의 몸은 그토록 환경에 민감하게 반응하는 나약한 존재이다. 육체적 편안함은 곧 마음의 평화로 연결되는데 여기에는 스스로 어찌할 수 없는 부분이 많이 작용한다. 즉, 심신의 평안은 인력(人力)으로만 되지 않는다는 말이기도 하다.

이렇게 보이지 않는 기(氣)의 영향을 연구하여 자연과 인간과의 관계를 조화롭게 만들기 위해 발전한 학문이 '풍수(風水)' 이다. 단순한 의미로는 바람과 물이 우리 인간에게 미치는 작용력을 연구하는 것이지만 풍수의 영향력은 알게 모르게 우리의 실생활 구석구석에까지 밀접하게 작용하고 있는 것이다.

그동안 우리나라의 풍수는 사자(死者)를 위주로 한 음택풍수(陰宅風水)가 주를 이루었고 용혈사수(龍穴砂水)의 배합을 위주로 보는 형기풍수(形氣風水)가 주를 이루었다. 그러나 요즘은 음택풍수보다는 살아 있는 사람 중심인 양택풍수(陽宅風水)의 중요성이 더욱 부각되고 있으며 이러한 추세는 동아시아를 넘어 멀리 미국과 유럽에까지도 전파되어 성황리에 보급되고 있다.

이러한 이유는 풍수의 위력이 점점 과학화하고 있을 뿐만 아니라 그 경험사례가 놀라울 정도로 적중되고 있기 때문이다. 그동안의 고전풍수가 형세를 중요시하는 형기풍수론 위주였다면 21세기의 시작과 더불어 우리나라에 도입된 현공풍수는 형기 위주의 공간을 기본으로 하고 시간(時間)과 방향(方向)을 적법하게 배합하는, 즉 시공(時空)을 동시에 다루는 풍수법이다. 본 책에서는 시간의 흐름을 적용하는 풍수운의 대입을 시운풍수(時運風水)라 명명하였다.

현공풍수(玄空風水)는 중국 당나라 때의 국사(國師)인 구빈(救貧) 양균송(楊筠松) 선생이 창안한 풍수법인데 그야말로 사제지간에만 비법으로 전수되어 오다가 20세기 초부터 중국, 대만, 홍콩 등지에서 일반인들에게도 보급되기 시작하였다. 그 역사는 무려 천년이 훨씬 넘었지만 보편화하기 시작한 것은 그리 오래 되지 않았다. 그 적용 원리가 복잡하지 않으면서도 적중력이 높은 현공풍수는 주로 홍콩 사람들에 의해 서구로 전파되었고, 오늘날 미국 및 유럽의 각지에서 영문판 풍수서적이 날로 인기를 더해가고 있는 실정이다.

이번에 발간하게 된 본서(本書)는 릴리언 투(Lillian Too)의 현공풍수를 다룬 영문 서적 『Flying Star Feng Shui for Period 8』을 완역한 책으로 그 내용이 조금만 노력하면 누구나 실생활에 쉽게 적용할 수 있도록 잘 짜여져 있다. 즉, 하나의 삶의 기술로 삼을 만한 내용들이 가득 담겨 있다는 것이다. 릴리언 투는 미국에서 경영학을 이수하고 은행가와 기업체 임원으로 화려한 경력을 쌓은 말레이시아 출신의 풍수사로 풍수 전문지식이 뛰어난 세계적 베스트셀러 작가이며 현재까지 약 2백여 권의 풍수서적을 출간하였고 그 책들이 30여 개 국어로 번역되어 세계의 곳곳에서 읽혀지고 있다.

본 책은 현재 우리가 살고 있는 시대의 시운(時運)을 적용하여 자기가 살고 있는 집〔陽宅〕에 어떻게 배합하는 것이 인정운(人丁運)과 재물운(財物運)을 증진시키는 데 효율적인가를 주로 다루고 있다. 나경(羅經)을 사용하여 자기 집의 좌향(坐向)을 정확하게 측정하기만 하면 곧바로 집의 운을 분석하여 조치할 수 있는 방법들을 소개하고 있다. 양택풍수(陽宅風水)를 위주로 하여 일반인들도 읽어보면 쉽게 이해하고 활용할 수 있도록 실용적인 내용으로 엮어져 있다.

이 책은 한자(漢字)를 전혀 모르는 영어권의 일반인들을 위해 쓰인 책으로 한자 문화권에 속하는 우리나라 독자들은 이해하기가 훨씬 더 쉬우리라 생각한다. 영어식으로 표현한 풍수 전문용어들을 우리가 주로 쓰는 풍수 용어로 바꾸었으며 애성반(挨星盤)의 표를 비롯한 현공풍수에서 사용하는 용법들을 최대한 우리 사정에 맞게 바꾸어 편역하였다. 다만, 원서(原書)의 첫 판이 7운의 끝자락인 2003년에 발간되어 내용 중에 시점 상으로 약간 동떨어진 부분이 있을 수 있으나 현공풍수 용법을 적용하는 데는 아무런 문제가 없어 원서의 의미를 살려 그대로 번역하여 실었다. 또한, 내용을 잘 숙지하면 다가오는 9운〔2024. 2. 4 ~ 2044. 2. 3〕에도 현공풍수의 기법들을 쉽게 응용하여 활용할 수 있을 것이라 여겨진다.

이 책이 나오는 데까지 내용을 꼼꼼히 감수하고 지도해 주신 대한현공풍수지리학회 최명우 연구소장님과 사나운 날씨 속에서도 시간을 할애하여 글을 매끄럽게 다듬어준 양재홍 님 그리고 상원문화사 문해성 사장께도 마음속 깊이 감사의 말씀을 드리는 바이다.

아무쪼록, 이 책을 통하여 독자 여러분들의 현공풍수에 대한 이해와 이를 실생활에 적극 활용함으로써 국내 현공풍수의 발전은 물론 동시대(同時代)를 함께 더불어 살아가는 여러분들의 삶에 자그마한 보탬이 되었으면 하는 바람이다.

2013(癸巳)년 2월

옮긴이

이 민 열

들어가는 말

풍수, 올바로 알면 운을 바꾼다

동양, 특히 중국과 한국에서 전통의 생활 철학으로 실생활에 뿌리 깊게 자리 잡고 있는 풍수는 얼마나 정확하게 사용하느냐에 따라 원하는 바를 달성시켜 주는 삶의 기술입니다. 풍수는 단순히 공간적인 현상만을 보는 것이 아니라 〈시간〉의 계산과 〈공간〉의 개념이 결합될 때 그 가치가 정확하게 발휘되는 것입니다. 즉, 풍수에는 공간뿐만 아니라 시간 관념도 적용됩니다. 그리고 그에 대한 이해를 하면 할수록 실생활에 적용할 때 과학적으로 맞아 떨어진다는 것을 알게 될 것이며, 그러기 위해서는 정확한 나경(羅經)을 사용하는 것이 필요합니다.

오늘날 세계적으로 풍수의 이해가 폭넓게 받아들여지고 그 적용 사례가 과학적임이 밝혀짐에 따라 서방세계나 해외의 신세대들에게 풍수에 대한 인기가 날로 높아지고 있습니다. 풍수 인구가 늘어남에 따라 영어권 국가에도 그 비결이 전수되고 있는 실정입니다. 현장에서 활용하기가 복잡하고, 한때 의심투성이였던 것들이 지금은 열심히 연구 발전되어 신세대들도 쉽게 이해하고 실생활에 적용할 수 있게 된 것입니다. 필자의 책 『팔택(八宅) 풍수』와 『현공(玄空) 풍수』에서는 실제 풍수를 현장에서 완벽하게 활용할 수 있도록 나경 사용법을 자세하게 다루었습니다. 고도의 정신수양을 요하는 도교(道敎) 풍수의 비법 또한 풍수를 실용성 있게 활용하는데 접목되고 있습니다.

이 모든 것들이 풍수를 아주 쉽게 이해하고 쉽게 접근할 수 있도록 안내해 줍니다. 따라서 주변의 형태, 모양, 상징물 등이 공간풍수에서 절대적이었다면, 오늘날에는 자기의 운에 영향을 미치는 시간은 물론이고 종교의식이나 정신의식에 대한 영향 등을 더욱 비중 있게 다루고 있습니다. 이 책은 시간의 관념에 대한 것으로 시간의 흐름이 어떻게 주택과 건물에서 기(氣)의 질(質)을 바꿀 수 있느냐에 관한 것입니다. 여러분이 이러한 풍수의 시간관념을 실생활에 활용한다면, 여러분은 각자의 길운(吉運)을 보다 완벽하게 보장할 수 있다는 사실을 빨리 이해하게 될 것입니다.

시간관념(時運) 풍수

시간에 따라 변하는 풍수운을 시운(時運)이라고 하는데, 이 시운을 적용하여 풍수를 분석하는 기법을 종합적으로 현공풍수법(玄空風水法)이라고 일컫습니다.

현공풍수는 숫자와 그 조합을 뜻하는 숫자점(數字占)의 이해에 관한 것입니다. 계산을 하여 적용하는 것인데, 이것을 배우는 것은 그리 어렵지 않습니다. 현공풍수의 본질은 3×3개의 구궁(九宮), 즉 낙서(洛書)에 배열된 숫자를 공간에 적용하는 것입니다. 이 그림을 대개 주택과 건물의 애성반(挨星盤) 또는 운반(運盤)이라고 합니다.

애성반은 다음과 같은 두 가지의 요소로 이루어집니다.

① 건물을 건축하거나 마지막으로 개조한 해당 운(運)과 연도(年度)를 따지는 것입니다. 준공시점과 개조의 기준에 대해선 왈가왈부 이론(異論)이 많은데, 모든 풍수의 명사(明師)들이 동일한 기준을 적용하는 것은 아닙니다. 특히 건물 개조의 기준은 더욱 그렇습니다. 그러나 건물의 천지기운이 다시 바뀔 때 이를 개조로 봐야 한다는 데는 대부분 동의하고 있습니다. 건물의 개조를 끝낸 날을 기준으로 건물의 운을 적용하는 것입니다.

② 건물이 향하고 있는 정확한 나경의 방위입니다. 현공풍수에서는 나경의 360도를 24방향으로 나눕니다. 이것을 24좌(坐)라고 하는데, 현공풍수를 다룬 중국서적에서는 이 24방위에 각각 소속명칭을 부여하였습니다. 필자는 방위를 1, 2, 3이라고 단순화시켜 놓았는데, 나경의 8방위는 각각 3등분되어 24방위〔8×3〕가 됩니다. 필자는 24좌(坐)를 南〔S〕1, 南〔S〕2, 南〔S〕3 등으로 명명하였습니다.

건물의 향방에 대한 기준에 대해서도 논쟁이 있습니다. 이것은 집이나 건물을 애성반에 정확하게 적용해야 할 때 혼선을 일으킵니다. 여러분은 7운〔1984~2003년〕과 8운〔2004~2023년〕의 어느 것을 여러분의 집에 가장 알맞게 적용할 것인가를 결정하기에 앞서 이러한 향방의 논쟁거리를 검토해 봐야 합니다.

현공풍수(玄空風水)

현공풍수는 집의 방위〔도면상〕운을 나타낼 뿐만 아니라 해마다 바뀌는 운로(運路)에 대한 정보도 제공해 줍니다. 그러나 풍수의 연운(年運)은 집의 주기운〔period〕의 범주 내에서 이뤄져야 합니다. 따라서 여러분이 집에 풍수를 유익하게 활용하기 위해서는 지속적이고 규칙적으로 시간의 흐름에 맞게 시운(時運)을 적용해야 합니다. 기(氣)는 항상 변하는데, 이 변화가 여러분의 운에 어떻게 영향을 미치는지를 항상 연구해야 합니다.

2004년 2월 현공풍수에는 획기적인 일이 발생하는데, 7운이 끝나고 8운이 시작되기 때문입니다. 이는 입춘인 2004년 2월 4일에 일어납니다.

이러한 변화는 모든 건물의 운의 변화에 상당한 영향을 미치며, 변화한 운은 20년간 지속됩니다. 본 책은 향후 20년간 여러분에게 운의 변화를 통하여 행운을 취할 수 있는 여러 가지 방법들을 안내해 줄 것입니다.

하력(夏曆)

이 책에서 사용한 달력은 하력(夏曆) 또는 중국 태양력(太陽曆)인데, 이는 태음력(太陰曆)과는 다르며 매년 다른 날짜에서 출발합니다. 하력은 그레고리력의 2월 4일이나 5일에 시작됩니다.

하력은 풍수의 시간적 영향을 분석하는데 사용됩니다. 매 하년(夏年)과 하월(夏月)을 지배하는 낙서(洛書) 숫자가 있는데, 풍수에서 시간관념의 기본이 되는 이 숫자들이 낙서궁(洛書宮)에 순서대로 배치됩니다.

이 책의 활용 방법

이 책은 7운과 8운에 용사(用事)된 주택의 8방(方) 운에 대한 정보를 제공해 줍니다. 현공풍수에는 전체 9운 동안 모두 144개의 애성반(挨星盤)이 있습니다. 각 운은 지배수를 본 따 명명되며 각 운에는 16개씩의 운반(運盤)이 있고, 각 운은 20년간 지속됩니다.

따라서 어느 운이든 16개의 다른 운반이 존재하게 되는데, 7운도 그렇고 8운도 마찬가지입니다. 각 운에서 주택운은 향방(向方)에 따라 달라집니다. 향방에는 16가지가 있는데, 따라서 매 운마다 애성반(挨星盤)이 16개가 있는 것입니다.

1984년 2월 4일에서 2004년 2월 4일 사이에 건축하였거나 개조한 건물은 7운에 속합니다. 이러한 건물은 8운으로 바꾸지 않는 한 7운과 똑같은 운으로 지속됩니다. 여러분이 집의 운을 바꾸던 바꾸지 않던, 그리고 운을 바꾸려고 마음먹었다면, 집의 운을 어떻게 바꾸느냐 하는 것을 안내하는 것이 이 책의 주요 내용입니다.

지금부터는 7운 내내 길수(吉數)였던 숫자 7이 8운에서는 흉수(凶數)

가 된다는 사실을 아는 것이 중요합니다. 한편, 이미 길수였던 8은 2004년부터는 더 좋은 숫자가 되며 이는 20년간 지속됩니다.

그러므로 여러분의 집을 8운으로 바꾸려면 집의 애성반을 살펴보고 분석하는 것이 중요합니다. 더하여 매년 초에 집의 위험 방위를 확인하고 월별로 바뀌는 운의 흐름을 조사해 알아보고 싶을 것입니다. 시간 풍수는 여러분이 이러한 분석을 수행할 수 있는 방법들을 제시해 줍니다.

중국의 모든 치유와 운의 개선요법에는 "예방이 치료보다 훨씬 낫다"라는 명언이 있음을 주목하시기 바랍니다. 이 책은 매년 피해를 끼치는 집의 방위를 확인할 수 있는 방법을 제시해 줍니다. 여러분은 이러한 방위를 파악하여 치유 및 예방 수단을 찾음으로써 불필요한 질병의 악화, 실연, 실물, 도난, 불의의 사고, 막대한 손재수(損財數) 등을 방지해야 합니다.

풍수의 연흉(年凶)

각 운별로 집이나 사무실의 어느 방향이 피해를 입는 흉방(凶方)인가를 여러분이 알게 된다면, 8운 20년 내내 행운을 유지할 수 있도록 여러분의 집을 배치할 수 있습니다. 그리고 매 연월(年月)의 피해를 파악할 수 있다면 그 흉한 연월성(年月星)을 극복하기 위한 비보(裨補) 조치도 취할 수 있습니다. 연월성은 조심스럽게 다뤄져야 하는데, 이 별들에 의해 일어나는 불행은 아주 혹독하기 때문입니다.

또한 매년 집의 수리, 이사, 한쪽의 기를 흐트러뜨리는 행위 등을 할 때 피해야 할 것들을 알아야 합니다. 땅파기, 때리기, 두드리기 등의 무분별한 행위로 기를 방해해서는 안 되는 방위가 해마다 달라지는 것도 알아야 합니다.

이렇게 피해야 할 곳은 3개의 궁이 있는데, 다음과 같습니다.

- 태세(太歲)궁
- 삼살(三殺)궁
- 오황(五黃)궁

이 궁들은 옮겨다니기 때문에 매년 이 궁들이 어디에 위치하는지를 주목해야 합니다. 간혹 피해야 할 것들을 무시하여 불행해지는 것을 볼 수 있는데, 흉성에 의해 파괴되면 집의 좋은 풍수가 유린되기 때문입니다. 연명성(年命星)의 피해를 무시하면 이유도 모르는 채 손실, 사고, 질병, 불행과 함께 엄청난 흉운이 닥치게 됩니다.

2004년은 원숭이 해〔甲申年〕로 연명반(年命盤)의 중궁에 숫자 5가 낙서 숫자와 겹칩니다. 이는 도전의 해〔年〕임을 암시하고 있습니다. 이 해는 7운의 마지막이며 8운의 시작인데, 새로운 권력과 명성, 새로운 지도자와 아이디어 등이 출현하는 변화의 해입니다.

8운은 7운보다 물질주의가 덜하며, 재물 추구보다는 지식의 추구를 상징하는 신세대 아이콘과 역할 모델의 출현을 보게 될 것입니다.

풍수를 잘 활용하려면 시간의 흐름과 맥을 같이 하는 것이 유익합니다. 그렇지만 새로 생기는 피해 요인에 대한 해결책을 마련하는 것과 길성(吉星)이 좋게 작용하도록 풍수비보를 활용하는 것도 중요합니다. 이러한 것이야말로 행운을 확실하게 취하기 위한 적극적인 풍수 활용법입니다.

이 책은 2004년 2월 4일부터 2024년 2월 4일까지인 8운의 20년 동안 작용할 보이지 않는 힘에 대해 설명합니다. 8운 20년 동안 많은 일들이 세계무대에서 일어날 것이지만, 여러분이 가정이나 근무지의 기를 잘 보호한다면 풍수는 여러분이 다음 20년 동안 살아가고 번창하는 데 많은 도움을 줄 것입니다.

풍수는 종교적이거나 정신적이지도 않은 훌륭한 삶의 수단이지만, 진실하고 진지한 마음으로 풍수를 활용하면 정말로 더 큰 위력을 발휘하게 됩니다. 풍수를 일종의 생활의 기술로 바라보면 그것에 얽매이지 않고 삶을 즐기게 될 것입니다.

이 책을 통하여 여러분은 기가 변함에 따라 집에 필요한 개선사항들을 진단할 수 있어야 합니다. 자신이 없으면 언제든지 필자에게 메일을 보내주십시오【questions@wofs.com】. 그리고 사이비 풍수에 현혹되지 않도록 각별히 주의하십시오.

의심이 나면, 여러분이 본대로 판단하십시오. 풍수사도 모르면 여러분에게 도움을 줄 수 없다는 사실을 명심하십시오. 풍수는 아주 배우기 쉬운 기술이지만 통달하기는 쉽지 않습니다. 그것은 인내와 세심한 분석이 요구됩니다. 그래서 필자는 항상 사람들에게 '당신 스스로의 풍수를 하라' 고 조언합니다. 자기 자신의 풍수에 쏟는 헌신과 관심이 항상 풍수사가 조언해 주는 것보다 훨씬 더 효과적입니다.

이 책의 이면에는 "스스로 하라"라는 동기부여를 불어넣어 줍니다. 풍수의 위력으로 여러분의 삶을 향상시키고 더 큰 행복을 가져오도록 해 보십시오.

말레이지아 쿠알라룸푸르에서
2003년 8월
릴리언 투

차례

Time Dimension Feng Shui

시운(時運) 풍수

01

풍수에서의 시간관념

풍수기법에는 우주의 운행(運行)에 맞추거나 그와 상치하여 적용할 수 있는 시간관념, 즉 시운(時運)이라는 방법이 있다. 우주의 에너지를 취하는 것 외에도 시간의 흐름에 따라 영향을 미치는 에너지도 검토하여야 한다. 이것을 결코 간과하여서는 안 된다. 누구든지 풍수를 정기적으로 변화시켜 주어야 하는데 이는 20년 주기에 맞추어 연간, 월간, 주간, 심지어는 일별까지도 맞추어야 한다. 그 이유는 시간의 기(氣)가 항상 변하기 때문이다.

시간은 결코 정지되어 있지 않기 때문에 시간 에너지는 매월, 매시간, 매분, 매순간마다 변한다. 이것은 풍수의 핵심인 음양(陰陽)의 보편적 상보성(相補性)에 있어 양기(陽氣)의 본질이다. 시간을 측정하기 위해서 중국인들은 태음력과 태양력을 고안해냈다. 시운(時運) 풍수에서는 시간의 측정을 위해 태양력을 쓰는데 이를 하력(夏曆)이라고도 한다.

시운(時運) 풍수는 매우 위력적인 것으로 결코 무시되어서는 안 된다. 누구든지 삶에 활용하여야 한다. 옛날에는 시운 풍수가 능통한 명사에 의해 은밀히 실행되었고 특혜를 받은 제자들에게만 전수되었다. 이들 명사들은 20년 주기로 변하는 기의 변화는 물론 매년마다 변하는 기에 맞도록 특정 고객의 풍수를 바꿔주곤 하였다.

풍수를 매 주기운(週期運) 및 연운(年運)에 맞게 조정하려면 풍수 전문가의 추가적인 조언이 필요하다. 옛날에는 충분한 설명도 없이 권장만 하였기 때문에 풍수를 신비주의와 결부시켰다. 이것은 풍수에서의 시간 변화는 너무나 대단한 것이라서 그 효력이 금방 나타나므로 자문을 해준 풍수 전문가는 유명세를 타고 행운을 거머쥐었기 때문이다. 어떤 사람은 마치 마술을 부리듯이 운을 바꾸는 특별한 능력이 있는 것처럼 여겨지기도 하였다.

오늘날 현공풍수(玄空風水)의 중요한 '비법'과 그 주기운 및 연운(年運)에 맞게 변화시키는 방법들은 이러한 이기풍수(理氣風水)를 배우려는 사람이면 누구든지 활용 가능하다. 시간의 흐름에 따라 집안의 풍수도(風水圖)가 어떤 원칙에 의해 만들어지는지를 알게 되면, 풍수를 '과학적이고 역동적인 빛'으로 보게 된다.

이것은 풍수의 많은 신비주의적 의문점을 풀어주는 것으로 다행스런 일이다. 또한 의심의 여지를 줄여주고 많은 사람들이 풍수에 확신을 갖도록 해준다. 풍수를 형이상학적인 것이 아닌 누구든지 배울 수 있는 학술로 여김으로써 과학적인 접근을 하는 데도 도움이 된다. 필자는 풍수를 삶의 기술이라 생각하고 그것을 실천하는 것이 최선이라는 것을 알게 되었다.

비록 풍수는 중국 고대의 지혜에 바탕을 두고는 있지만, 전문지식을 개발하기 위해 정확성과 규칙적인 연습을 필요로 하는 기술적인 학문이다. 현공풍수는 매 운마다의 행운도(幸運圖)를 알아내기 위해 특별한 공식을 사용하는데, 그 행운도에 나타나는 상황을 보고 처방과 비보를 하게 된다.

행운(幸運)과 불운(不運)의 형태

풍수에서의 길흉은 운이 어떻게 나타는지 그리고 그 강도가 어떠한지에 따라 구분된다. 운은 3단계의 강도로 구분되는데 긍정〔+〕, 부정〔−〕, 그리고 행운이나 흉운의 각기 다른 4가지 징후로 나누어진다.

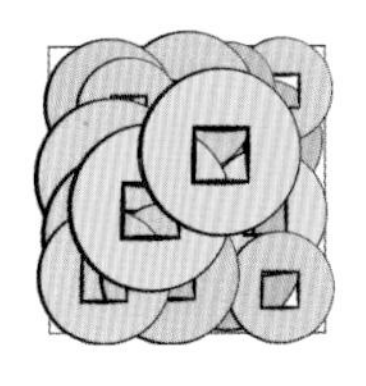

'재물이나 번영'의 긍정적 징후란 부(富)를 창출하거나 더 높은 수익을 올릴 수 있는 운을 의미한다. 수익은 직장운과 관련이 있고, 부는 사업운과 관련이 있다.

그리고 '건강운'이 있는데, 이는 질병이나 신체적인 병이 없는 것을 말한다. 좋은 건강운은 장수운과 자손운에도 연결된다. 이것은 행운의 매우 중요한 측면이다. 기가 약화되고 음기가 퍼지면 질병을 유발한다.

행운의 세 번째 형태는 '인간관계 운'으로 가족, 사랑, 직원복(職員福) 등을 포괄한다. 또한 친구와

동료, 사업 파트너 등 인간관계의 모든 부문을 포함한다. 풍수는 좋은 인간관계를 가지면 행복과 화합, 성공으로 가는 열쇠가 된다는 것을 말해 준다.

마지막으로, 운의 네 번째 형태는 '개인적인 성장과 발전운' 이다. 이는 마음과 정신적으로 성장할 뿐만 아니라 배우고 전진할 수 있는 행운을 갖는 것이다. 여러 면으로 이것은 가장 좋은 운의 일종인데, 왜냐하면 개인적인 영역을 넓히고 자신의 개인적인 권위와 야망을 이룰 수 있는 운이기 때문이다.

이기법(理氣法) 속에는 여러 가지로 다른 운의 형태에 접근하는 다양한 방법들이 있다. 이미 필자가 쓴 다른 풍수서적에서 많은 방법들을 설명하였다. 그러나 운이 무엇이고 운이 어떻게 나타나는지를 분명하게 학습하고 기억하는 것이 좋다. 우리가 운의 본질을 이해하고 풍수의 원리로부터 원하는 운의 종류를 인식한다면 각자에게 당면한 선택사항을 결정하기가 더 쉬워질 것이다.

여러 형태의 운 외에도, 풍수에서는 행운이나 흉운을 강도별로 세 가지로 구분한다. 행운에서는 성장운, 성숙운 또는 쇠퇴운으로 구분할 수 있다.

세 가지 중에서도 성장운 또는 생기(生氣)가 가장 바람직한데 그것은 행운의 시작을 뜻하기 때문이다. 행운이 막 싹트기 시작한다는 것은 우리가 좋은 사이클의 시작 지점에 있음을 의미한다. 성숙운은 행운이 꽃피는 것과 같고, 이미 꽃이 핀 행운 즉, 쇠퇴운은 행운의 끝자락에 있음을 암시해준다.

이 끝 단계에서는 기(氣)를 소생시키는 방법을 아는 것이 중요하다 ➔ 기를 불어 넣어라! 악운이나 불행에도 세 가지가 있다. 가벼운 악운은 단순히 기가 약화되는 것이므로 견딜만하다. 퇴기(退氣)나 사기(死氣)는 질병을 유발하고, 마지막으로 살기(殺氣)는 재앙과 파멸을 가져온다.

행운방(幸運方)과 시운(時運)의 주기

풍수를 적용하여 각기 다른 시운(時運)별로 집안의 행운방(幸運方)을 알 수 있는데, 이것은 풍수도에 정리된 나경의 방위로 정해진다. 어느 풍수도이던 모두 8개의 방위로 되어 있는데, 이를 보통 건물의 구궁(九宮)이라 일컫는다. 구궁의 운은 시운에 따라 각기 다른 힘의 크기로 여러 행태의 운을 변화시키며 흘러간다.

시운의 주기는 1에서 9까지 모두 9개의 운이 있는데, 각 운은 20년간 지속되며, 따라서 한 바퀴를 도는 데는 180년이 걸린다. 각 운은 운을 지배하는 숫자를 따서 명명되며, 각 방위의 운은 시운의 변화와 함께 바뀐다.

행운의 방위를 알아내는 것이 현공풍수의 본질이다. 게다가 명사(明師)란 행운과 불행의 강도는 물론 운의 미묘한 차이를 설명할 수 있도록 풍수도의 모든 숫자를 분석할 줄 아는 사람이다.

또한 명사는 각 방위별로 시운의 변화로 일어나는 풍수의 피해를 극복하는 치유와 해결책을 제시할 수 있다. 치유 방법에는 각 방위의 오행(五行)과 관련된 강력한 상징물을 활용하는 것들이 많이 있다. 따라서 현공풍수를 활용할 적에는 행운의 상징물에 대한 지식과 오행의 속성에 대하여 잘 아는 것이 유리하다.

누구나 생활과 근무 환경의 운에 미치는 시간의 영향을 무시해서는 안 된다. 각 방위의 운에 미치는 시간적 기(氣)의 영향은 강력한 것이다. 이것은 시운이 기의 흐름을 타고 매년 변한다는 사실과 행운과 흉운의 기가 집안에서 어떻게 유통되는지를 알아내는 것이 너무나 중요하기 때문이다.

매년 바뀌는 기의 변화는 연명반(年命盤)에 표시된다. 여러분의 침실이 질병이나 흉성수(凶星數)로 피해를 입는지 또는 대문이 길성수(吉星數)로 혜택을 받는지 등을 보여주는 것이 연명반이다.

연명반이나 월명반(月命盤)에 대해 더 알고 싶으신 분은 필자가 쓴 『풍수 인테리어』와 『명사를 위한 현공풍수』를 참고하시기 바란다.

그러나 매년의 기의 변화에 주목하는 것보다 더 중요한 것은 20년 주기의 기가 바뀔 때 풍수를 때에 맞게 바꿔주어야 한다는 것이다.

이것을 주기운(週期運)의 변화라고 하는데, 우리는 곧 8운이라는 새로운 주기운(週期運)을 맞게 된다.

주기운의 변화는 1984년에 시작된 7운이 끝나는 2004년 2월 4일에 일어난다. 8운은 2004년 2월 4일에 돌입하며, 그때 완전히 새로운 기가 세상의 모든 건물에 흘러든다. 이 새로운 기의 유통은 2024년까지 20년간 지속된다. 모든 풍수사들은 이러한 변화를 반드시 참작하여야 한다.

시운 변화 및 다른 풍수 방법들

시운의 변화가 운에 미치는 영향은 건물과 주변의 도로가 미치는 영향만큼, 그리고 집안의 각 방에 있는 가구의 방향과 배치가 미치는 영향만큼 중요하다는 것을 이해하는 것이 중요하다. 풍수에 미치는 시간과 공간적 기의 영향은 똑같이 중요하며 이 두 가지의 기를 계산하지 않고서는 집이나 사무실에 완벽한 풍수를 적용할 수 없는 것이다.

시간 풍수와 주기(週期) 풍수를 수행하려면 현공풍수에 대한 실용적인 지식이 필요하다. 나는 이것을 풍수의 기술적인 분야라고 여긴다. 현공풍수는 대단한 이론이지만, 정확하고 분명한 것이기 때문에 다른 풍수보다 배우기가 더욱 쉽다. 많은 추측성 판단들이 현공풍수로 밝혀지는데 이것이 현공풍수의 가장 큰 장점이다. 여러분이 분석하고 필요한 조치를 취하면 효과를 바로 느낀다. 현재 홍콩과 대만에서 적용되고 있는 모든 풍수가 이 이론을 취하고 있는 이유이다.

그러나 현공풍수를 별개로 사용해서는 안 된다.

비성(飛星=玄空)만을 사용하고 풍수의 다른 측면, 특히 천상의 수

호자〔용, 호랑이, 불사조, 거북이〕를 다루는 분야를 무시해서는 안 된다. 더욱이 풍수의 상징적인 측면을 무시해서는 안 된다. 실제로 현공풍수로 찾아내고 애성반으로 밝혀진 거의 모든 피해 사례들은 여러 가지의 상징물을 전략적으로 배치함으로써 그 치유방법과 해결책으로 사용한다.

이러한 상징물들은 전설적인 천상(天上) 동물일 수도 있고 부(富), 건강, 장수의 화신인 강력한 도교(道教)의 신(神)일 수도 있다. 또한 과일과 식물 같은 것이 될 수도 있다. 보호의 상징물과 행운의 상징물에는 많은 것들이 있다. 그러나 그러한 상징물들을 바르게 배치해야만 시운의 변화로 발생하는 풍수의 폐해를 극복할 수 있는 것이다.

상징물의 배치를 통하여 집안의 구석구석에 있는 여러 가지 형태의 생기(生氣)와 다른 형태의 기(氣)들까지 북돋울 수 있다. 이 책은 다가오는 운에 풍수가 암시하는 사항들을 집중 조명한다. 그러나 항상 다른 풍수 방법들에 의해 규명된 것들을 무시해서는 결코 안 된다. 즉, 공간 측면을 다루는 풍수에 대한 기존 지식은 계속 주시하여야 한다는 의미이다.

따라서 빙의 배치, 가구의 배치, 기의 흐름 등을 검토할 때 고전 풍수에서 말하는 상(像)의 중요성과 환경요인의 중요성을 참작해야 한다. 현공풍수에 큰 비중을 둔다 하더라도 여타 풍수에서 공통적으로 사용하는 '원칙'과 '금기사항'들을 잊지 않는 것이 중요하다. 풍수를 최대한 활용하기 위해서는 시간과 주기운의 변화에 따른 영향들을 반드시 참작해야만 한다.

7운(運)의 종료

시운 풍수는 각 운을 지배하는 숫자를 사용하여 시간을 20년 주기로 나눈다. 숫자는 1에서 9까지 있으므로 모든 주기는 총 9개의 운으로 이루어진다. 1개의 운은 20년으로 도합 180년이 된다. 1984년 2월 4일에 시작된 7운은 2004년 2월 4일이면 8운으로 넘어간다.

7운을 지배했던 지난 20년 동안 숫자 7은 길수(吉數)였다. 결과적으로, 애성반에서 대문 방위에 강력한 위력을 발휘하는 길수인 〈77〉을 포함하고 있던 행운의 사람들에겐 〈7〉이 많은 부를 가져다주었다. 그들은 풍수에서 말하는 쌍성회향(雙星會向)의 덕을 누린 것이다.

남, 남서, 북, 북동향의 집에서 살고 있던 사람들은 집에 길수인 〈77〉이 당도하여 제대로 작용하였다면 이 국(局)에서 엄청난 이득을 얻었을 것이다. 그 국에서 단지 자주 드나드는 문만 있더라도 〈77〉의 힘이 작용되었을 것이다.

그러나 운반 숫자 〈七〉은 8운으로 바뀌면 흉수로 변하게 되므로 7운의 행운을 누렸던 사람들은 집을 8운에 맞도록 바꾸는 것을 진지하게 고려해야 한다. 왜냐하면 8운에서의 숫자 〈7〉은 사건, 손재, 유혈 사태, 심지어 폭력까지 가져오기 때문이다.

집의 운을 바꿀 수 없다면〔다음 장에서 소개하겠지만 집의 운을 바꾸는 것이 단순한 작업은 아니다〕 흉수 〈七〉의 부정적인 영향을 억누르는 치유와 해결책을 사용하여야 한다.

7운의 당운(當運)은 서쪽에 해당되며 서쪽이 '직접기운'임을 뜻하는 운이다. 이때는 '작은 금속〔辛陰金〕'을 매우 중요시하게 되는데, 7운에는 첨단 전자 장비〔작은 금속(金)은 서쪽을 의미하는 오행임〕가 크게 확장되는 것을 보았다. 7운은 또한 디지털 시대의 서막이며, 이는 통신 기술을 획기적으로 변화시켰다.

7운은 또한 서방(西方)에 의해 지배되는 시대이다. 그래서 캘리포니아가 7운의 주요 성장 엔진의 하나가 된 것이다〔놀랄만한 인터넷의 출현과 캘리포니아 출신의 컴퓨터 억만장자들을 보라〕.

사실 컴퓨터 기술은 세상의 업무를 완전히 바꾸어놓았다. 따라서 7운에서는 통신의 중요성과 위력을 보게 된 것이다.

또한 여성들이 행운의 가장 큰 혜택을 본 시기이기도 하다. 여성들은 노력하는 모든 분야에서 성공과 인정을 받았다. 7운이 여성을 뜻하는 태괘(兌卦)를 상징하기 때문이다. 새로운 운이 오면 이것이 바뀌게 된다.

8운에서 기대할 것들

7운이 지나감에 따라 다른 영향력이 작용하게 된다. 7운에 여성의 영향(특히 서방에서)이 증가하였다면 다가오는 8운에는 젊은 남성들이 정치, 경제, 비즈니스의 무대를 장악하게 될 것이다. 숫자 8은 소년을 상징하는 간괘(艮卦)로 상징되기 때문이다.

8운에는 8에 해당하는 방향이 북동방이므로, 북동쪽에 위치하고 있는 나라와 지방의 영향이 강해짐을 보게 될 것이다. 아마도 아시아에서는 중국과 한반도가 세계적인 영향력을 발휘하게 될 것임을 의미한다.

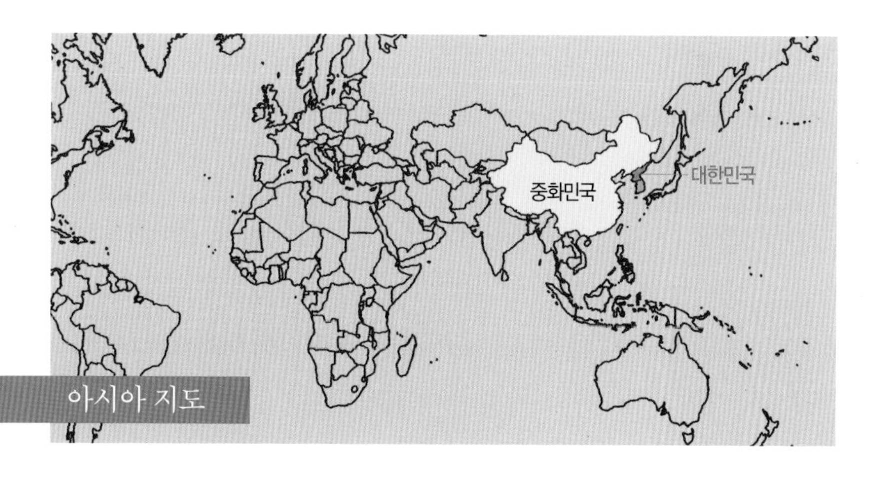

아시아 지도

미국에서는 북동쪽에 있는 뉴욕, 워싱턴, 보스턴의 영향력을 암시한다. 7운에서는 캘리포니아가 주요 성장 엔진이었다면, 8운 동안에는 북동쪽에 있는 주(州)가 탁월한 역할을 하게 될 것이다.

미국 지도

또한 산성(山星)이 지배하는 시기이기도 하다. 이는 건강과 인간관계가 돈과 재물보다 훨씬 더 큰 영향력을 발휘함을 뜻한다. 7운은 수성(水星)의 영향을 뜻하는 호수(湖水)를 대표한다. 이는 부의 창출이 7운의 주요 특징이었음을 의미한다.

새로운 8운에는 간괘(艮卦)가 지배하는데 그것은 산(山)을 대표하며, 곧 조용한 힘과 숨겨진 보물을 암시한다. 이것이 8운의 본질이다. 그리고 숫자 〈8〉은 또한 9개의 숫자 중에서 가장 좋은 길수이다. 중국의 점술에서 〈8〉은 토성수(土星數)〔2, 5, 8〕와 3백길성(白吉星)〔1, 6, 8〕 중에서 가장 좋은 길수이다. 따라서 그 잠재력을 취하려 노력하는 사람은 분명히 부가적인 행운을 끌어들일 것이다.

따라서 다가오는 8운에서는 다음 사항들에 주목하여야 한다.

【무한대 표시】

- **괘(卦)의 숫자 8이 들어 있는 것들은 특별히 행운(幸運)이 된다**〔괘의 숫자에 대해 읽어보려면 필자의 저서 『풍수 기초』를 참조하기 바람〕.
- **전화번호, 차량번호, 집주소가 8자로 끝나는 사람들에겐 분명히 행운이 온다.**
- **8자가 누워 있는 것처럼 생긴 무한대 표시〔∞〕를 걸치고 다니거나 장식하는 사람들은 부가(附加)적인 행운을 누릴 것이다.**

심지어 더 강력한 영향력을 발휘하는 신비의 매듭을 걸치고 다니는 사람들은 숫자가 세 개 겹친 영향을 받을 것이다. 신비의 매듭을 자세히 들여다보면 실제로 무한대 표시를 세 번 해놓은 것 같다. 제시한 그림은 비취옥으로 새긴 신비한 매듭이다. 빨간색으로 매듭을 만들면 양기(陽氣)를 활성화시켜 소유물에 활기를 준다. 그렇게 하고 싶은 사람은 순금으로 된 신비의 매듭을 걸치고 다이아몬드로 장식하고 다니면 된다. 이것은 상징물의 '토기(土氣)'를 강화시켜 훨씬 더 효과를 강하게 한다.

【신비의 매듭】

아래의 표에서 자신이 태어난 해의 괘 숫자를 찾아보아라.
다음으로 오른쪽에 있는 〈괘의 숫자와 방향〉의 표를 이용하여
길한 방향과 흉한 방향을 찾아보아라.

태어난 해	괘숫자(男)	괘숫자(女)
1910 1919 1928 1937 1946 1955 1964 1973 1982 1991 2000	9	6
1911 1920 1929 1938 1947 1956 1965 1974 1983 1992 2001	8	7
1912 1921 1930 1939 1948 1957 1966 1975 1984 1993 2002	7	8
1913 1922 1931 1940 1949 1958 1967 1976 1985 1994 2003	6	9
1914 1923 1932 1941 1950 1959 1968 1977 1986 1995 2004	5	1
1915 1924 1933 1942 1951 1960 1969 1978 1987 1996 2005	4	2
1916 1925 1934 1943 1952 1961 1970 1979 1988 1997 2006	3	3
1917 1926 1935 1944 1953 1962 1971 1980 1989 1998 2007	2	4
1918 1927 1936 1945 1954 1963 1972 1981 1990 1999 2008	1	5

【괘의 숫자와 방향】

괘의 숫자	길 방향	흉 방향
1	남동 동 남 북	서 북동 북서 남서
2	북동 서 북서 남서	동 남동 남 북
3	남 북 남동 동	남서 북서 북동 서
4	북 남 동 남동	북서 남서 서 북동
5	북동 서 북서 남서	동 남동 남 북
6	서 북동 남서 북서	남동 동 북 남
7	북서 남서 북서 서	북 남 남동 동
8	남서 북서 서 북동	남 북 동 남동
9	동 남동 북 남	북동 서 남서 북서

다가오는 운의 변화에 따른 풍수의 영향

풍수에 있어서 기억해야 할 가장 중요한 것은 운이 변하는 즉시 모든 7운의 주택은 곧바로 활력과 기의 힘을 상실한다는 것이다. 이는 대부분 7운의 주택에 살고 있는 우리들은 집의 생기가 소멸되는 것을 겪게 될 것임을 의미한다. 7운에 지어진 사무실 또한 똑같이 기의 쇠락을 겪게 될 것이다.

이는 7운 기간에 건축하거나 개조한 모든 주택, 빌딩, 사무실, 아파트(1984. 2. 4 ~ 2004. 2. 4에 건축, 완공, 개조된 것들)는 곧바로 기를 잃게 됨을 의미한다. 풍수적 풀이로 엄청난 행운의 축소를 의미하는 것이다.

이런 이유만으로도 주택의 시운(時運)을 바꾸는 것을 신지하게 고려해 보아야 한다. 즉, 주택, 사무실, 빌딩을 8운의 주택, 사무실, 빌딩으로 바꾸는 것이다.

이것은 주택, 사무실, 빌딩을 꼭 8운으로 바꿔야 한다는 것이 아니라, 바꾸는 것이 여러분에게 득이 되고 여러분을 보호해 주는 것인지를 검토해야 함을 뜻한다. 그러기 위해서는 여러분 집의 7운과 8운의 애성반을 둘 다 분석해야 한다.

두 운의 애성반으로 집을 분석할 때, 이미 살고 있는 집안의 방 배치 방법에 따라 어느 운의 애성반이 더 좋은 운을 가져다줄 것인지를 알 수 있을 것이다. 그러면 여러분의 집을 8운의 것으로 바꾸는 것이 유익한지 아닌지를 결정할 수 있다.

신중한 결정을 하기 위해서는 어떻게 7운과 8운의 애성반이 집안에 기(氣)의 흐름에 영향을 주는지를 분석할 필요가 있다. 이는 특히 수영장을 끼고 있는 집이나 콘도에서 사는 사람들에게 특히 중요하다. 대형 연못은 인정운(人丁運) 뿐만 아니라 재물운(財物運)에도 중요한 영향을 끼친다. 물이 바른 위치에 있지 않으면 재물을 잃을 수 있음을 기억하여라. 또는 길한 산성(山星)이 있는 곳에 연못이 있으면 산이 물속으로 떨어져 인정운을 파괴한다.

이 책의 뒷부분에서 7운과 8운의 애성반을 모두 상세하게 분석해 놓을 것이다. 이것은 여러분이 여러분의 집을 스스로 어떻게 분석하는지를 궁극적으로 이해하는 데 도움을 줄 것이다.

주어진 예를 검토해 보면, 여러 가지 해결책을 사용하여 어떻게 집의 운을 향상시킬 수 있는지에 대한 아이디어를 얻게 될 것이다. 이 책을 전부 읽으면 지금의 집에서 계속 살아야 하는지 아니면 다른 집으로 이사를 해야 하는지를 알게 될 것이다. 결정은 여러분들의 몫임을 명심하기 바란다.

마지막으로, 새집을 사거나 옛집을 수리하려는 사람들은 이 책이 새로운 8운의 재물과 인정(人丁) 운성(運星)을 찾는 데 귀중한 자료가 될 것이다.

애성반(挨星盤)이란 무엇인가?

7운 자좌오향(子坐午向)의 애성반 그림이다

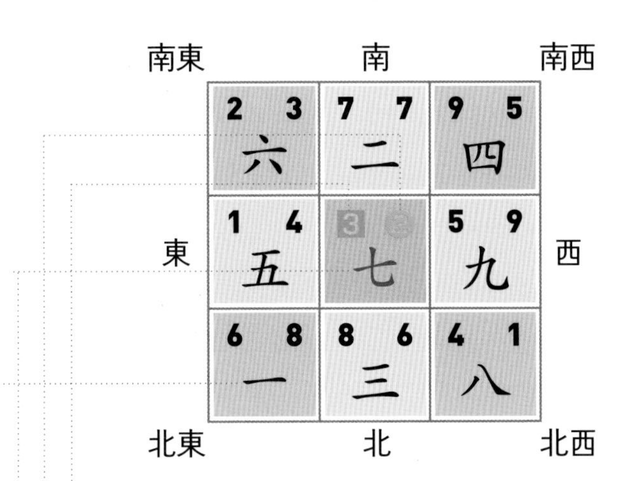

◉각 칸의 왼쪽 위 숫자【3】는 산성(山星)으로, 해당 방향은 인정운(人丁運)을 나타낸다.

◉각 칸의 오른쪽 위 숫자【2】는 향성(向星)으로, 해당 방향은 재물운(財物運)을 나타낸다.

◉중궁의 七은 이것이 七운의 애성반임을 나타낸다.

◉한자(漢字)로 된 지반수(地盤數)는 각 궁의 운반수(運盤數)를 나타낸다.

47페이지의 표는 애성반이 어떻게 생겼는지를 보여준다. 그것은 9궁을 나타내는 9개의 바둑판 형식으로 되어 있는데, 사방 면에 있는 8개의 궁과 중궁으로 되어 있다. 구궁의 각 궁에는 세 개의 숫자가 있는데, 중궁에 있는 한자(漢字)의 숫자는 애성반의 운반수(運盤數)이다. 각 궁의 오른쪽 숫자는 향성(向星)으로 재정과 재물운을 주관하며, 왼쪽 숫자는 산성(山星)으로 인정운(人丁運)을 주관한다. 이 표를 연구해 보면서 숙달하기를 바라마지 않는다.

애성반은 많은 정보를 나타내주고 있는데, 풍수학계에서는 이를 중국의 미래예언 숫자점에 종종 비유해 왔다. 왜냐하면 각 숫자가 각 궁의 운에 대해 많은 것들을 나타내고 있고 이것이 그 궁에 거주하는 사람들에게 어떤 영향을 미치는지를 암시하기 때문이다.

따라서 흉성수가 침실로 날아들면 그곳에 거주하는 사람들은 분명히 그 영향을 느끼게 된다. 흉성수가 대문이 위치한 방향에 당령(當令)하면 집안의 모든 사람들이 흉운의 영향을 받게 된다. 마찬가지로 길성수(吉星數)가 거기에 당령하면 식구들 모두 득을 보게 된다.

현공풍수는 모든 집의 풍수에 대해 포괄적으로 적용된다는 것을 기억해야 한다. 풍수를 개인적으로 국한시킨 동사택서사택(東舍宅西舍宅) 이론의 괘 방향과는 사뭇 달리 적용된다. 따라서 이상적인 것은 침실〔침실 위치가 괘 방향과 조화를 이루든 아니든〕에 좋은 애성숫자가 당도하는 것인데, 그러면 생기(生氣)를 취할 수 있는 위치로 침대를 옮겨놓거나 다른 길괘 방향으로 잠자리를 옮길 수 있다. 개인에 국한하여 사용되는 풍수와 모든 집에 범용적으로 적용되는 현공풍수를 혼동하지 말기를 바란다.

애성반의 숫자

애성반의 숫자는 모든 방위에 적용되는 운의 미묘한 차이를 나타내주는데, 그 숫자들은 시운〔주기운〕, 향성, 산성에 따라 재물운, 인정운, 전체운〔또는 셋 모두〕을 암시한다. 하나의 숫자는 궁을 차지하는 다른 숫자에 의해 생(生)을 받고 강해지거나 쇠(衰)하여 죽을 수도 있다.

애성반에서의 각 궁은 집이나 건물의 나경 위치에 따라 결정된다. 애성반은 대개 건물 전체에 적용되기 때문에 아파트나 콘도에 사는 사람들은 정확한 애성반을 알기 위해 전체 건물의 특성을 고려해야 한다.

모든 궁의 성수(星數)는 단독적으로 또는 서로 조합하여 각 방위의 운에 중요한 단서를 제공해준다. 따라서 애성반의 숫자는 거주자들이 당면하게 되는 중요한 문제점들을 나타내준다.

손재(損財)와 재물운은 물론 질병, 결혼의 난관, 싸움과 오해 같은 폐해가 모두 애성반에 나타나는데, 특히 주택의 애성반이 정확할 때는 더욱 명료하게 보여준다. 이것은 현공풍수가 놀라울 정도로 정확한 것임을 말해 준다.

여러분의 집을 분석하기 위해 정확한 애성반을 적용하면 돈, 건강, 인간관계, 자식, 당신을 괴롭히는 그 무엇이든 모든 문제를 알 수 있다. 배우자와의 다툼도 설명할 수 있고, 왜 딸이 결혼을 못하는지, 왜 임신이 안 되는지, 왜 손재를 입는지 등을 알 수 있다. 더불어 왜 사업이 그렇게 잘 되는지, 왜 인간관계가 그렇게 좋아지는지 또는 왜 그렇게 많은 사람들이 당신을 돕는지 등도 나타낸다.

애성반이 운에 대해 나타내주는 것들과 건강, 재물, 인간관계 등 운에 대한 예언들이 아주 오랫동안 정확하게 맞아 떨어지므로 이 풍수법에는 일명 예견(豫見)풍수라는 꼬리표가 종종 붙는다.

게다가 애성반은 연명수(年命數)나 월명수(月命數)까지 포함하여 확대 적용할 수 있어 미래에 다가올 심각한 폐해까지도 아주 정확하게 암시해준다. 그러므로 여러분 집의 월명성(月命星)과 연명성(年命星)을 추적하면 미리 주의, 예방할 수 있는 것이다.

예를 들어, 질병 숫자인 〈2〉가 다음 달에 침실에 당도한다는 것을 알면 그 폐해를 통제하여 아픈 것을 피할 수 있다. 또는 손재 숫자인 〈5〉가 대문이 있는 방위에 날아든다면 마찬가지로 그 폐해의 원인을 제거할 수도 있다.

월명성과 연명성을 풍수의 변화에 적용하는 것처럼 8운이 가져올 변화를 미리 고려하여 풍수를 바꿔놓을 수도 있는 것이다.

이 책은 여러분과 그 밖의 모든 사람들이 2004년 이후에 직면하게 될 선택사항을 취하는 데 도움이 되도록 현공풍수의 중요한 국면에 초점을 둘 것이다. 그러면 여러분은 여러분 집의 운을 바꿀 가치가 있는지를 결정할 수 있다. 여러분이 집의 운을 8운으로 바꾸기로 결심한다면 이 책의 후반부에서 그것을 어떻게 하는지를 터득하게 될 것이다.

애성반을 분석하는 방법

애성반을 정확하게 분석하는 데는 6개의 단계가 있다. 1단계는 여러분의 집에 대해 정확한 애성반을 적용한다는 확신을 갖고 출발하는 것이다. 2단계는 애성반을 집의 배치도에 맞게 대입하는 최적의 방법을 익히는 것이다. 3단계는 각 숫자들을 분석하는 것이다. 4단계는 숫자들의 조합을 보고 어떤 '특징'이 있는지를 살피는 것이다. 5단계는 운반수와 향성, 산성수의 관계를 본다. 이 세 별은 각기 다른 힘과 특별한 의미를 갖고 있다. 마지막으로 6단계는 오행(五行)을 분석한다.

1단계

여러분의 집에 7운의 어느 애성반이 적용되는지를 알아낸다. 필자는 이 책을 읽는 누구나 7운의 집〔1984. 2. 4 ~ 2004. 2. 4에 건축하거나 개조한 집〕에서 살고 있다고 추정한다. 집의 좌향을 정확하게 측정하여 정확한 애성반을 찾아내야 한다. 이것은 조금 힘들지만 연습하면 금방 정확하게 찾을 수 있다.

2단계

궁의 숫자를 집의 배치도와 맞추는 최적의 방법을 찾아낸다. 이 부분은 경험이 필요하다. 집에 대한 애성궁(挨星宮)을 구분하는 방법은 여러 가지가 있지만 이 책을 통하여 모든 사례들을 살펴보면 이 부분을 숙달하는데 많은 도움이 될 것이다.

3단계

다음은 기간운, 산성, 향성을 파악하고 길수가 어디에 있는지, 흉수는 어디에 있는지에 대한 전반적인 '감'을 잡는다. 이는 집의 '운'을 파악하는 데 전반적인 아이디어를 제공해 줄 것이다. 길한 향성수는 재물운을 좋게 하고, 길한 산성수는 인정운을 좋게 한다는 걸 기억하여라.

4단계

애성반에는 예외적인 행운을 암시하는 '특별국'이 있음을 주의하여라. 이들 특별국은 '합십(合十)'으로 결합된 숫자나 '연주삼반괘(聯珠三盤卦)'나 '부모삼반괘(父母三盤卦)'라는 3개의 숫자 조합으로 된 것들을 말한다. 이들 특별국은 뒤의 예에서 보여주니 사용지침서로 활용하면 된다. 여러분은 많은 애성반이 아주 비슷하게 구성되어 있다는 걸 보게 될 것이다. 애성반을 훌륭하게 분석하는 핵심은 집안의 여러 방에 맞게 애성반의 숫자들을 정확하게 대입하는 것은 물론이고 숫자를 읽고 분석할 수 있는 능력을 갖추는 것이다.

5단계

각 궁에 있는 산성과 향성수의 조합을 검토하고, 어느 성(星)이 오행을 지배하고 있는지를 본다. 이는 재물이나 인간관계가 각 궁에 거주하고 있는 사람들의 운을 지배하고 있는지 아닌지에 대한 아이디어를 제공해 준다. 또한 당운(當運)과 향성의 조합, 당운과 산성의 조합도 검토하여야 한다.

6단계

마지막으로 각 궁에 있는 숫자들의 영향을 알 수 있도록 오행을 분석한다. 모든 숫자와 궁에는 상응하는 오행이 있다. 숫자와 궁 간의 생산적인 관계가 파괴적인 관계보다 항상 좋다는 사실에 유의하여야 한다.

정확한 애성반 알아내기

이것은 정확성을 기하기 위한 아주 중요한 단계이다. 집안의 기(氣)의 분포를 분석하는데 엉뚱한 표를 쓰게 되면 결과도 맞지 않는다. 더구나 부정확한 방향에 비보물(裨補物)을 놓게 되면 헛된 기운을 주게 되어 더 나쁜 폐해를 끼치게 된다.

우리는 7운의 끝에 있기 때문에 대부분이 7운의 주택에 살고 있음을 쉽게 짐작할 수 있다. 이는 지난 20년 동안〔1984. 2. 4 ~ 2004. 2. 4 사이〕에 건축하거나 개조한 집을 뜻한다. 따라서 시운(時運)을 잡는 것은 그리 어렵지 않다.

보다 힘든 것은 집의 향방(向方)을 정확하게 측정하는 것이다. 왜냐하면 어느 집이든 애성반이 향방에 따라 정해지기 때문이다. 비록 대문의 방향이 집의 향방과 항상 같지는 않을지라도 향방이라면 대개 대문의 향방을 의미한다. 현대의 많은 집과 건물에서 대문의 방향이 집의 향방과 같을 필요는 없다〔예를 들어, 규격화된 주택이나 불규칙한 모양의 집처럼〕.

향방(向方)이 논쟁거리가 되는 것은 풍수 전문가들이 그에 대한 의견일치를 보지 못하기 때문이다. 향방을 결정하기 전에 집을 세심히 관찰해야 한다는 데는 대부분 동의한다. 여기에 집의 향방을 결정하는데 도움이 될 몇 가지 사항들을 제시한다.

① 향방은 도로, 시장 또는 도시 전경 같이 양기(陽氣)가 가장 많이 나오는 방향이다.

② 어떤 전문가들은 향방은 집이 시야를 가리지 않고 가장 잘 보이는 방향이라고 믿는다.

③ 어떤 이들은 향방은 집이 '환한 홀' 이나 탁 트인 쪽을 향하는 곳이라고 주장한다.

위의 설명은 어떤 집이나 건물이든 향방은 그 설계도와 구조에 따라 결정된다는 것을 보여주고 있다. 물론 많은 집들의 향방은 대개 경험적인 눈으로 알 수 있다. 그러나 360도 전경으로 둘러싸인 규격화된 집이나 맨션은 고수의 전문가들조차도 알기 힘든 일이다.

필자는 개인적으로 의심이 날 때마다 여러 개의 애성반을 통하여 집을 분석하고 그것들을 그 집에 살고 있는 사람들의 지난 경험과 전력에 결부시켜 판단해야 한다는 것을 알게 되었다. 그렇게 하면 어느 애성반이 그 집에 적용되는지를 잘 보여준다. 이는 애성반이 질병, 싸움 또는 도둑의 별들로 인해 피해를 입는 방위를 정확히 찾아내는데 이주 유효하기 때문이다.

사실 필자는 어느 애성반이 정확한 것인지를 확실하게 결정하기 전에 거주자의 전력을 분석하기 위해 두세 개의 애성반을 주로 비교하여 사용하는데, 이렇게 하는 것이 정확한 애성반을 알아내는 훌륭한 방법임을 알게 되었다. 물론 일거리는 많아지지만 그렇게 함으로써 필자의 현공풍수의 정확성과 능력이 상당히 증진되었다.

애성반 맞추기

다시 말하건대, 애성반을 집의 도면과 맞추는 가장 좋은 방법에 대해서는 풍수 전문가들 사이에 의견이 분분하다. 한 가지 가장 큰 차이점은 어떤 사람들은 둥근 나경대로 집의 방향을 구획하는 방사선 모양의 도면을 사용하는가 하면, 어떤 사람들은 낙서 숫자 같은 '井' 자 모양인 구궁도의 방법을 사용하는 것이다.

개인적으로 필자는 구궁(九宮)으로 집의 방위를 구획하는 방법을 선호한다. 이 방법이 논리적으로 더 훌륭하다고 보는데, 구궁도가 현공풍수 이론에서 아주 큰 역할을 하기 때문이다. 더구나 이 방법이 집안의 기를 구분하는데 더 합당하며, 실제로 대부분의 집들이 파이 조각 같은 모양의 방보다 직사각형이나 정사각형의 방으로 되어 있기 때문이다〔역주 : 대부분의 풍수사는 방사선 모양으로 감정함〕.

그러나 집의 배치도에 숫자를 맞추는 문제에 관한 논쟁은 거기서 끝나지 않는다. 전문가들도 어떻게 방위〔宮〕 자체가 구획되는지에 대하여 견해가 다르다. 필자는 고수의 전문가들이 방을 구분하는 실제 건물의 벽을 무시하고 집과 방바닥 도면을 똑같이 9획으로 나누어 숫자를 각 궁에 배치하는 것을 보았다. 이 방법은 각 궁의 숫자들이 해당되는 방의 운을 '지배' 한다면 활용해 볼 만하다.

따라서 필자는 집안에 이미 설치되어 있는 실제 벽으로 구분하는 두 번째 방법을 선호한다. 즉, 필자는 나경을 사용하여 방위를 구분하지만 집안을 구획하는 실제의 벽도 고려한다.

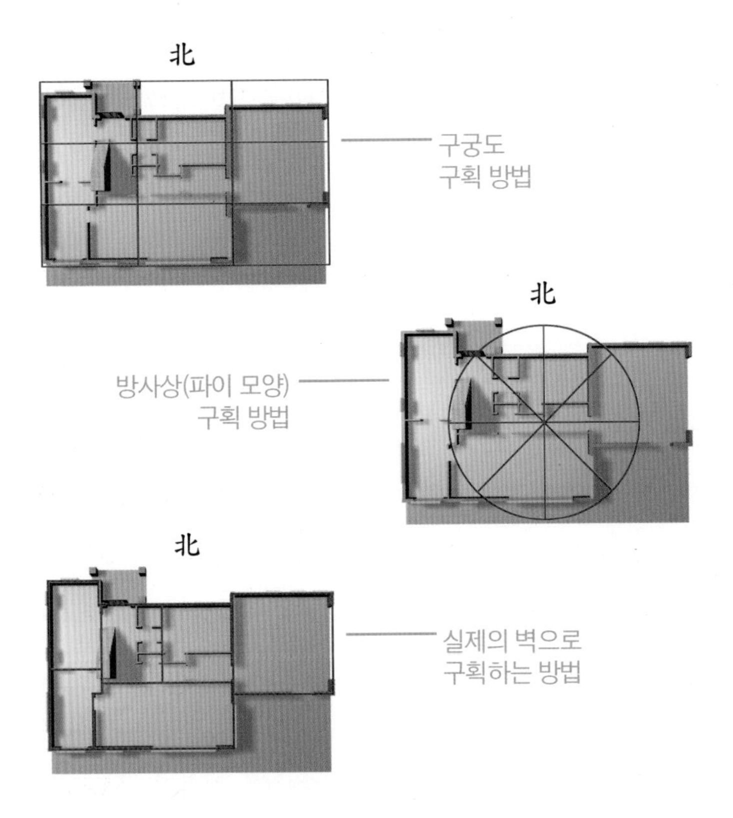

필자는 수년에 걸쳐 이 방법이 집안의 운을 가장 정확하게 파악하는 방법임을 알게 되었다. 또한 이 방법은 필자가 운을 극대화시키는

데 숫자를 최대한 활용할 수 있도록 해준다.

그래서 필자는 길수(吉數)가 닿도록 집안에 넓고 개방된 공간을 만들기도 하고 흉수를 가둬두기 위해 감방(監房) 같은 작은 방도 만든다. 이것이 필자가 필자의 집에 행운의 기가 가장 잘 흐르도록 하는 방법이고, 그것이 기막히게 잘 맞는다는 것임을 알게 되었다.

아파트에 대하여

아파트에 사는 사람들은 아파트의 정확한 애성반을 찾기 위해서 전체 건물의 향방 출입구를 적용해야 한다. 그런 다음 나경의 위치에 따라 아파트에 애성반을 겹쳐 놓는다. 아파트의 문이 있는 방향을 적용하지 마시라. 그러나 커다란 창문이 있어 거기로 양기가 들어온다면, 그리고 9층 이상에서 산다면, 탁트인 발코니나 파티오가 향하는 방향이 애성반을 결정짓는 방향이 된다.

숫자의 의미

풍수에서 숫자를 다루는 책들이 많이 있지만 각각의 숫자나 숫자 조합의 미묘한 차이를 규명하는 것은 불가능한 일이다. 필자는 9개 숫자 각각의 가장 중요한 의미를 알면 충분하다고 생각한다. 즉, 〈5〉와 〈2〉는 흉수이며, 8운에서는 〈7〉도 위험하다. 〈3〉은 투쟁을 의미하며, 〈1〉〈6〉〈8〉은 길수인데 〈8〉이 최길수(最吉數)이다. 각 숫자의 의미를 간략히 소개한다.

1 6 8

행운의 수 〈1〉 〈6〉 〈8〉

가장 좋은 길수 3방은 〈1〉〈6〉〈8〉이다. 이들은 백수(白數)로도 표현되는데 셋 중에서도 〈8〉이 가장 좋으며, 〈8〉이 나타나는 곳마다 성(星)의 기가 활발해진다. 이를 기준으로 많은 풍수사들은 수성〔水星 또는 향성(向星)〕〈8〉이 재물운을 가장 강력하게 일으키는 것으로 확인하였다. 다른 〈1〉과 〈6〉도 길수이다. 숫자 〈1〉은 맨 처음을 뜻하며, 직업과 수입을 의미하기도 한다. 숫자 〈6〉은 하늘에서 오는 행운을 의미한다.

9

숫자 〈9〉

〈9〉는 확대시키는 수(數)이다. 행운과 흉운을 모두 증가시킨다. 그 자체로는 길수이지만 기가 아직 무르익지 않은 상태이다. 2024년 이후가 되면 〈9〉는 놀랄 정도로 강력해진다. 7운과 8운에서 숫자 〈9〉는 흉수인 〈2〉와 〈5〉를 생(生)해 줄 때 특히 흉하게 작용한다.

2

숫자 〈2〉

〈2〉는 현공풍수에 있어 질병의 성(星)이다. 거주자를 감기, 기침, 독감, 기타 바이러스에 더욱 취약하게 만든다. 〈2〉가 〈9〉의 생(生)을 받거나, 집의 북동이나 남서 방향에 당도하면 극도로 위험하다. 〈5〉와 결합되면 부정적(–)인 기가 합쳐져 심하게 폐해를 준다.

5

숫자 〈5〉

현공풍수에서 숫자 〈5〉는 오황(五黃)으로 알려져 있다. 9개의 숫자 중 〈5〉는 가장 위험한 것으로 여기며, 연반성(年盤星) 〈5〉가 당도하는 궁에는 손재와 질병을 유발한다. 어느 집이든지 〈5〉가 나타나는 곳에는 6개의 막대가 달린 금속 풍경(風磬)을 달아매면 흉함을 억제할 수 있다.

숫자 〈4〉

〈4〉는 길성이다. 이는 애정(愛情)과 문창성(文昌星)이기도 하며 작가(作家)와 학자(學者)에게는 대단한 행운을 가져다준다. 〈1〉과 결합하면 효과가 두 배로 증가하지만, 부적절한 연애로 인한 성추문을 일으킬 수도 있는 조합이다.

숫자 〈7〉

이 숫자는 지난 20년간은 길성(吉星)이었으나 본성(本性)으로 복귀하는 2004년부터는 흉성(凶星)으로 변한다. 새로운 운에서 〈7〉은 손재, 강도, 폭력을 유발한다.

숫자 〈3〉

〈3〉은 증오, 투쟁, 오해, 소송을 의미하는 별이다. 더욱이 권위의 상실, 친구와 동료 간의 치열한 다툼을 유발한다. 화기(火氣)로 설기(洩氣)해야 한다.

특별 기국(奇局)

숫자의 의미 이외에도 특별한 기국을 살펴봐야 한다. 이것은 어느 집에 살고 있던지 거주자들에게 풍수의 혜택을 최대한 누릴 수 있는 숫자들의 조합이다. 이들 조합은 각 운에 한두 개 정도만 나타나는 드문 국(局)이다. 어느 기간 운에서는 아예 나타나지도 않는다. 이들 조합이 나타나는 국(局)이 오면 주의를 환기시켜 드릴 것이다. 여러분이 새로 집을 짓는데 이런 국으로 되어 있는 집을 지을 수 있다면, 방향이 괘(卦) 방향과 일치되는 것에 무관하게 무조건 추진해야 한다.

특별국은 모든 궁에서 '합십(合十)'이 되는 두 개의 숫자를 포함하거나, 모든 궁에서 '부모삼반괘(父母三盤卦)'나 '연주삼반괘(聯珠三盤卦)'를 나타내는 세 개 숫자의 조합을 말한다. 이들 두 기국 중 어느 것이나 잘 적용되어 작동된다면 대단한 풍수운이 될 것이다. 마지막으로, 특별한 행운을 가져다주는 4개의 하도(河圖) 숫자 조합이 있다.

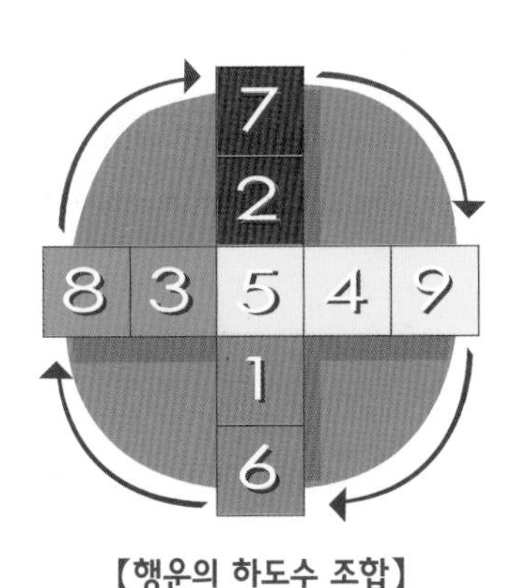

【행운의 하도수 조합】

이들 특별 기국은 각 궁에 나타나는 흉수를 무시하고 특별한 행운, 풍요, 재물을 가져다주는 힘을 갖고 있다. 여기에 거주하는 사람들은 상당한 자손운과 인간관계운을 누리게 될 것이다.

8운에는 특별 기국을 갖고 있는 좌향이 두 개가 있는데, 요행이도 이런 애성반에 맞는 집이라면, 이런 이유만으로도 집의 시운(時運)을 무조건 8운으로 바꿔야 한다는 것을 알게 될 것이다. 집의 운을 마음먹은 대로 바꿀 수 있는 여건이 된다면 8운에서 가장 좋은 국이 무엇인지도 찾아낼 수 있을 것이다.

이들 국은 북동이나 남서향의 집에서 나타난다. 그러므로 북동-남서 축을 좌향으로 하는 모든 집은 대단한 행운을 누린다고 단정적으로 말할 수 있다. 이들 집이 향하고 있는 방향의 세 좌궁(坐宮) 어느 것이라도 상관없다. 이 축을 따라 좌향을 정하고 기의 분포가 제대로 되었다면 8운은 여러분에게 엄청난 행운을 가져다 줄 것이다.

이러한 감정(鑑定)은 8택(八宅) 풍수를 무시하고 현공풍수로 가능하다는 것을 다시 한 번 강조할 필요가 있다. 따라서 여러분이 길(吉) 방향의 동사택(東舍宅)인 집에 살고 있더라도 북동-남서 축에 걸쳐 있는 서사택(西舍宅)에 속하는 곳에 거주하는 가족 모두에게도 마찬가지로 정말 대단한 행운을 가져다주게 되는 것이다.

향성(向星)과 산성(山星)

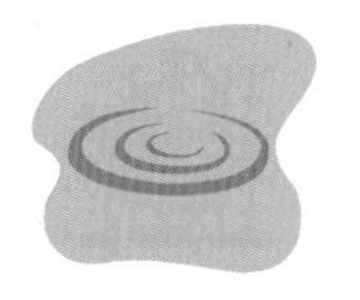

여러분이 가장 중요한 두 가지 운의 형태인 재물(財物)과 인정(人丁)을 파악하기 위해서는 애성반을 판독할 때 집의 애성반에서 어느 향성(向星)과 산성(山星)에 길수 〈8〉이 오는지를 보는 것이다. 최상의 재물운과 인정운이 발하는 곳은 향성〈8〉과 산성〈8〉이 있는 궁이다.

그러면 어디에 물과 산의 모양이 있어야 하는지를 알게 될 것이다. 물과 산의 위치가 있어야 할 곳에 있고 그것들의 특징에 의해 생성된 기가 집으로 들어올 수 있다면 여러분은 분명히 대단한 풍수의 혜택을 누리게 될 것이다.

행운성이 당도한 향성과 산성궁을 활성화시키는 것은 좋은 풍수를 만들어내는 가장 강력한 방법 중의 하나이다. 여러분이 7운과 8운의 애성반을 연구할 때 집의 운을 바꾸지 않는 한, 운이 바뀌어도 향성과 산성의 위치는 변하지 않는다는 것을 알게 될 것이다. 이것이 이해해야 할 아주 중요한 대목이다.

여러분이 집의 운을 바꾸지 않는 한 원래 7운의 애성반이 계속하여 집의 풍수 기운에 적용된다.

따라서 향성과 산성수 또한 바뀌지 않는다. 단지 숫자의 뜻만 바뀐다. 예를 들어, 7운에 많은 행운을 가져다 주었던 숫자 〈7〉은 유혈사태, 강탈, 폭력을 가져오고, 7운에 증오의 기를 유발했던 숫자 〈3〉은 8운에는 길수로 바뀐다. 왜냐하면 〈3〉은 〈8〉과 특별한 관계를 갖고 있기 때문이다.

애성반의 오행(五行) 분석

현공풍수에서는 애성반의 오행 분석을 통하여 각 방위〔宮〕의 운이 어떠한지를 감정한다. 즉, 어느 오행이 그 궁(宮)에 오는지를 보는 것인데 각 궁에도 고유의 오행이 있다. 애성의 오행이 궁의 오행을 생(生)하면 좋은 것이지만, 애성의 오행이 궁의 오행을 극(克)하거나 설기(洩氣)하면 그 궁의 기가 약화되어 좋지 않게 된다.

감정의 방법은 다양하지만 후천팔괘(後天八卦)의 팔괘 속성만 이해하면 되기 때문에 이기풍수에 적용하는 것이 어렵지 않다. 팔괘의 숫자와 오행 및 방위의 의미만 알면 여러 가지 방법들을 풍수에 적용하여 활용할 수 있다. 그림에 나오는 팔괘의 속성과 해당 방위를 참조하시라.

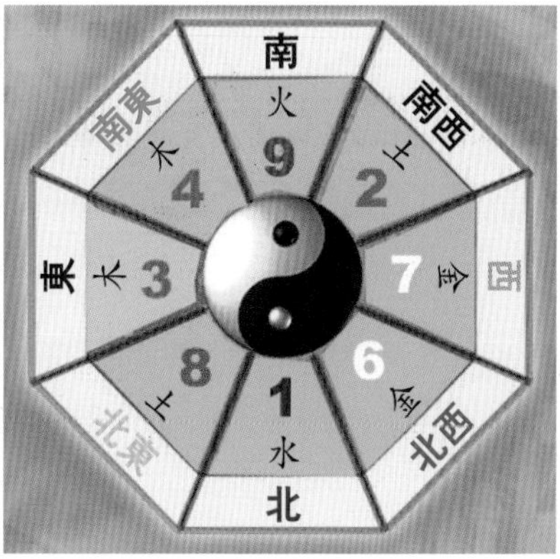

팔괘의 각 궁에 해당하는 숫자, 색상, 오행을 참조할 것

그리고 각 궁에 소속된 숫자를 보고, 각 궁의 소속 오행을 기억해 두어야 한다. 이 표를 숙지하면 현공풍수에서 각 궁에 오는 오행 분석을 할 수 있을 것이다.

상생도(相生圖)

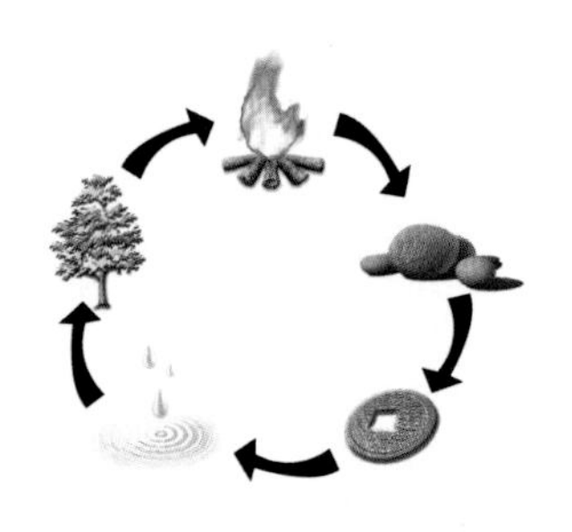

木은 火를 생하고,
火는 土를 생하고,
土는 金을 생하고,
金은 水를 생하며,
水는 木을 생한다.

상극도(相剋圖)

木은 土를 극하고,
土는 水를 극하고,
水는 火를 극하고,
火는 金을 극하며,
金은 木을 극한다

상생과 상극 원리만 알면 오행을 분석하는 데는 문제가 없다. 즉, 수성(水星)인 〈1〉이 남동〔巽宮〕방으로 오면 〈1〉이 남동방을 생(生)하는 것이다. 水는 木을 생(生)하기 때문이다. 만약 〈1〉이 남〔離宮〕방으로 오면 남방의 기를 파괴하는데 水는 火를 극(剋)하기 때문이다.

마찬가지로 금성(金星)인 〈6〉이 동〔震宮〕방으로 오면 동방의 木 기운을 극(剋)하는 것 등등이다. 따라서 표에 나오는 방위, 숫자, 오행을 충분히 숙지하여야 한다. 이것은 팔괘를 구성하는 세 개의 효(爻)와 상관관계가 있다.

7운의 애성반 분석

Analysing The Period 7 Charts

02

7운 애성반 분석

이번 장에서는 7운의 애성반에 대해 조명해 본다. 각 주택의 애성반에서 중점적으로 보여줄 것은 각 궁의 숫자에 따라 어떤 기운이 그 궁에 영향을 미치는지를 점검하는데 초점을 둔다. 여러분은 필자의 저서 『풍수 인테리어』 제5장에 나오는 〈7운 주택의 심층 분석〉을 참조하기 바란다. 현공풍수에 통달하고 싶은 사람은 애성반의 이해를 보다 쉽게 할 수 있도록 이 책과 연관하여 그 책을 읽어볼 것을 권한다.

어떤 풍수 감정이든 현장조사가 이루어져야만 훨씬 완벽해진다는 사실을 명심하여야 한다. 실제로 집의 기운에 지장을 주는 수많은 사항들을 감안한다는 것은 불가능한 일이다. 따라서 항상 풍수를 감정하는데 많은 정보를 줄 수 있는 충분한 현장조사를 실시하여야 한다. 그렇게 해야만 애성 숫자와 연관하여 모양, 형태, 조경, 디자인, 기의 흐름 등을 함께 검토할 수 있다. 애성반의 숫자가 점유하고 있는 방위에 어떤 영향을 끼치는지를 요약해 놓은 표는 아마추어 풍수가들이 일하는 데 좋은 자료가 될 것이다. 그것이 주택에 풍수를 적용하는 실력을 쌓는 출발점이다.

본 장에서 예시한 16개의 애성반을 검토해 보아라. 애성반 전부를 훑어보아도 좋고 여러분 집에 맞는 애성반을 직접 골라서 사용해도 된다.

숫자들이 어떻게 상호 작용하는지를 보아라. 그리고 숫자가 집의 배치도와 어떻게 결부되는지를 보아라.

집의 좌향에 맞는 몇 개의 애성반을 골라 그에 맞춰 보아 그 애성반에 나타나는 내용들이 실제로 여러분이 겪은 경험과 맞는지를 검토해 보는 방법이 좋다. 그것이 맞다면 여러분 집의 기의 유통에 맞는 정확한 도면을 보고 있는 것이다. 이것이 진정한 풍수 전문가들이 사용하는 고급 풍수의 진수이다.

필자는 이것이 애성반을 집에 적용하는 가장 좋은 방법이라는 것을 알았다. 수년 전 필자의 인생에 우여곡절이 많이 일어날 것임을 필자의 인생차트를 통해 놀랄 만큼 정확히 맞혔던 대단한 점성가(占星家)도 이와 아주 유사한 방법을 썼다. 그는 감정하기 전에 몇 가지 계산을 하더니 필자에게 세 가지 질문을 던졌다. 필자에게 형제가 둘 있는지, (당시) 부모님이 아직 살아 계신지, 그리고 손과 발에 점이 3개 있는지를 먼저 물었다. 필자가 세 질문이 모두 맞다고 대답하자 그때서야 필자의 인생차트가 맞는 것이라고 흡족해 한 다음 차트를 읽기 시작하였다 여러분도 집에 맞는 애성반을 정확히 골랐는지 알아내기 위해 이런 방법을 쓰면 좋다.

다음으로 집의 좌향이 제1좌궁이라면 제2좌궁도 점검해야 한다. 왜냐하면 그 차이가 불과 몇 도(度)밖에 되지 않기 때문이다. 이것은 집의 좌향[예 남1향 또는 남2/3향]이 1좌궁인지 2/3좌궁인지를 판단하는 좋은 방법이기도 하다. 또한 어느 좌궁(坐宮)이 집의 배치에 더 좋은지도 분간된다.

조금만 노력하면 여러분 집의 전체 기운을 바꿀 수 있는 좌향으로 바꿀 수 있다는 사실을 주지하여야 한다.

역주(譯註)

각각 45도씩인 8괘 궁에는 다시 15도씩 3개의 좌향으로 나뉘는데, 첫 번째 궁을 1좌궁, 두세 번째 궁을 2/3좌궁으로 표현하였다. 이는 1궁과 2/3궁의 음양이 다르며, 2궁과 3궁은 음양이 같아 애성 숫자의 배열이 동일하기 때문에 각 괘궁을 둘로 구분한 것이다.

좌향(坐向) 측정하기

정확한 애성반을 선정하기 위해서는 집〔또는 아파트〕의 좌향을 정확히 측정할 필요가 있다. 즉, 좌향이 정확한 것이어야 하는데, 이를 위해서는 나경으로 정확히 측정해야만 한다.

현공풍수에서는 나경의 360도를 15도씩 24방위로 나눈다. 집의 좌향이 24방위 중 어디에 해당되는지에 따라 애성반을 작성하는데, 이를 나경 팔괘궁의 제1, 제2, 제3 좌궁이라고 한다.

쉽게 알 수 있도록 8방위의 소좌궁(小坐宮) 명칭과 도수(度數)를 다음의 표에 요약해 놓았으며 공망선(空亡線)도 표시해 놓았다. 공망선은 항상 피하여야 할 금기(禁忌)의 선이다. 만약 여러분의 집이 공망선에 걸리면 방향을 약간 조정할 수 있도록 문 옆에 2개의 금속자를 놓이 두어라.

【24좌(坐)의 도수】

【공망선 주의】

南東	南	南西
112.5 – 157.5 辰 : 112.5 – 127.5 巽/巳 : 127.5 – 157.5 **공망 : 157.5**	157.5 – 202.5 丙 : 157.5 – 172.5 午/丁 : 172.5 – 202.5 **공망 : 202.5**	202.5 – 217.5 未 : 202.5 – 217.5 坤/申 : 217.5 – 247.5 **공망 : 247.5**
東 67.5 – 112.5 甲 : 67.5 – 82.5 卯/乙 : 82.5 – 112.5 **공망 : 112.5**	24좌의 명칭 (시계 방향)	西 247.5 – 292.5 庚 : 247.5 – 262.5 酉/辛 : 262.5 – 292.5 **공망 : 292.5**
北東 22.5 – 67.5 丑 : 22.5 – 37.5 艮/寅 : 37.5 – 67.5 **공망 : 67.5**	北 337.5 – 22.5 壬 : 337.5 – 352.5 子/癸 : 352.5 – 22.5 **공망 : 22.5**	北西 292.5 – 337.5 戌 : 292.5 – 307.5 乾/亥 : 307.5 – 337.5 **공망 : 337.5**

7운 임좌병향壬坐丙向〔S1〕

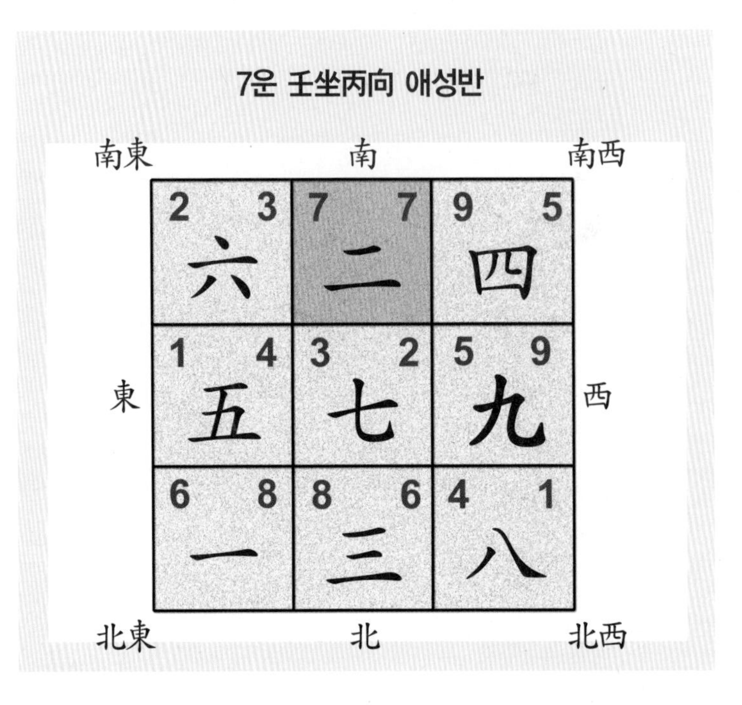

남향 주택에 사는 것은 대부분 길조이다. 7운에 〈77〉의 혜택을 본다. 이 집은 북동 방위에 물이 있으면 길하다. 집안의 북동쪽 거실에 수족관〔물고기를 넣던 안 넣던〕을 놓아두면 좋다. 서쪽과 남서쪽은 〈59〉 조합의 피해를 보므로 금속 풍경(風磬)으로 제압한다. 뒤에는 산성〈8〉이 있어 많은 득을 본다. 집 뒤에 벽돌이나 돌담을 쌓으면 아주 유익하다.

이 집은 8운으로 바꾸어야 한다

7운 壬坐丙向〔S1〕 숫자 분석

집의 전면(前面)

南東	南(向宮)	南西
2 3 六 향성이 〈3木〉 적성(賊星)이니 陰火로 설기해야 함. 金으로 〈2土〉 질병성 설기	⑦ ⑦ 二 향궁〈77〉은 7운에 행운을 가져다줌. 8운으로 바꿔야 함	9 5 四 흉성〈5土〉가 손재 유발. 〈9火〉로 강해지니 陽金으로 설기토록 풍경을 달 것
1 4 五 향성〈4〉가 산성〈1〉의 生을 받음. 재물, 건강, 자식운 향유	+3 -2 七 中央 두 흉성이 중궁에 갇힘. 질병성〈2土〉와 적성〈3木〉을 金氣로 제압할 것	5 9 九 산성〈5〉가 가족에 불행 유발. 〈9火〉로 강해지니 陽金으로 〈5〉를 설기토록!
6 8 一 길한 향성〈8〉이 〈6金〉에 설기됨. 물로 활성화시킬 것. 수정체로 이곳의 土氣를 강화시킬 것	8 6 三 길한 산성〈8〉이 주택운 강화. 산형(山形)으로 활성화시킬 것. 뒤에 수정체를 놓거나 담을 쌓을 것	4 1 八 길한 산성〈1〉이 〈4木〉에 설기됨. 재물운이 막힘. 木을 극하고 水를 생하도록 金으로 水를 강화시킬 것
北東	北(坐宮)	北西

東 (좌측) / 西 (우측)

7운 자좌오향子坐午向/계좌정향癸坐丁向〔S2/3〕

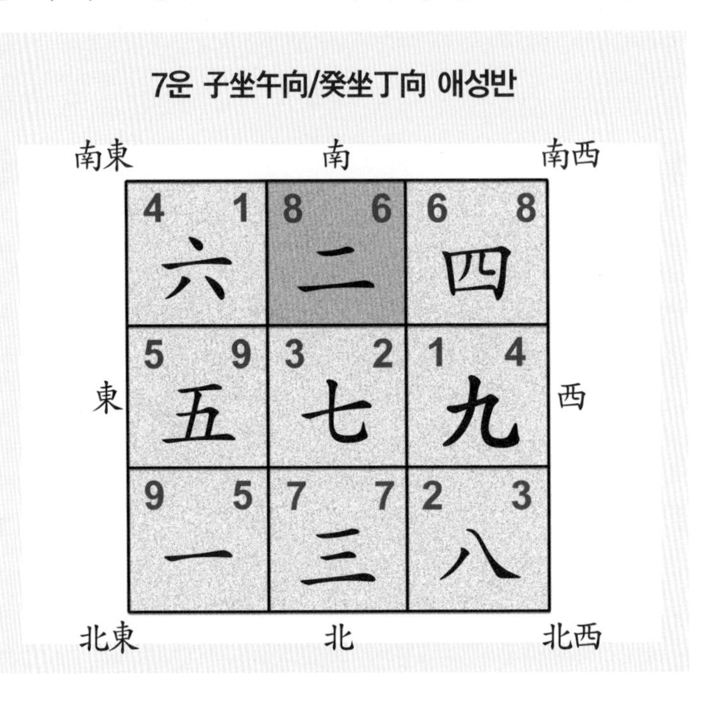

이는 합십국(合十局)으로 자주 나타나지 않는 아주 특별한 길격(吉格)의 주택이다. 숫자 조합의 특별한 길격 중 하나로, 모든 궁에서 운반수와 산성수가 합십(合十)이 되어 가족들에게 건강, 돈독한 가족관계, 자식운, 스승운 등을 인겨준다. 이 집은 또한 거주사에게 확실한 운을 가져다주는 집 뒤쪽에 있는 〈77〉의 혜택을 본다. 길한 향성〈8〉이 전방의 남서쪽에 당도하고 산성〈8〉은 전방인 남쪽에 당도하였다.

이 집은 <77> 때문에 8운으로 바꾸어야 한다

7운 子坐午向/癸坐丁向〔S2/3〕《산성(山星) 합십국(合十局)》

집의 전면(前面)

	南東	南(向宮)	南西	
	4 1 六 길한 향성〈1〉이 〈4木〉에 설기됨. 금전운 막힘. 木을 제어하고 水를 生하는 金을 써서 水氣를 강화할 것	8 6 二 길한 산성〈8〉이 향궁에 당도. 행운을 극대화하도록 바위, 수정체로 山을 활성화시킬 것	6 8 四 길한 향성〈8〉이 〈6金〉에 설기됨. 水로 활성화시키고, 土氣를 강화하는 수정체를 활용할 것	
東	5 9 五 산성〈5〉가 가족에 불행 유발. 〈9火〉로 강화되니 양금(陽金)으로 〈5〉를 제어해야 함	-3 +2 七 산성 합십국은 가족의 행운, 건강한 자식, 애정운을 가져다줌. 山으로 효험 강화	1 4 九 합십과 산성〈1〉의 작용으로 딸자식에게 행운을 줌	西
	9 5 一 흉성 〈5土〉가 손재 유발. 〈9火〉로 강화되니 陽金으로 5를 제압하고 풍경을 달 것	[7] ⑦ 三 좌궁에 〈77〉 길성 당도. 산으로 산성을 강화시켜 합십을 활성화시킬 것	2 3 八 향성의 〈3木〉 적성(賊星)을 음화(陰火)로 제압하고, 질병성 〈2土〉를 金氣로 설기시킬 것	
	北東	北(坐宮)	北西	

7운 병좌임향丙坐壬向〔N1〕

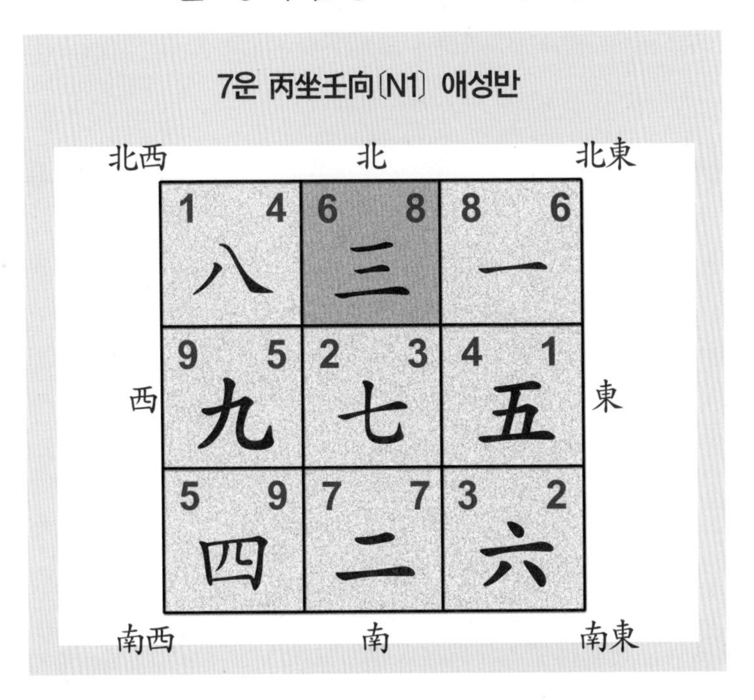

위의 애성반은 알아보기 쉽도록 북쪽이 위로 향하게 돌려놓았다. 오른쪽에 있는 표와 다르게 보이지만 똑같은 그림이다. 필자는 이렇게 집의 배치도가 그려진 대로 맞추기 위해 애성반을 돌려놓곤 한다. 애성반이 집의 배치도와 똑같은 방향에서 보이도록 다시 그려서 보면 애성반을 해석하는 것이 더 쉽다. 이 표를 보면 모든 길수가 집의 전면에 배치되어 있다. 그리고 뒤에는 〈77〉이 있다. 이것이 여러분의 집이라면 이 좌향 또는 N2/3(午坐子向/丁坐癸向)향 중 어느 것이 집의 방 배치도에 더 잘 맞는지를 판단하여야 한다.

이 집은 8운으로 바꾸어야 한다

7운 丙坐壬向〔N1〕 숫자 분석

	南東	南(坐宮)	南西	
	3 2 六 향성인 질병성〈2土〉가 금전운을 해침. 〈3〉은 흉성이지만 〈3木〉으로 〈2〉를 극하고, 陰金으로 제압할 것	7 ⑦ 二 길성 〈77〉이 주택운 유발. 산형(山形)과 수정체로 산성을 작동시킬 것	5 9 四 향성 〈9火〉가 흉성 〈5土〉를 生하니 인정의 불행이 증폭됨. 陽金인 풍경(風磬)으 로 설기할 것	
東	4 1 五 길성의 향성〈1〉이 水로 활성화되어야 함. 〈4木〉은 행운을 주지만 水가 과다하면 색란 유발 가능	-2 +3 七 두 흉성이 중앙에 갇힘. 화장실을 집 중앙에 두는 것은 좋지만, 산형(山形)이나 수상(水象)은 두지 말 것	9 5 九 흉성 〈5土〉가 손재, 실패, 사업상의 문제 유발. 〈9火〉로 강해지니 金으로 제어할 것	西
	8 6 一 길한 산성〈8〉이 山에 의해 활성화되어야 함. 용상(龍象). 향성〈6〉은 金으로 〈8〉의 生을 받음	6 8 三 길성 〈8〉이 향궁의 향성에 당도. 水로 활성화시키고 火氣로 〈6金〉을 제어할 것	1 4 八 향성〈4木〉은 번영과 성공 유발. 길한 산성〈1水〉의 生을 받음. 山星을 활성화시킬 것	
	北東	北(向宮)	北西	

집의 전면(前面)

7운 오좌자향午坐子向/정좌계향丁坐癸向〔N2/3〕

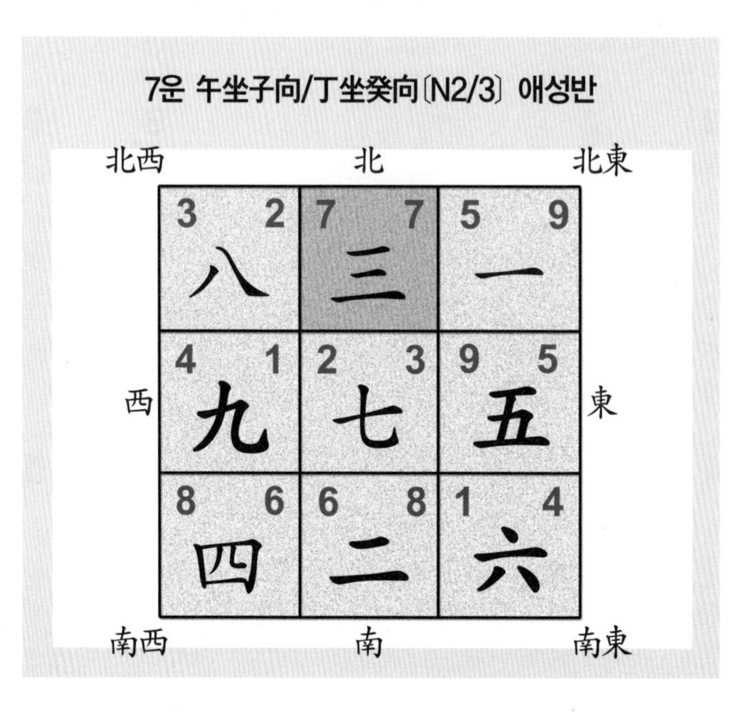

위의 애성반 역시 북쪽이 위로 가도록 돌려놓았다. 판독을 쉽게 할 수 있도록 애성반을 돌려놓는 습관을 길러라.

이 애성반은 집의 전방에 〈77〉이 있고, 향궁의 옆궁인 북서쪽은 문제의 숫자 〈32〉, 북동쪽은 〈59〉가 있음을 알 수 있다. 중앙에는 흉폭수〈3〉과 질병수〈2〉가 있다. 모든 길수의 방이 집 뒤쪽에 있기 때문에 그 방들은 폐허됐거나 파출부의 방일 수도 있다. 좌향을 병좌임향(丙坐壬向)〔N1〕으로 바꾸는 것이 좋다.

반드시 8운의 집으로 바꾸어야 한다

7운 午坐子向/丁坐癸向〔N2/3〕 숫자 분석

	南東	南(坐宮)	南西	
	1 4 六 향성〈4木〉이 번영을 가져옴. 길한 산성〈1〉의 生을 받음. 산성을 활성화시킬 것	6 8 二 최길성인 향성〈8〉이 주택운 유발. 향성을 작동시키고 火氣로 〈6金〉을 제압할 것	8 6 四 길한 산성〈8〉이 山形이나 용상(龍象)으로 활성화되고, 향성〈6金〉은 〈8〉의 생을 받으니 이곳의 水가 활성화될 수 있음	
東	9 5 五 흉성〈5土〉가 손재, 실패, 사업문제 유발. 〈9火〉의 生을 받으니 金으로 설기시킬 것	+2 -3 七 두 흉성이 중앙에 갇힘. 화장실을 집 중앙에 두는 것은 좋으나 수상(水象)이나 산형(山形)은 두지 말 것	4 1 九 길한 향성〈1〉과 〈4木〉이 가정의 행운을 유발. 水가 과다하면 색란을 유발할 수 있으니 산성을 강화하는 게 더 좋음.	西
	5 9 一 향성〈9火〉가 흉성〈5土〉를 생하여 가족의 불행을 증폭시키니 금속 풍경으로 제압할 것. 이곳을 피할 것	7 ⑦ 三 향궁에 길성〈77〉 당도. 물로써 향성을 활성화시키고, 8운으로 바꿔야 함	3 2 八 향성인 질병성〈2土〉가 금전운을 해침. 〈3〉이 흉수라도 〈3木〉으로 〈2〉를 제어하는 것이 좋음. 음금(陰金)으로 제압할 것	
	北東	北(向宮)	北西	

집의 전면(前面)

7운 경좌갑향庚坐甲向〔E1〕

7운 庚坐甲向〔E1〕 애성반

	北東	東	南東	
	3 8 一	7 3 五	8 4 六	
北	5 1 三	9 5 七	4 9 二	南
	1 6 八	2 7 九	6 2 四	
	北西	西	南西	

위의 애성반은 동쪽이 위로 가도록 돌려놓았다. 도면상 출입구가 밑에 있도록 그려져 있다면 오른쪽 표를 보고 분석하여라.

동향(東向)의 집은 항상 폐해를 가져다주는 운반수〈5〉의 악영향을 받는다. 즉, 향성수 〈5〉가 중궁에 당도하여 〈9〉의 생을 받아 강해진다.

庚坐甲向〔E1〕 집의 이로운 점은 북동과 남동쪽의 전면에 각각 향성과 산성이 있다는 것이다. 여러분이 북동쪽에 대형 수영장을 만들고 남동쪽에 산형(山形)을 만들어 이 두 방향을 확실하게 활성화시켜 주었다면, 7운으로 그대로 유지하고 싶을지도 모른다.

그렇지 않으면 8운으로 바꾸어야 한다

7운 庚坐甲向〔E1〕 숫자 분석

	南西	西(坐宮)	北西	
	6 2 四 향성〈2土〉가 질병 유발. 다행히도 〈6金〉이 〈2〉를 설기. 수정체로 山星을 강화시킬 것	2 ⑦ 九 길한 향성〈7〉이 〈2土〉에 막힘. 金으로 〈2〉를 제압하고 水象을 두어 활성화시킬 것	1 6 八 길성〈1水〉가 산성에 있어 좋은데다 〈6金〉이 생함. 山形으로 활성화시킬 것	
南	4 9 二 〈4木〉의 生을 받는 향성〈9火〉가 행운을 가져오지만 시간이 좀 걸림. 山形으로 山星을 활성화시킬 것	+9 +5 七 흉한 향성〈5〉가 〈9〉의 生을 받음. 봉쇄하던지 금속 풍경으로 〈5〉를 제압할 것	5 1 三 길성〈1水〉가 재물운을 가져오지만 흉성〈5〉에 막힘. 산성〈5〉가 질병과 불행 유발. 풍경으로 제압할 것	北
	8 4 六 〈4木〉이 행운 유발하지만 산성〈8〉이 더 길수임. 山形을 만들어 가족운을 증강시킬 것	7 3 五 향성〈3木〉 적성이 〈7金〉의 극을 받아 영향력 감소. 山形으로 산성을 활성화시킬 것	3 8 一 향성〈8〉이 길성. 水로 활성화시킬 것. 〈3木〉이 〈8〉을 극함. 土나 陰金으로 〈3木〉을 제어할 것	
	南東	東(向宮)	北東	

집의 전면(前面)

7운 유좌묘향酉坐卯向/신좌을향辛坐乙向〔E2/3〕

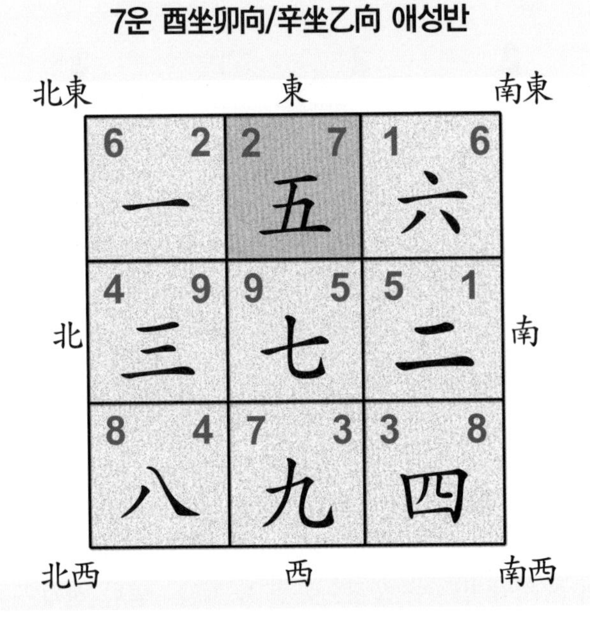

위의 애성반은 동쪽이 위로 가도록 돌려놓았다. 도면상 출입구가 밑에 있다면 오른쪽에 나오는 큰 표를 보고 분석하여라.

이 酉坐卯向/辛坐乙向〔E2/3〕의 집은 앞에 있는 庚坐甲向〔E1〕의 집만큼 좋지가 않다. 사실 부엌이나 파출부 방으로 쓰이는 허섭한 방위인 집 뒤쪽에 길성의 향성과 산성이 당도하였다.

이 그림의 향방에는 또한 8운에 치명적인 수의 조합, 즉 〈2五7〉이 나타나며, 이것은 8운에 위험을 불러온다.

이 집은 반드시 8운으로 바꾸어야 한다

7운 酉坐卯向/辛坐乙向〔E2/3〕 숫자 분석

南西		西(坐宮)		北西
	3 8 四 향성〈8〉이 길수. 水로 활성화시킬 것. 〈3木〉이 〈8〉을 극함. 土나 陰金으로 〈3木〉성을 제압할 것	[7] 3 九 향성〈3木〉 적성(賊星)이 〈7金〉의 극을 받아 영향력 감소. 山形으로 山星을 강화할 것	8 4 八 〈4木〉이 재물운 유발하지만 산성〈8〉이 더 길함. 山形을 만들어 가족운을 증강시킬 것	
南	5 1 二 길성〈1〉이 금전운 유발하지만 흉성〈5土〉에 막힘. 산성〈5〉가 질병과 불행을 유발하니 풍경을 달아 제어할 것	+9 +5 七 향성〈5土〉가 흉한데 〈9火〉의 생을 받음. 봉쇄하던지 금속 풍경을 달아 〈5〉를 제압할 것	4 9 三 향성〈9火〉가 행운 유발, 〈4木〉의 생을 받아 강해지지만 시간이 걸림. 산형으로 산성을 강화할 것	北
	1 6 六 산성〈1水〉가 길수로 가족운을 가져오며 〈6金〉이 생해 줌. 山形이나 수청체로 활성화시킬 것	2 ⑦ 五 길한 향성〈7〉이 〈2土〉에 막힘. 金으로 〈2〉를 설기하고 水象을 놓아 활성화시킬 것	6 2 一 향성인 〈2土〉 흉성이 질병 유발. 다행히도 〈6金〉이 〈2〉를 설기. 金氣를 강화시킬 것	
南東		東(向宮)		北東

집의 전면(前面)

7운 갑좌경향甲坐庚向〔W1〕

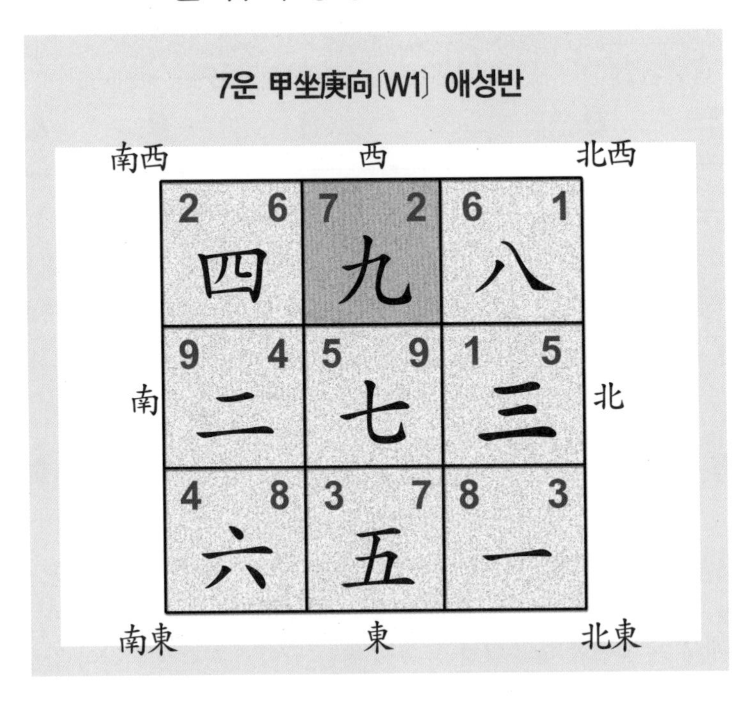

위의 애성반은 서쪽이 위로 가도록 돌려놓았다. 집의 도면상 출입구가 밑에 있다면 오른쪽에 나오는 큰 표를 보고 분석하여라. 숫자가 도면상의 서쪽과 일치될 것이다. 그러면 보기가 쉽다.

甲坐庚向〔W1〕의 집은 중궁 〈59〉의 폐해를 본다. 향성〈8〉이 뒤쪽〔남동〕에 있다. 이쪽에 물이 있으면 좋으므로 재물운을 강화하기 위해 이곳에 물을 두어라. 북동쪽의 산성〈8〉 또한 집 뒤쪽에 있다. 이 방위에 벽돌을 쌓아놓으면 풍수적으로 아주 좋다. 이 애성반과 8운의 甲坐庚向〔W1〕 애성반을 비교하여 집의 배치를 어떻게 할 것인지 비교해 보아라.

7운 甲坐庚向〔W1〕 숫자 분석

北東	東(坐宮)	南東
8 3 一 산성〈8〉이 길수. 山形을 만들어 가족운을 증강시킬 것. 陰火로 〈3木〉을 설기시킬 것	3 ⑦ 五 길한 향성〈7〉이 뒤에 있음. 〈3〉 흉성을 해소하는 陰水로 활성화시킬 것	4 8 六 길한 향성〈8〉이 산성〈4木〉의 극을 받음. 재물운과 인정운을 가져오는 水로 활성화시킬 것
北 1 5 三 길한 산성〈1〉이 직장운을 가져오지만 〈5土〉로 인해 손재 가능성. 금속 풍경이나 7개의 동전으로 제압할 것	-5 -9 七 두 흉성이 중궁에 있으니 6개의 금속막대기로 봉쇄하거나 제압할 것	**南** 9 4 二 향성〈4木〉이 〈9火〉에 설기. 실제 물로 활성화시킬 것. 산성〈9〉는 행운수이니 山形으로 활성화시킬 것
6 1 八 재물운을 가져오는 길한 향성〈1〉이 〈6金〉의 생을 받음. 실제 물로 움직여주고 가까이에 금속 주화를 놓을 것	7 2 九 길한 산성〈7〉이 〈2土〉의 생을 받음. 〈7〉은 향성〈2〉의 질병작용을 감소시킴. 金으로 활성화시킬 것	2 6 四 향성〈6金〉의 힘이 약함. 산성〈2土〉로 극복됨. 金氣로 〈2〉를 제압할 것. 풍경을 달 것
北西	西(向宮)	南西

집의 전면(前面)

7운 묘좌유향卯坐酉向/을좌신향乙坐辛向〔W2/3〕

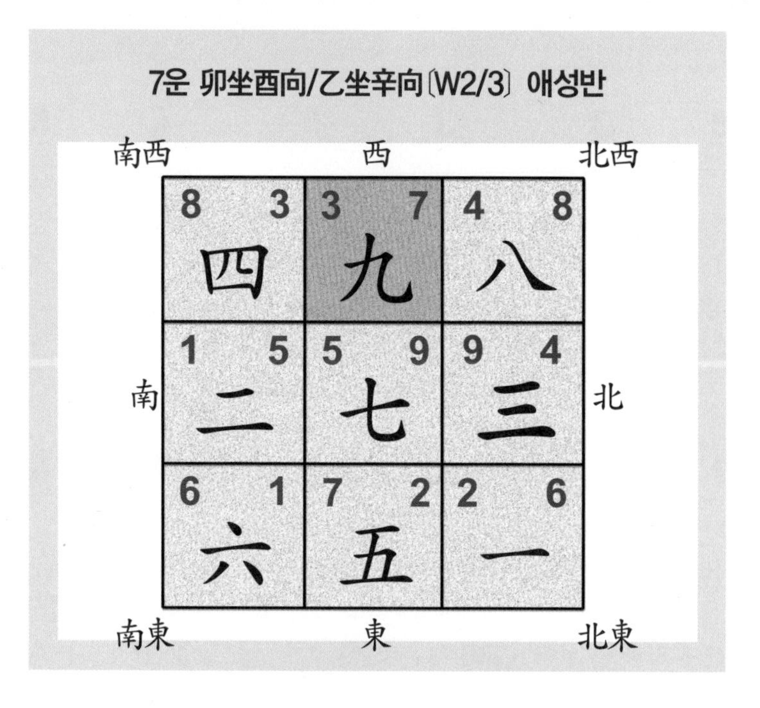

위의 애성반은 서쪽이 위로 가도록 돌려놓았다. 집의 도면상 출입구가 밑에 있다면 오른쪽에 나오는 표를 보고 분석하여라. 숫자가 도면상의 서쪽과 일치될 것이다.

卯坐酉向/乙坐辛向〔W2/3〕의 집은 중궁 〈59〉의 폐해를 입는다. 향성〈8〉이 북서쪽 전면에 있고, 남서쪽 전면에 역시 길한 산성〈8〉이 있다. 서향집 전방의 양쪽 측면에 이렇게 두 길성이 있으면 대개 거주자들에게 행운을 가져다준다. 8운으로 바꿀 것인지를 결정하려면 기존의 방 배치도와 형상을 보고 운이 어떻게 될 것인지를 비교해 보아라. 그러나 대대적인 개조를 하게 된다면 8운으로 바꾸는 것이 유리할 것이다.

7운 卯坐酉向/乙坐辛向〔W2/3〕 숫자 분석

北東	東(坐宮)	南東
2 6 一 향성〈6金〉이 약함. 산성〈2土〉로 극복됨. 金氣로 〈2〉를 제압하고 풍경을 달 것	[7] 2 五 좌궁에서 길한 산성〈7〉이 〈2土〉의 생을 받아 좋음. 토성의 질병수를 약화시킴. 〈7〉을 강화시킬 것	6 1 六 길한 향성〈1〉이 재물운 유발하고 〈6金〉이 이를 생함. 실제 물로 활성화시키고 가까이에 금속 주화를 놓을 것
9 4 三 향성〈4木〉이 〈9火〉에 설기됨. 실제 물로 활성화시킬 것. 산성〈9〉도 길성이니 山形으로 활성화시킬 것	-5 -9 七 중궁의 두 흉수가 봉쇄되던지 6개의 막대기가 달린 금속 풍경으로 제어되어야 함	1 5 二 길한 산성〈1〉이 인정운을 유발하지만 〈5土〉가 손재 유발 가능. 금속 풍경이나 7개의 동전으로 설기시킬 것
4 8 八 길한 향성〈8〉이 산성 〈4木〉의 극을 당함. 물로 활성화시킬 것. 물은 금전운과 인정운을 가져옴	3 ⑦ 九 길한 향성〈7〉이 향궁에 있어 길함. 〈3〉을 물속으로 떨어뜨리는 陽水로 활성화할 것	8 3 四 산성이 〈8〉 길성. 山形으로 가족운을 증강시킬 것. 陰火로 〈3木〉을 제어할 것
北西	西(向宮)	南西

北 (왼쪽) / 南 (오른쪽)

집의 전면(前面)

7운 축좌미향丑坐未向〔SW1〕

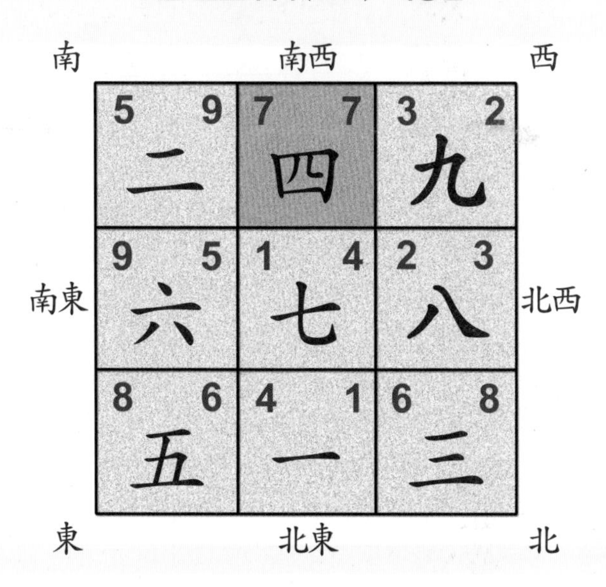

위의 애성반은 남서쪽이 위로 가도록 돌려놓았다. 집의 도면상 출입구가 밑에 있다면 오른쪽에 나오는 표를 보고 분석하여라.

남서향은 7운 내내 향궁이나 좌궁에 〈77〉이 당도하여 좋다. 丑坐未向〔SW1〕의 집은 거주자에게 큰 행운을 안겨주는 방위가 전면(前面)이다. 그러나 향궁의 좌우궁이 흉수로 되어 행운임에도 불구하고 결코 순탄하진 않다. 이 애성반을 8운의 축좌미향과 비교해 보면 8운은 특별한 기국(奇局)이 됨을 알 수 있을 것이다.

모든 丑坐未向의 집은 반드시 8운으로 바꾸어야 한다

7운 丑坐未向〔SW1〕 숫자 분석

	北	北東(坐宮)	東	
	6 8 三 향성〈8土〉가 〈6金〉에 설기되어 재물운이 막힘. 金을 제어하는 火로 〈8〉을 생해 줄 것	4 1 一 향성〈1水〉가 〈4木〉에 설기됨. 여기에 金을 놓지 않으면 재물운을 실현할 수 없음	8 6 五 산성〈8土〉가 〈6金〉에 설기되어 인정과 건강운이 막힘. 여기에 土를 생해 주는 火氣를 놓을 것	
北西	2 3 八 질병성〈2土〉가 〈3木〉의 극을 당함. 火氣로 〈3〉 적성(賊星)을 설기하고, 金으로 〈2土〉를 설기할 것	+1 -4 七 부모삼반괘수이니 봉쇄되면 안 됨. 〈4木〉이 〈1水〉의 생을 받음. 학문적으로 성공함	9 5 六 질병성〈5土〉가 〈9火〉의 생을 받음. 金으로 〈5〉를 설기하고, 木으로 〈9〉를 생하여 건강, 인정, 부운(富運)을 증강시킬 것	南東
	3 2 九 향성〈2土〉가 〈3木〉에 극을 당함. 재물운 불가. 金으로 〈2土〉를 제어하여 손재를 막을 것	7 ⑦ 四 향궁에 〈77〉 당도. 물로써 향성〈7〉을 강화하고, 山이나 수정체로 산성〈7〉을 강화시킬 것	5 9 二 향성〈9〉가 〈5土〉에 설기되어 재물운이 막힘. 흉성 〈5〉가 인정운을 막음. 金으로 〈5〉를 설기시킬 것	
	西	南西(向宮)	南	

집의 전면(前面)

7운 간좌곤향艮坐坤向/인좌신향寅坐申向〔SW2/3〕

7운 艮坐坤向/寅坐申向〔SW2/3〕 애성반

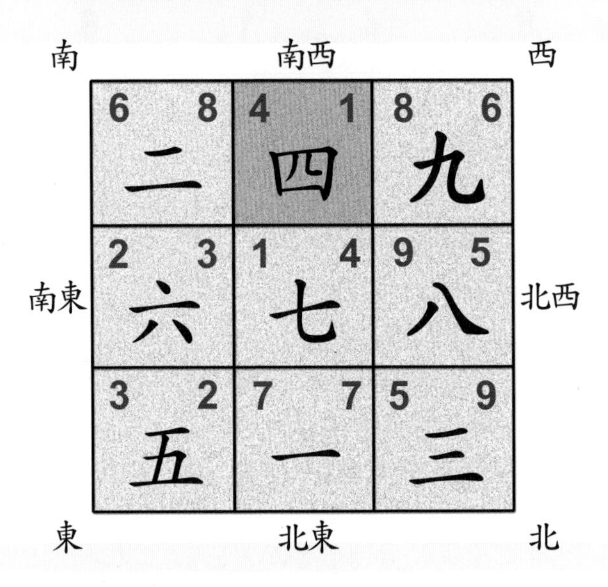

위의 애성반은 남서(南西)의 향궁(向宮)이 위로 가도록 돌려놓았다. 집의 도면상 출입구가 밑에 있다면 도면의 방향이 숫자와 일치되도록 오른쪽에 나오는 표를 활용하여라. 그렇게 하는 것이 보기가 쉽다.

艮坐坤向/寅坐申向〔SW2/3〕의 집은 진방에 산성과 향싱〈8〉이 있어 좋다. 〈77〉이 집의 후방으로 갔다. 모든 남서향의 집은 숫자 조합이 아주 특별히 좋게 이루어져 있다. 남서향의 집은 8운에 향성궁이 되는 북동(北東)을 좌(坐)로 하고 있다.

남서향의 집은 반드시 8운으로 바꾸어야 한다

7운 艮坐坤向/寅坐申向〔SW2/3〕 숫자 분석

北		北東(坐宮)		東
	5 9 三 향성〈9火〉가 〈5土〉에 설기되어 재물운이 막힘. 흉성 〈5〉는 인정운을 막음. 金으로 〈5〉를 설기시킬 것	7 ⑦ 一 〈77〉이 좌궁에 당도. 물로 향성〈7〉을 활성화시킬 것. 山形이나 수정체로 산성 〈7〉을 활성화시킬 것	3 2 五 향성〈2土〉가 적성(賊星) 〈3木〉의 극을 당함. 재물운 불가. 金으로 〈2土〉를 설기하여 손재를 막을 것	
北西	9 5 八 질병성〈5〉가 〈9火〉의 생을 받음. 金으로 〈5〉를 설기시키고, 木으로 〈9〉를 생하여 건강, 인정, 재운을 증강시킬 것	-1 +4 七 中央 부모삼반괘수. 이곳이 막히면 안 됨. 〈4木〉이 〈1水〉의 생을 받음. 학문적으로 성공함	2 3 六 질병성〈2土〉가 〈3木〉의 극을 받음. 火氣로 〈3〉 적성(賊星)을 설기시키고, 金으로 〈2土〉를 설기시킬 것	南東
	8 6 九 산성〈8〉이 〈6金〉에 설기됨. 인정운과 건강운이 막힘. 이곳에 火를 놓아 土를 생할 것	4 1 四 향성〈1〉이 〈4木〉에 설기됨. 이곳에 金을 놓지 않으면 재물운 불가함	6 8 二 향성〈8土〉가 〈6金〉에 설기됨. 재물운이 막힘. 金을 제압하는 火로 〈8〉을 생할 것	
西		南西(向宮)		南

집의 전면(前面)

7운 미좌축향未坐丑向〔NE1〕

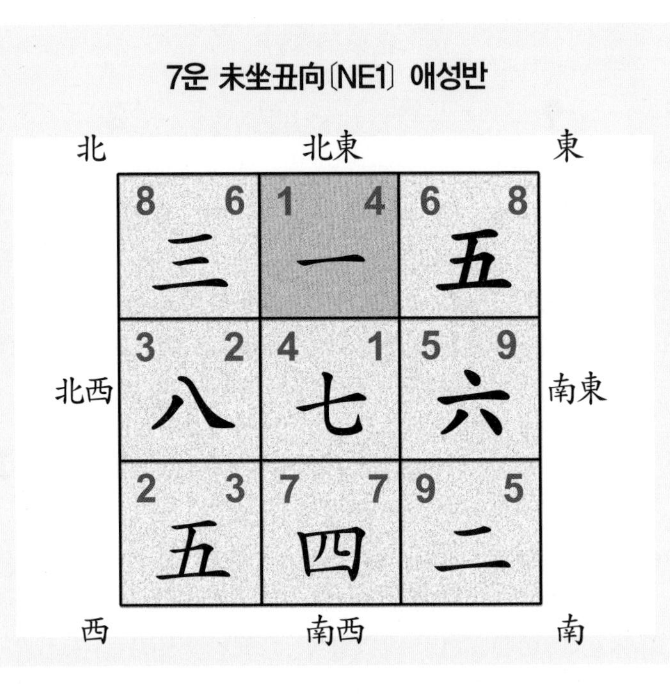

위의 애성반은 북동쪽이 위로 가도록 돌려놓았다. 집의 도면상 출입구가 밑에 있다면 오른쪽에 나오는 표를 활용하여라. 그러면 숫자가 도면의 북동향과 일치될 것이다. 이렇게 보면 쉽다.

未坐丑向〔NE1〕은 집의 전면에 향성과 산성 모두 길성이 오는 것이 艮坐坤向/寅坐申向〔SW2/3〕의 집과 아주 유사하다. 집의 측면〔南東과 北西〕엔 질병과 불화를 일으키는 흉성이 있지만 바로 잡을 수 있다.

모든 북동향의 집은 기의 흐름을 최대한 누릴 수 있도록
반드시 8운으로 바꿔야 한다

7운 未坐丑向〔NE1〕 숫자 분석

南	南西(坐宮)	西
9 5 **二** 향성〈5土〉 흉성이 〈9火〉의 생을 받음. 金水로 제압하되, 陰水와 陽金을 사용할 것	**7 7** **四** 〈77〉이라서 좋지만 金이 土方을 설기함. 火로 생해 주고 山形으로 활성화시킬 것	**2 3** **九** 〈3木〉 적성(賊星)이 재물운을 제압함. 질병성〈2土〉가 〈3木〉의 극을 받음. 이곳은 金宮으로 둘 다 힘을 잃음
5 9 **六** 향성이 〈9火〉로 강하지만 재물운이 〈5土〉로 막힘. 〈5〉를 극하고 〈9〉를 生하는 木을 쓸 것. 木은 또한 이곳 木宮을 생함	**-4 +1** **七** 중궁이 부모삼반괘수임. 훤하게 터놓을 것. 〈4木〉이 〈1水〉를 설기하여 재물운이 약해짐. 金으로 강화시킬 것	**3 2** **八** 흉한 향성〈2土〉가 〈3木〉의 극을 받음. 산성〈3〉은 이곳 金宮에서 약해지니 陰金을 놓을 것
6 8 **五** 길성 〈8土〉가 재물운을 가져오지만 〈6金〉에 막힘. 火로 〈8〉을 生하고 〈6〉을 약화시킬 것. 土氣로 건강운을 증진시킬 것	**1 4** **一** 길성 〈4木〉이 재물운을 가져오는 〈1水〉로 강해지지만, 건강과 인정운 향상을 위해 金이 필요함	**8 6** **三** 산성이 길성 〈8土〉임. 결혼운, 가정운, 건강운에 좋지만 〈6金〉이 〈8〉을 설기함. 火氣로 강화시키고 山形으로 활성화시킬 것
東	北東(向宮)	北

(왼쪽: 南東, 오른쪽: 北西)

中央

집의 전면(前面)

7운 곤좌간향坤坐艮向/신좌인향申坐寅向〔NE2/3〕

7운 坤坐艮向/申坐寅向〔NE2/3〕 애성반

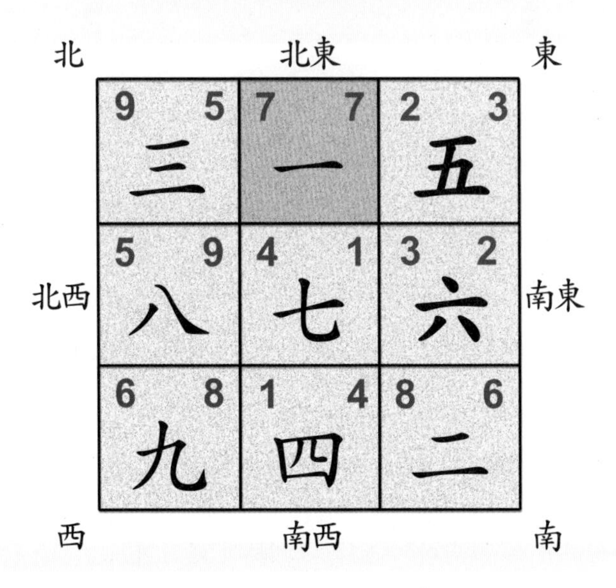

위의 애성반은 북동쪽이 위로 가도록 돌려놓았다. 집의 도면상 출입구가 밑에 있다면 오른쪽에 나오는 표를 보아라. 그러면 숫자가 도면의 북동 방향과 일치될 것이다. 이렇게 보면 쉽다.

坤坐艮向/申坐寅向〔NE2/3〕의 집은 8운에 흉하게 되거나 최소한 위험하게 되는 7운의 길성 〈77〉이 향궁에 있다. 산성과 향성의 길성인 〈8〉이 있는 집의 뒤쪽이 길한데, 아마도 그곳에 부엌이나 파출부 방을 두어 하찮은 곳으로 쓰고 있을지도 모른다.

더 좋은 길수(吉數)의 복을 누리고 기(氣) 에너지를 강화하기 위해 8운으로 바꾸는 것이 절대적으로 좋다

7운 坤坐艮向/申坐寅向〔NE2/3〕 숫자 분석

	南	南西(坐宮)	西	
	8 6 二 산성이 〈8土〉 길성. 결혼, 가정, 건강운 좋지만 〈6金〉이 〈8〉을 설기함. 火로 강화시키고, 山形으로 활성화시킬 것	1 4 四 길성〈4木〉이 재물운을 가져다주는 〈1水〉로 강해지지만, 건강과 인정운 향상을 위해 金이 필요함	6 8 九 길성〈8土〉가 재물운을 가져오지만 〈6金〉에 막힘. 火로 〈8〉을 生해 주고 〈6〉을 약화시킬 것. 土氣로 건강을 향상시킬 것	
南東	3 2 六 흉성〈2土〉가 향성으로 〈3木〉의 극을 받음. 火氣로 산성〈3〉을 설기시키고 노기(怒氣)를 제압할 것	+4 -1 七 중궁이 부모삼반괘수임. 환하게 터놓을 것. 〈4木〉이 〈1水〉를 설기하여 재물운이 약해짐. 金으로 강화시킬 것	5 9 八 향성이 〈9火〉로 강하지만 재물운이 〈5土〉로 막힘. 木으로 〈5〉를 극하고, 길한 〈9〉의 氣를 활성화시킬 것	北西
	2 3 五 〈3木〉 적성(賊星)이 재물운을 제압함. 질병성〈2土〉가 〈3木〉의 극을 받음. 이곳은 〈2〉를 강하게 하는 土宮으로 풍경을 달 것	[7] ⑦ 一 〈77〉로 길함. 土方을 활성화시킴. 물로 활성화시켜 번영을 구할 것	9 5 三 흉한 향성〈5土〉가 〈9火〉의 생을 받음. 金水로 제압하되, 양수(陽水)와 음금(陽金)을 사용할 것	
	東	北東(向宮)	北	

집의 전면(前面)

7운 술좌진향戌座辰向〔SE1〕

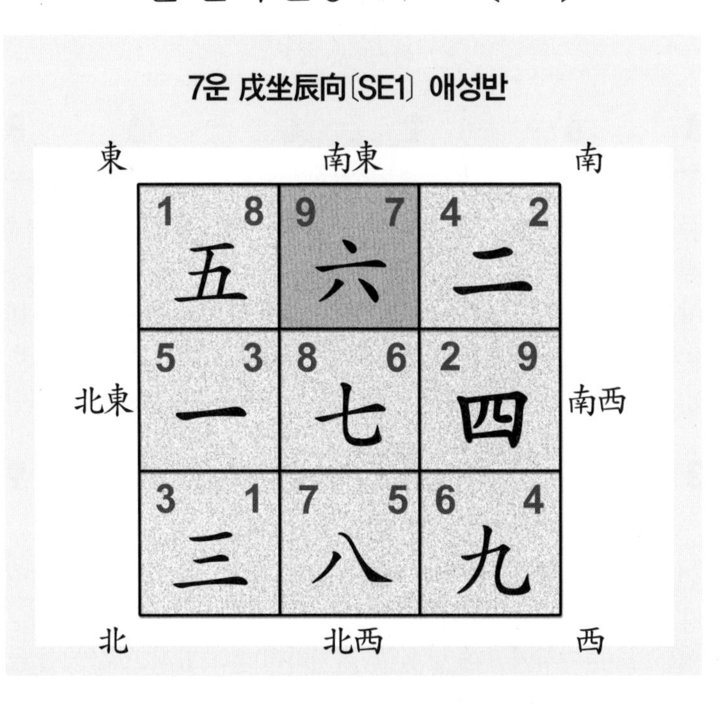

위의 애성반은 남동쪽이 위로 가도록 돌려놓았다. 집의 도면상 출입구가 밑에 있다면 오른쪽에 나오는 표를 보아라. 그러면 숫자가 도면의 동남쪽과 일치될 것이다.

동남향의 집은 중궁에 산성〈8〉이 있는 길수의 조합이다. 따라서 그러한 집은 집 중앙의 좋은 기가 집 전체로 퍼질 수 있도록 크게 개방하는 구조로 하여 혜택을 누려야 한다. 만약 중앙에 화장실이나 창고가 있다면 그것은 행운을 막게 되는 것이다. 이를 8운으로 바꾸는 것이 좋은지 아닌지는 집 안의 다른 방들이 어떻게 배치되었는지를 보고 판단하여야 한다.

8운으로 바꿀 것인지 말 것인지를 결정하기 전에
7운과 8운의 애성반을 분석해 보아야 한다

7운 戌座辰向〔SE1〕 숫자 분석

西		北西(坐宮)		北
	6 4 九 〈6金〉이 〈4木〉을 극하여 창의적인 분야의 성공을 막음. 산성〈6〉은 지나간 쇠기운임. 풍경을 달아 자녀운을 증강시킬 것	**⑦ 5** 八 흉〈5〉가 재물운을 억제함. 〈7金〉이 〈5〉를 설기함. 많은 금속으로 산성〈7〉을 강화하여 산성을 강하게 만들 것	**3 1** 三 水星〈1〉이 길함. 물을 놓아 재물운을 활성화시킬 것. 〈3木〉이 재물운을 약화시키니 火氣를 놓아 산성〈3〉을 제어할 것	
南西	**2 9** 四 향성〈9火〉가 성공을 가져오지만 성공운이 〈2土〉로 막힘. 산성〈2〉는 애정, 가정운에 불길하니 金으로 설기할 것	**-8 -6** 七 산성〈8〉이 막히고 〈6金〉에 설기당함. 가정운, 인정운, 자녀운, 건강운이 막힘. 개방하여 항상 밝게 할 것	**5 3** 一 향성〈3木〉이 흉함. 산성〈5土〉 또한 흉함. 〈3〉이 〈5〉를 극함. 풍경을 달아 〈3木〉을 제압하고 〈5土〉를 설기시킬 것	北東
	4 2 二 향성이 〈2土〉 질병성임. 〈4木〉이 흉성을 극제함. 가정운을 가져오는 나무를 심어 7운의 산성〈4〉를 활성화시킬 것	**9 ⑦** 六 당운에 향성이 길함. 물로 강화시킬 것. 산성〈9火〉는 인정운과 가정운을 가져옴	**1 8** 五 길한 향성〈8〉이 물의 혜택을 봄. 산성〈1水〉를 생해 주는 커다란 형상을 놓을 것	
南		南東(向宮)		東

집의 전면(前面)

7운 건좌손향乾坐巽向/해좌사향亥坐巳向〔SE2/3〕

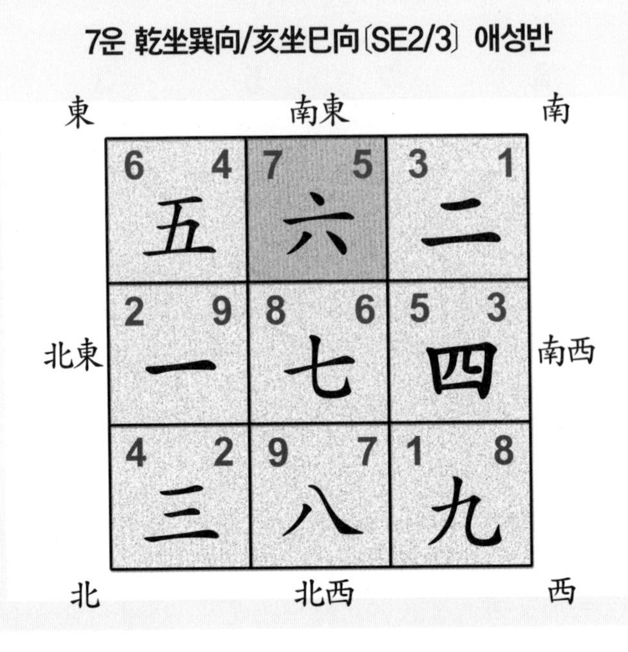

위의 애성반은 남동쪽이 위로 가도록 돌려놓았다. 집의 도면상 출입구가 밑에 있다면 오른쪽에 나오는 표를 보아라. 그러면 숫자가 도면의 남동 방향과 일치될 것이다.

이 乾坐巽向/亥坐巳向〔SE2/3〕의 집은 7운 동안에는 산성〈7〉의 덕을 보지만 8운이 오면 향궁〈75〉의 조합이 흉으로 변해 손재와 도난을 유발한다. 필자는 이 집을 8운으로 바꿀 것을 권고한다. 하지만 이것 또한 집의 방 배치가 7운이나 8운의 애성반을 비교하여 어느 것이 적당한가에 달려 있다.

8운으로 바꿀 것인가 말 것인가를 결정하기 전에
7운과 8운의 애성반을 분석하여야 한다

7운 乾坐巽向/亥坐巳向〔SE2/3〕 숫자 분석

西	北西(坐宮)	北
1 8 九 길한 향성〈8〉이 물(실제/가상)의 혜택을 봄. 이곳에 물을 놓아 산성〈1水〉도 생할 것	9 ⑦ 八 향성이 당운에 길함. 水象으로 강화시킬 것. 산성〈9火〉는 인정운과 가정운을 가져옴	4 2 三 향성이 질병〈2土〉星임. 〈4木〉이 흉성을 제압함. 7운에 가정운이 오도록 식물로써 산성〈4〉를 활성화시킬 것
南西 5 3 四 향성 〈3木〉이 흉함. 산성 〈5土〉도 흉함. 〈3〉이 〈5〉를 극함. 〈3木〉을 극하고 〈5土〉를 설기하도록 풍경을 달 것	+8 +6 七 中央 산성〈8〉이 막힘. 〈8土〉도 〈6金〉에 설기당함. 가정운, 인정운, 자녀운, 건강운도 막힘. 터서 밝게 할 것	2 9 一 향〈9火〉가 성공을 가져오지만 〈2土〉에 설기당해 막힘. 산성〈2土〉는 애정운, 가정운에 흉함. 金으로 〈2〉를 설기시킬 것 **北東**
3 1 二 향성〈1〉이 길수(吉數). 재물운을 강화하도록 물을 놓을것. 〈3木〉이 재물운을 약화시킴. 火氣로 산성 〈3〉을 설기시킬 것	[7] 5 六 흉성〈5〉가 재물운을 약화시킴. 〈7金〉이 〈5〉를 제어함. 많은 금속으로 산성〈7〉을 강화시킬 것	6 4 五 〈6金〉이 〈4木〉을 극하여 창의적인 분야의 성공을 막음. 산성〈6〉은 지나간 쇠기운임. 풍경(風磬)으로 자녀운을 돋울 것
南	南東(向宮)	東

집의 전면(前面)

7운 진좌술향辰坐戌向〔NW1〕

7운 辰坐戌向〔NW1〕 애성반

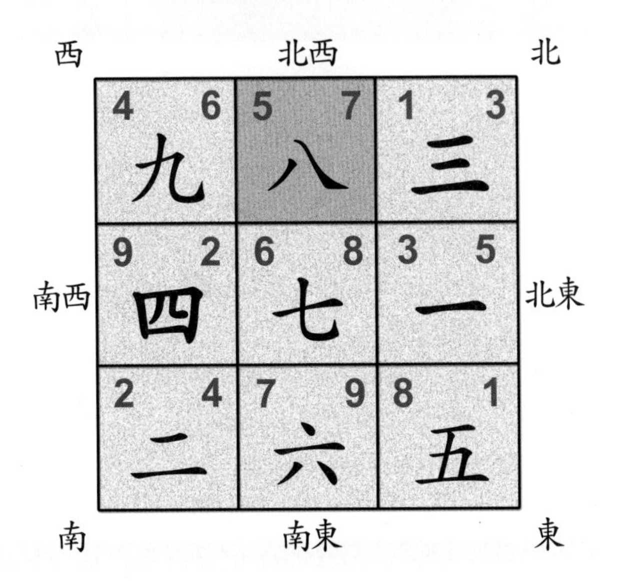

위의 애성반은 북서쪽이 위로 가도록 돌려놓았다. 집의 도면상 출입구가 밑에 있다면 오른쪽에 나오는 표를 보아라. 그러면 숫자가 도면의 북서쪽과 일치될 것이다. 이 辰坐戌向〔NW1〕의 집에서는 7운 동안 향성〈7〉의 혜택을 보지만 8운이 오면 향궁〈57〉의 조합이 흉으로 변해 손재와 질병을 유발한다. 중궁의 길성인 향성은 이 집의 재물운을 향상시키는 것을 대체로 어렵게 한다.

나는 이 집을 8운으로 바꿀 것을 권한다

그러나 집의 방 배치가 7운과 8운의 애성반을 비교하여 어느 것이 더 좋은가에 따라 바꿔야 한다. 하지만 모든 7운의 집은 새로이 8운이 오면 기를 잃는다는 것을 기억하여야 한다.

7운 辰坐戌向〔NW1〕 숫자 분석

東	南東(坐宮)	南
8 1 五 향성〈1〉이 재물운을 유발하지만 〈8土〉에 막힘. 山形으로 길성인 산성을 강화하는 게 좋음	[7] 9 六 향성이 〈9火〉. 성취운. 산성이 〈7金〉으로 길함. 土氣[수정체]로 강화할 것	2 4 二 〈4木〉이 향성으로 길하지만 산성 〈2土〉로 약화. 金으로 설기하여 질병, 가족문제, 결혼문제를 예방하는 게 좋음
3 5 一 〈5土〉가 손재 유발. 〈3木〉이 극하지만 〈3〉도 흉성임. 음금(陰金)으로 둘 다 제압할 것	-6 -8 七 향성〈8〉이 막힘. 훤하게 터놓도록 할 것. 물로 강화시켜줄 것. 산성 金이 土의 생을 받아 길함	9 2 四 향성이 질병성〈2土〉로 극제되야 하지만 〈9火〉가 생해 줌. 금속 풍경으로 〈2〉를 설기시키고 水로 〈9〉를 제압할 것
1 3 三 〈3木〉이 향성. 〈1水〉의 생을 받지만 흉함. 火氣로 〈3〉을 설기할 것. 산성〈1〉이 길하므로 陰金으로 생해 줄 것	5 ⑦ 八 〈7金〉이 길성. 〈5土〉가 金을 생하지만 산성이 손재와 불행을 가져옴	4 6 九 향성〈6金〉은 지나간 재물운. 산성 〈4木〉이 길하니 소형 수상(水象)으로 강화시켜 줄 것
北	北西(向宮)	西

(좌측 중앙: 北東, 우측 중앙: 南西)

집의 전면(前面)

7운 손좌건향巽坐乾向/사좌해향巳座亥向〔NW2/3〕

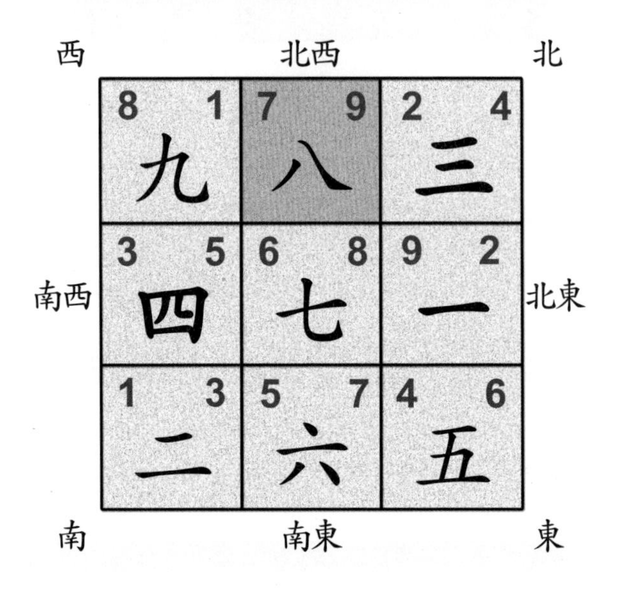

위의 애성반은 북서쪽이 위로 가도록 돌려놓았다. 집의 도면상 출입구가 밑에 있다면 오른쪽 표를 보아라. 그러면 숫자가 도면의 북동 방향과 일치될 것이다. 7운 애성반에서 巽坐乾向/巳座亥向〔NW1〕의 집은 연주국(聯珠局)이다. 이것은 특별히 길한 애성반인데, 중궁의 향성〈8〉이 힘을 얻기는 힘들지만 7운 동안에는 중앙의 길수가 좋은 역할을 한다. 비록 그 집이 연주국의 혜택을 누리지만 8운으로 바꿀 필요가 있다고 생각한다. 왜냐하면 산성〈7〉이 전방에 있고 향성〈7〉이 뒤에 있기 때문이다. 이 별들은 중요한 궁을 차지하고 있고 2004년에 8운으로 바뀌게 되면 문제를 일으킬 수 있기 때문이다.

이 집은 앞뒤의 <7> 때문에 8운으로 바꾸어야 한다

7운 巽坐乾向/巳座亥向〔NW2/3〕 숫자 분석

東	南東(坐宮)	南
4 6 五 향성이 〈6金〉, 산성이 〈4木〉. 이 궁을 수정체나 돌같은 山形으로 활성화시킬 것	5 ⑦ 六 인정운과 건강운을 확실히 하기 위해서는 집뒤에 산이 있어야 함. 연주(聯珠)가 5를 변화시킴	1 3 二 향성이 〈3木〉, 산성이 〈1水〉. 연주괘이므로 산성 〈1〉을 金氣와 山形으로 활성화시킬 것
9 2 一 질병성〈2土〉인 향성이 극제되어야 함. 〈9火〉가 〈2〉를 생함. 금속 풍경으로 〈2〉를 설기시킬 것	+6 +8 七 향성〈8〉이 막힘. 훤하게 터서 생기를 주고 물로써 재물운을 촉진시킬 것. 산성 〈6金〉이 〈8土〉의 생을 받음	3 5 四 〈5土〉가 손재 유발. 〈3木〉이 〈5〉를 극하지만 〈3〉도 흉성임. 음금(陰金)으로 둘 다 제압할 것
2 4 三 〈4木〉 향성이 〈2土〉에 힘을 잃음. 물로써 향성을 보강할 것. 연주괘는 집 전방에 물이 있는 것이 좋음	7 9 八 연주괘로서 전방에 물이 있어야 함. 금속 풍경으로 산성을 활성화시킬 것	8 1 九 향성이 〈1〉 길수(吉數)이니 물로써 강화시킬 것. 산성〈8〉도 길함. 대형 수정체를 놓아 가정운을 높일 것
北	北西(向宮)	西

(좌측: 北東, 우측: 南西)

집의 전면(前面)

Analysing The Period 8 Charts

8운의 애성반 분석

03

8운 애성반 분석

운의 변화를 최대한 활용하기 위해 다음 단계는 8운의 애성반을 자세히 살펴보는 것이다. 이들 애성반은 모든 운에 대하여 현공기법에 따라 만들어졌다. 그러나 어느 운에서나 기본공식에도 예외가 있음을 주의하여야 한다. 8운에서 남서와 북동향의 집은 계산의 기본공식을 따르지 않는다. 이 책에 있는 애성반은 미리 계산해 놓은 것으로 현공풍수 애성반을 어떻게 작성하는지 모르는 사람들도 활용할 수 있다. 여기에 그 의미들을 요약해 놓아 현공풍수를 쉽게 활용하고 이해할 수 있도록 하였다. 분명히 현공풍수 전문가 과정만큼 포괄적이진 않지만 아마추어들이 스스로 활용할 수 있는 많은 정보를 제공해 준다.

여러분 스스로가 8운의 애성반에 익숙해지면 실제로 2004년 2월 4일부터 2024년 2월 4일 사이에 건축하거나 개조할 집의 기의 흐름을 알게 될 것이다. 기의 흐름도를 통하여 집, 아파트, 사무실 등 새 건물의 행운 방위를 누구든지 알 수 있기 때문에 우리가 새로운 운으로 접어드는 8운에서 이 애성반은 매우 유용한 것이 된다.

따라서 7운의 건물〔지난 20년 동안 건축하거나 개조한 집, 8운으로 바꾸기 위해 아직 개조하지 않은 집〕 안에서 계속 살거나 일하고 있다 할지라도 건물 운의 변화에 맞도록 개조하기로 결정했다면 그 운의 흐름도가 어떻게 생겼는지 알아보는 데 유용한 것이다.

이러한 일이 2004년부터 2024년까지 20년 동안 언젠가는 생길 것이 거의 확실하기 때문에 이들 애성반은 우리가 새로운 운으로 접어드는 2024년까지 적어도 20년 동안은 계속 필요한 것이다.

여러분은 또한 본 장에서 조명될 7운의 애성반에 상응하는 16개의 8운 애성반을 비교해 볼 수 있다. 그것은 여러분이 원하는 운의 종류를 가장 잘 적용할 수 있는 애성반을 선택하는 기본이 된다.

본 장에서 여러분의 개인 괘(卦) 숫자가 무엇인가에 관계없이 여러분이 새 집을 지으려고 할 때 토지의 방향에 가장 잘 맞는 애성반을 선택할 수 있다. 여러분은 팔택(八宅) 이론을 적용하였을 때 동사택(東舍宅)에 속한다고 할지라도 서사택(西舍宅)의 집을 선택할 수 있는 것이다.

풍수를 실천하는 현명한 방법은 애성반에 맞추어 방과 조경을 배치하는 것이며, 집의 산성과 향성이 길하게 작용할 수 있도록 수상(水象)과 산형(山形)을 만드는 것이다. 반면에 가족들이 각자 가장 좋은 방향의 영향을 받을 수 있도록 문, 거실, 침실 등에는 팔택 이론의 괘 방향을 적용하는 것이다.

그렇게 하여 동사택(東舍宅)에 속하는 사람일지라도 서사택(西舍宅)의 향으로 8운의 집을 짓고 그 복을 누릴 수 있다. 그러나 각자 가장 좋은 개인의 괘 방향으로 침대를 두고 자야 하며 좋은 방향을 보고 앉을 수 있도록 확실하게 점검하여야 한다.

8운의 기본 애성반

8운의 기본 애성반에는 중궁에 〈八〉이 들어간다. 다른 수는 낙서구궁의 순서대로 각 궁에 배치된다. 따라서 2004~2024년까지 모든 궁의 운반수는 각각 고유의 영향력을 발휘한다. 각 숫자의 기운은 또한 그 숫자가 차지하고 있는 궁의 영향을 받는다. 기본 운반수는 또한 연명성 및 월명성과 결합하여 각 궁의 운을 분석하는 데도 작용한다.

8운에는 모든 토궁(土宮)이 득을 보는데, 즉 모든 남서(南西)와 북동(北東)쪽의 집은 특별히 좋은 영향을 받는다. 이 두 방향은 숫자 〈2〉〈5〉〈8〉의 조합이 배치되는 서사택(西舍宅)의 축방향인데, 이 숫자들은 부모삼반괘(父母三盤卦)를 이루는 아주 길한 조합이다.

이는 8운에 모든 토궁(土宮)은 행운을 가져오는 강력한 기를 제공해 준다는 것을 의미한다. 숫자 〈2〉와 〈5〉는 현공풍수 이론상 대체적으로 흉수이다. 건강을 해치고 손재를 유발하는 수이다. 그런데 북동〔艮宮〕과 남서〔坤宮〕궁에 운반수로 나타날 때엔 어떻게 힘을 받는지를 보기 바란다.

중궁의 〈8〉이 〈25〉와 함께 부모삼반괘(父母三盤卦)를 이룬다. 이는 土의 숫자 속에 숨겨진 보물이 있음을 뜻한다. 따라서 간궁(艮宮)

과 곤궁(坤宮)에 있는 향성수(向星數)는 애성반의 중궁에 있는 〈25〉로부터 두려워할 이유가 없다.

8운에 〈8〉은 또한 土의 숫자인데 토성수(土星數)를 지배한다. 따라서 〈8〉은 〈2〉와 〈5〉의 부정적인 영향을 조율한다. 여러분의 현공풍수 지식이 깊어질수록 흉운은 물론 길운을 가져오는 토성수의 강력한 힘을 인식하게 될 것이다.

【8운의 기본 애성 숫자】

【五行에 기초한 분석】

7金/木宮	**3**木/火宮	**5**土/土宮
파괴적 〈7〉이 위험 초래 南東(巽宮)	**생산적** 〈3〉이 명성을 높임 南(離宮)	**친화력** 土가 힘을 얻음 南西(坤宮)
6金/木宮	**8**土/土宮	**1**水/金宮
파괴적 하지만 〈6〉은 괜찮음 東(震宮)	산성이 잠재력 보유. 숨은 보물. 젊은남자 득세.	**설기됨** 〈1〉이 기를 약화시킴 西(兌宮)
2土/土宮	**4**木/水宮	**9**火/金宮
친화력 土가 힘을 얻음 北東(艮宮)	**설기됨** 〈4〉가 기를 약화시킴 北(坎宮)	**파괴적** 天門에 火 北西(乾宮)

8운 임좌병향壬坐丙向〔S1〕

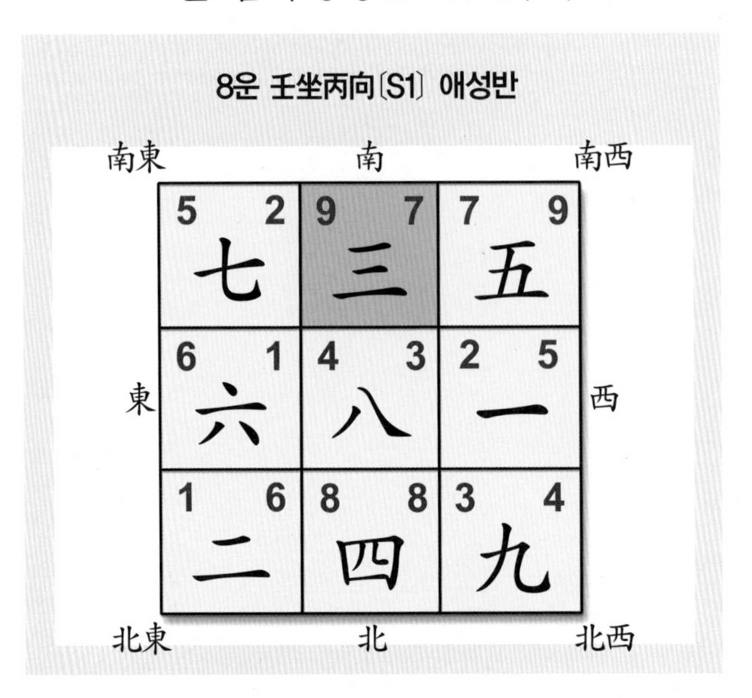

壬坐丙向〔S1〕의 집은 좌궁(坐宮)에 길성인 〈88〉의 혜택을 본다. 따라서 운이 좋은 집이라 할 수 있다. 이 집은 북동쪽에 있는 산 모양 물체의 덕을 본다. 집 뒤쪽이 더 높다면 거주자들에게 좋은 인정운과 건강운을 가져다 주는 신성〈8〉이 자동적으로 작용한다.

집 안 거실의 북쪽 코너에 안개를 뿜는 수족관〔고기는 있어도 되고 없어도 됨〕을 두어라. 이것이 거실의 향성〈8〉을 작동시켜 집안으로 재물운을 끌어들인다. 집안 각 궁에 해당하는 산성과 향성을 요약 분석해 놓은 오른쪽 표를 참조하여라.

8운 壬坐丙向〔S1〕숫자 분석

	南東	南(向宮)	南西	
	5 2 七 불행과 최흉의 운. 질병, 손재, 사고. 월명성 〈2〉나 〈5〉가 올 때 조심할 것. 풍경을 달던지 창고를 둘 것	9 7 三 불륜과 화재 위험. 성추문 가능. 음수(陰水)로 〈7〉을 설기하고 〈9〉를 제압할 것	7 9 五 심각한 문제. 성적 욕구에 취약하여 모든 문제 유발. 화재 위험. 陰水나 큰 흙벽을 쌓아서 제압할 것	
東	6 1 六 대길운. 성공인들에게 엄청난 재물운. 종(鍾), 동전을 사용하여 운을 잡을 것 **아주 大吉!**	4 3 八 두 木星이 가정화합 파괴. 人丁 문제로 정신적 스트레스. 결혼 및 형제간 불화. 이곳을 밝게 할 것	2 5 一 건강에 극히 위험. 완전 손재. 연명성이나 월명성으로 〈5〉가 오면 급작스런 질병이나 사고수. 움직이는 金氣인 시계, 팬, 풍경을 둘 것	西
	1 6 二 〈1/6〉의 하도(河圖)조합이 사업가적 수완을 좋게 해 줌. 中男에 길함. 종(鍾)을 달아 운을 취할 것	8 8 四 재물, 건강, 번창운에 대길한 조합. 山形을 놓아 혜택을 누릴 것. 침실로 최적 **아주 大吉!**	3 4 九 木이 金宮과 격돌. 정신적 불안정 위험. 부인과 가장이 스트레스에 지침. 동전, 금속검(金屬劍) 같은 금속물질을 사용할 것	
	北東	北(坐宮)	北西	

8운 자좌오향子坐午向/계좌정향癸坐丁向〔S2/3〕

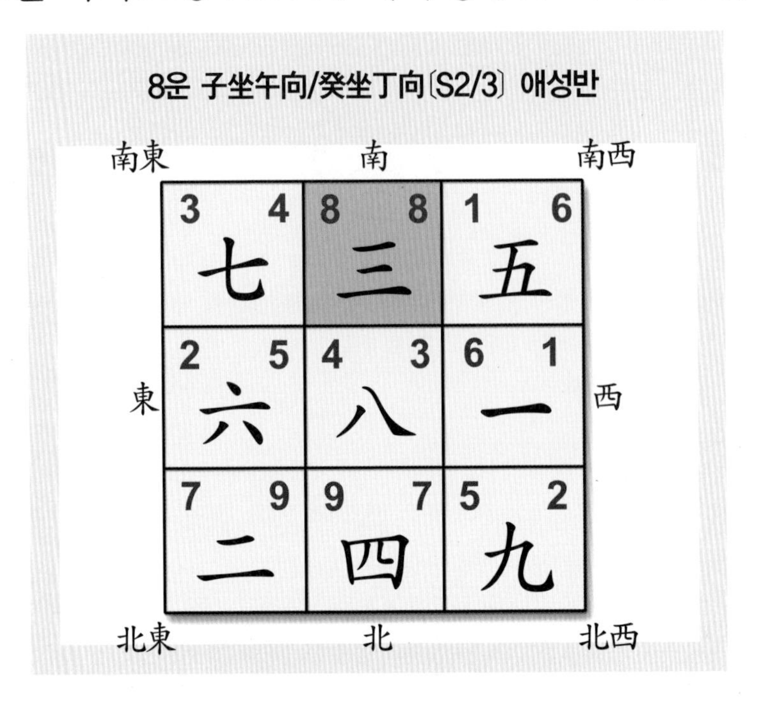

子坐午向/癸坐丁向〔S2/3〕의 집은 향궁에 길성인 〈88〉이 있어 좋다. 이는 문(門)이 〈88〉을 강력하게 활성화시켜 주기 때문에 앞문이 집의 전면(前面) 중앙에 있어야 함을 뜻한다.

또한 집의 남서쪽에 화려한 수상(水象)을 놓아둘 것을 권장하는데, 이는 재물운을 가져오는 것으로 집안의 간접적인 기운을 활발하게 해주기 때문이다. 문제는 대문의 오른쪽에 물이 있으면 가장(家長)이 바람난다는 것이다. 이를 막기 위해 부인의 침대 밑에 붉은 끈으로 묶은 자수정을 놓아두어라. 집안 각 궁의 향성과 산성을 요약 분석해 놓은 오른쪽 표를 참조하여라.

8운 子坐午向/癸坐丁向〔S2/3〕 숫자 분석

	南東	南(向宮)	南西	
	3 4 七 장녀가 스트레스 받음. 학문적 성공은 약간 있지만 오해로 인한 심각한 정신적 스트레스 유발 **정신적 문제**	8 8 三 〈88〉이 가족에게 행운을 가져다줌. 커다란 현관, 로비를 만들 것 **아주 大吉!**	1 6 五 직장여성에게 길하며 여성이 성공함. 사업, 직장에서 이득. 수정체로 生해주고, 보석으로 장식하고 다닐 것 **아주 大吉!**	
東	2 5 六 극히 흉함. 질병운. 특히 장남에게 손재 위험. 창고를 만들거나 풍경을 달 것	4 3 八 쌍목(雙木)이 가정화합 파괴. 人丁문제로 정신적 스트레스. 결혼 및 형제간 불화. 밝게 하여 木을 설기시킬 것	6 1 一 성공인들에게 대단한 재물운! 자손들에게 좋음. 금속 풍경, 동전, 종(鍾)으로 행운을 잡을 것 **개화만발운!**	西
	7 9 二 성적 유혹에 극히 취약한 문제. 화재 위험. 음수(陰水)나 흙벽으로 제압할 것	9 7 四 불륜과 화재 위험. 성추문 가능. 陰水로 〈7〉을 설기하고 〈9〉를 제압할 것 **흉운!**	5 2 九 질병, 손재로 불행 및 대흉. 〈5〉와 〈2〉가 올 때 가장이 취약함. 풍경을 달거나 창고를 만들어 흉성을 제어할 것	
	北東	北(坐宮)	北西	

8운 병좌임향丙坐壬向〔N1〕

丙坐壬向〔N1〕의 집은 향궁에 길성인 〈88〉이 있어 좋다. 따라서 좋은 집이라 할 수 있다. 이 집은 대문이 〈88〉 조합을 작동시키는 坎宮〔북쪽〕에 있으면 좋다. 이 집은 커뮤니케이션 직업을 갖고 있는 사람들에게 좋다. 운반수〈4〉가 그런 운을 가져오기 때문이다.

거실의 북쪽 코너에 거품을 뿜는 수족관〔고기는 있어도 되고 없어도 됨〕을 두어라. 이것이 거실의 향성〈8〉을 작동시켜 집안으로 재물운을 끌어들인다. 방안에 독화살(毒 화살)이 있다면 수족관에 악영향을 미치지 않도록 확실히 하여라.

집안 각 궁의 산성과 향성을 요약 분석해 놓은 오른쪽 표를 참조하여라.

8운 丙坐壬向〔N1〕 숫자 분석

	北西	北(向宮)	北東	
	4 3 九 정서불안. 결혼불화. 부인이 사고치고, 아버지가 스트레스 받음 **스트레스 피해**	⑧ ⑧ 四 〈88〉이 가족에게 행운을 가져다줌. 이곳에 물이 있으면 재물운 유발 **매우 大吉!**	6 1 二 직업운 길함. 성공운. 동전과 수정체로 재물운 유발시킬 것 **개화만발운!**	
西	5 2 一 극도의 흉운. 손재와 건강상의 불운. 조심할 것 **발병 주의**	3 4 八 중궁 木星이 거주자들의 힘을 뺌. 적성(賊星) 〈3〉이 불화 유발. 수정체 볼을 장식하여 화목을 회복시킬 것	1 6 六 남자에게 길한 궁임. 학문적 성공. 金이 재물 생성. 풍경과 주화로 활성화시킬 것 **아들에게 길함**	東
	9 7 五 하찮은 바람기가 심각하게 됨. 성추문 위험. 여성에게 취약함. 폭력과 사기 **性的 문제**	7 9 三 8운에 문제 심각. 〈7〉을 설기하고 水로 〈9火〉를 제압해야 함. 폭력과 화재 **陰水로 치유**	2 5 七 파산 상태. 위험수의 조합. 급작스런 사고 위험. 금속 풍경으로 제압할 것 **건강 위험**	
	南西	南(坐宮)	南東	

8운 오좌자향午坐子向/정좌계향丁坐癸向〔N2/3〕

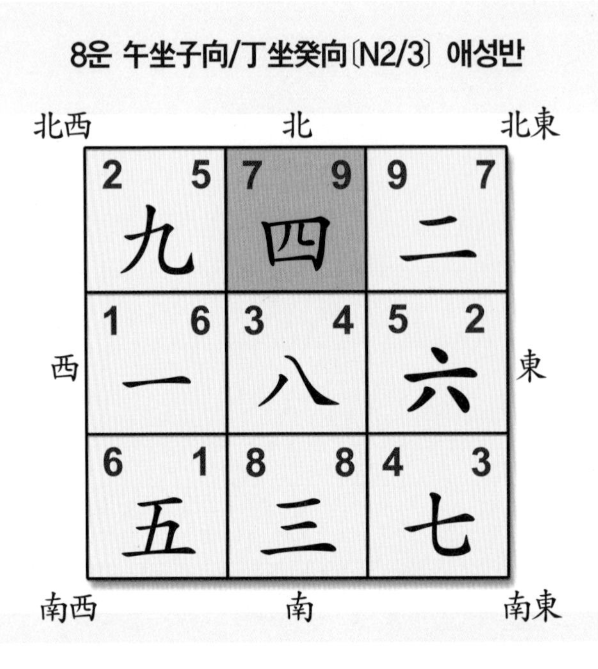

午坐子向/丁坐癸向〔N2/3〕의 집은 길성인 〈88〉 조합이 집의 좌궁(坐宮)에 온다. 이것은 좋은 운의 집이지만 부엌이 남쪽〔離宮〕에 위치해서는 안 된다. 〈88〉을 죽일 수 있기 때문이다. 여러분은 집을 배치할 때 이 점을 주의하여야 한다. 또한 집의 앞쪽 세 방위엔 모두 길수(吉數)가 없다는 점도 주목하여라. 〈25〉와 〈97〉의 조합은 질병, 손재, 절도를 유발한다.

오른쪽 요약 표에 나와 있는 각 궁의 향성과 산성을 분석해 놓은 걸 보면 집 뒤인 남쪽에 대문을 내는 것이 가장 좋다는 것을 알게 될 것이다. 이 집의 모든 행운은 남쪽으로부터 나온다.

집의 후면에 거실을 두고 집 뒤에 정원을 만드는 것이 좋다

8운 午坐子向/丁坐癸向〔N2/3〕 숫자 분석

	北西	北(向宮)	北東	
	2 5 九 전부 상실(喪失) 시나리오. 졸도 및 불치병 위험. 기력 상실. 6개의 막대기 달린 금속 풍경으로 제압할 것 **위험**	7 9 四 향궁이 피해를 입음. 폭력 위험. 강도 및 손재. 8운에 나쁨 **불운**	9 7 二 학업 성공 불가. 성추문 위험. 아들에게 취약함. 폭력과 시기 **손재 위험**	
西	1 6 一 中男에게 길한 궁. 학문적 명예. 지성이 배가되고 시험 결과 좋음. 재물운을 가져오는 천복(天福)	3 4 八 중궁의 木이 식구들을 지치게 함. 적성(賊星) 〈3〉이 불화 유발. 세 개의 수정체 볼을 놓아 화목을 꾀할 것	5 2 六 극도의 흉운. 질병과 건강, 악화의 불행 유발. 조심할 것 **질병성**	東
	6 1 五 직장운 길함. 인맥이 재운(財運)으로 연결. 수정체를 두면 더 좋음 **개화만발운!**	[8] ⑧ 三 〈88〉이 좌궁을 강력 지지. 집 뒤쪽에서 시간을 보낼 것. 콘크리트벽으로 산성을 활성화시킬 것	4 3 七 정서 불안. 결혼 불화. 부인이 사고를 치고, 장남이 매우 압박 받음 **스트레스 피해**	
	南西	南(坐宮)	南東	

8운 경좌갑향庚坐甲向〔E1〕

庚坐甲向〔E1〕의 집은 길수인 〈88〉 조합이 집의 향궁(向宮)에 온다. 따라서 길성의 산성과 향성을 활성화시키도록 집의 앞쪽에 대문을 내는 것이 좋다. 한편, 동향집으로 중궁수가 〈16八〉 길수의 조합이다. 그런 집은 거실을 밝게 터놓는 것이 좋다. 주변의 숫자들〔〈61〉 조합 제외〕이 좋지 않기 때문에 가능하면 중앙을 넓게 터놓는 것이 좋으며, 이곳에 화장실, 부엌, 창고를 두지 마라.

집안 각 궁의 향성과 산성을 요약 분석해 놓은 오른쪽 표를 참조하여라.

8운 庚坐甲向〔E1〕 숫자 분석

北東		東(向宮)		南東
	4 3 二 인간관계 문제. 결혼문제. 동업자가 적으로 돌변. 木이 土를 극해 문제 유발	[8] ⑧ 六 〈88〉이 행운 유발. 향성〈8〉로 재물을, 산성〈8〉로 건강을 취할 것. 이곳에 문을 낼 것 **吉宮!**	9 7 七 도적 위험. 딸에게 폭력 피해. 눈과 심장 문제. 배신으로 인한 손재 **도적으로 인한 손재**	
北	6 1 四 개화만발운! 직장운 향상. 금속 풍경과 종(鍾)으로 인정운 증진. 이곳에 물을 놓지 말 것 **吉宮!**	1 6 八 가정의 행운을 가져오는 白水星 집결. 가장에게 재물운. 결혼과 인정운이 좋음 **중앙을 보호할 것**	5 2 三 불행과 극도의 흉운. 질병운. 병이 치명적임. 이곳을 점하지 않는 게 좋음 **위험**	南
	2 5 九 건강 위험. 재산 파산. 사고. 가장이 위험함. 연명성과 월명성 〈52〉가 올 때 위험 **위험**	3 4 一 정서불안. 오해. 원한. 건강악화. 극도의 스트레스. 소녀에게 길함. **스트레스에 지침**	7 9 五 심각한 문제. 〈7〉이 위험. 화재 위험. 창녀 주의. 음수(陰水)로 제3자의 위협을 피할 것 **위험**	
北西		西(坐宮)		南西

8운 유좌묘향酉坐卯向/신좌을향辛坐乙向〔E2/3〕

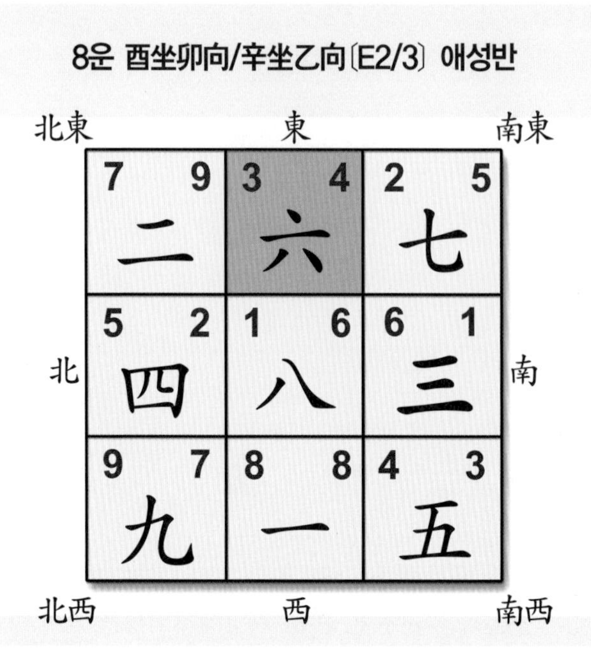

酉坐卯向/辛坐乙向〔E2/3〕의 집에서는 길성인 〈88〉 조합이 집의 뒤쪽에 있다. 이는 거실과 활동무대를 집의 뒤쪽에 두는 것이 좋다는 의미이다. 길성인 〈88〉 조합이 활성화되도록 집을 지었다면 〈88〉이 올 때마다 풍수적으로 항상 좋다. 따라서 그곳을 집에서 가장 많이 사용하는 것이 좋다.

모든 동향(東向)의 집은 중궁에 길성인 〈16八〉 조합이 있다. 따라서 그곳을 밝게 터놓는 것이 좋으며 화장실, 부엌, 창고를 두지 마라.
집안 각 궁의 향성과 산성을 요약 분석해 놓은 오른쪽 표를 참조하여라.

8운 酉坐卯向/辛坐乙向〔E2/3〕 숫자 분석

北東	東(向宮)	南東
7 9 二 흉성수 조합으로 심각한 문제 유발. 화재 사고 위험. 도적과 폭력. 〈7〉이 위험 **조심할 것**	3 4 六 정서불안. 오해. 원한과 건강 악화. 스트레스 국면. 소녀에게 길함 **人丁문제**	2 5 七 건강 위험. 재정파탄. 사고. 딸이 위험. 연명성과 월명성 〈52〉가 올 때 위험 **위험**
5 2 四 불행과 극도의 흉운. 질병운. 병이 심각함. 이곳을 점하지 않는 게 좋음 **질병성(疾病星)**	1 6 八 가정의 행운을 가져오는 白水星 집결. 가장에게 재물운. 이곳에 훤하게 트인 방을 만들 것	6 1 三 개화만발운! 이곳에 물이 있으면 직장운 향상. 금속 풍경과 종으로 人丁運을 향상시킬 것 **직업운 길함**
9 7 九 손재. 가장에게 위험. 〈9〉가 심장문제 유발. 동료, 친구가 배신함. 음수(陰水)로 다스릴 것 **아버지에게 위험**	⑧ ⑧ 一 〈88〉이 행운 유발. 향성〈8〉로 재물을, 산성〈8〉로 건강을 취할 것. 이곳에 문을 낼 것 **吉宮!**	4 3 五 결혼문제. 동업자가 적으로 돌변. 木이 土를 극하여 재정과 인정운에 문제 유발
北西	西(坐宮)	南西

(北: left side; 南: right side; 中央 in center)

8운 갑좌경향甲坐庚向〔W1〕

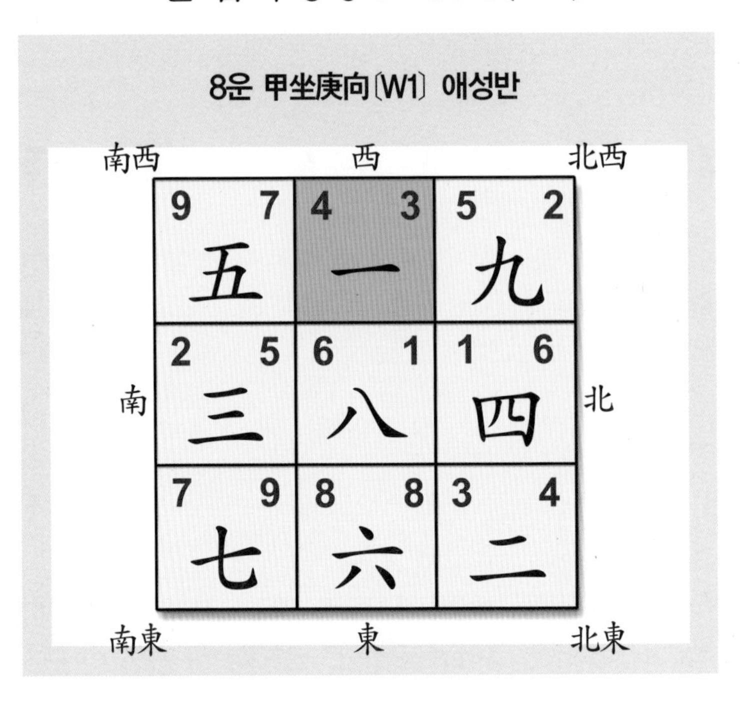

甲坐庚向〔W1〕의 집은 좌궁(坐宮)에 길성인 〈88〉 조합이 온다. 이는 식구들의 주 활동무대를 집의 뒤쪽에 두어야 함을 의미한다. 이곳에 거실을 둔다는 것은 풍수 감각이 있다는 얘기다. 전방의 세 궁에는 모두 문제의 흉성수가 있으니 가능하면 북쪽〔坎宮〕에 대문을 내어야 한다. 한편, 중앙을 밝게 터놓아 길성수 조합인 〈16八〉의 혜택을 보아야 한다. 이곳을 〈88〉이 있는 동쪽〔震宮〕까지 넓혀 거실 겸 식당으로 사용한다면 8운의 애성반을 최대한 활용하는 것이 된다. 이곳에 화장실, 부엌, 창고를 두지 마라.

집안 각 궁의 향성과 산성을 요약 분석해 놓은 오른쪽 표를 참조하여라.

8운 甲坐庚向〔W1〕 숫자 분석

	南西	西(向宮)	北西	
	9 7 五 강한 바람기로 인한 문제. 사기로 인한 손재. 음수(陰水)로 〈9〉와 〈7〉을 제압할 것	4 3 一 쌍목(雙木)으로 인한 人丁문제로 정서적, 정신적 스트레스. 어린이가 취약함. 土色 계열을 활용할 것	5 2 九 질병과 손재 위험. 건강문제. 가장의 심각한 돈문제. 풍경(風磬)이나 움직이는 金을 사용할 것. 이곳에 居하지 말것	
南	2 5 三 질병과 손재 위험. 평판이 나빠짐. 풍경(風磬)이나 陰水로 비보할 것. 이곳에 부엌을 두지말 것	6 1 八 中央 최길성! 물로 활성화시키든지 공간을 터놓을 것. 침실로 적합. 이곳에 화장실을 두면 나빠짐 **吉宮!**	1 6 四 성공인들에게 놀랄만한 재물운. 풍경(風磬)을 달 것. 동전과 벨을 놓아 운을 취할 것 **개화만발운!**	北
	7 9 七 색정으로 인한 심각한 문제발생. 화재 위험. 과도한 火氣를 물로 제압할 것	[8] ⑧ 六 재물, 건강, 인기운에 대길. 이곳에 후문을 내어 〈88〉의 행운을 취할 것	3 4 二 주부에게 정서불안 및 스트레스 위험. 어린이 공부에도 지장. 쌍목(雙木)이 土를 깸. 이곳을 밝게 할 것 **정신적 스트레스**	
	南東	東(坐宮)	北東	

8운 묘좌유향卯坐酉向/을좌신향乙坐辛向〔W2/3〕

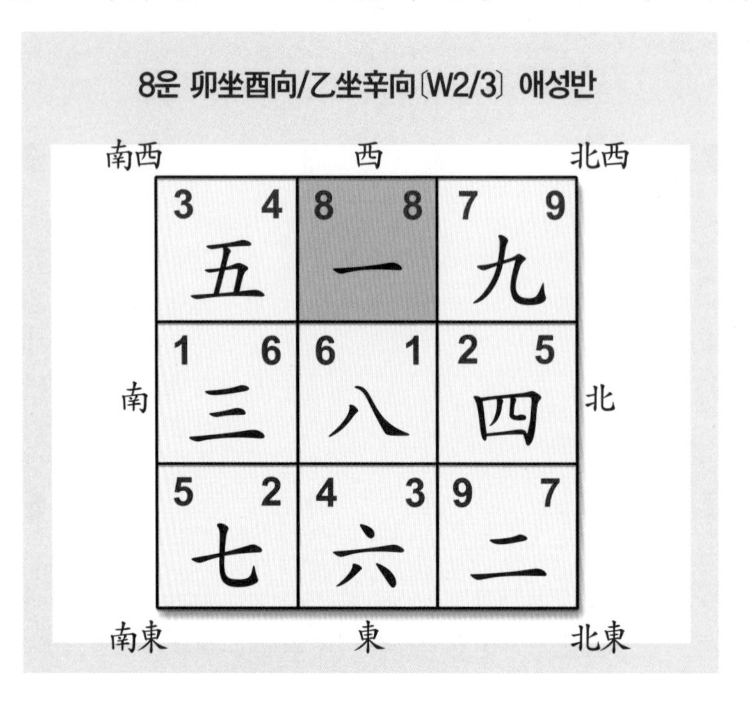

卯坐酉向/乙坐辛向〔W2/3〕의 집은 길성인 〈88〉 조합이 전방의 향궁(向宮)에 온다. 이곳의 〈88〉을 활성화시켜 기를 북돋기 위해서는 대문을 앞쪽에 내는 것이 좋다. 그리고 될 수 있으면 정원의 남서쪽에 수상(水象)을 만들어 간접 기운을 끌어들이는 것도 좋다. 이렇게 하면 집안에 큰 재물운을 가져온다.

한편 서향집의 중궁엔 길성수 조합인 〈1八6〉이 있으니 이곳을 밝게 터서 거실로 사용하면 좋은데, 거실을 될수록 크게 만드는 것이 좋다. 이곳에 화장실, 부엌, 창고를 두지 마라. 집의 애성반 조합숫자를 쉽게 이해할 수 있도록 각 궁의 향성과 산성을 분석해 놓은 오른쪽 표를 참조하여라.

8운 卯坐酉向/乙坐辛向〔W2/3〕 숫자 분석

	南西	西(向宮)	北西	
	3 4 五 부인에게 정신적 불안정이나 스트레스 위험. 쌍목(雙木)이 土를 깸. 카운터에 밝은 등을 달 것	⑧ ⑧ 一 재물, 건강, 인기운에 대길. 이곳에 대문을 낼 것. 〈88〉이 전 가족에게 이익을 줌!	7 9 九 심각한 색정문제 유발. 가장이 취약함. 水로써 과도한 火氣를 제압할 것. 이곳에 부엌을 내지 말 것	
南	1 6 三 성공인들에게 놀랄만한 재물운. 풍경을 달 것. 동전과 벨을 놓아 운을 취할 것 **개화만발운!**	6 1 八 中央 최길성 조합. 물로 활성화를 시키든지 공간을 터놓을 것. 침실로 적합함. 이곳에 화장실을 두면 나빠짐	2 5 四 질병과 손재 위험. 건강문제. 직장문제. 풍경을 많이 달고 움직이는 金氣로 흉성을 방지할 것. 이곳에 居하지 말 것	北
	5 2 七 질병과 손재 위험. 건강문제. 심각한 금전 손실. 풍경이나 종(鍾)을 많이 달아 〈2〉와 〈5〉를 제압할 것	4 3 六 人丁문제로 정서적, 정신적 스트레스. 아들이 취약함. 붉은색 계열로 木을 설기시킬 것	9 7 二 심한 바람기로 문제 유발. 사기로 인한 손재. 음수(陰水)를 사용할 것	
	南東	東(坐宮)	北東	

8운 축좌미향丑坐未向〔SW1〕

8운 丑坐未向〔SW1〕 애성반

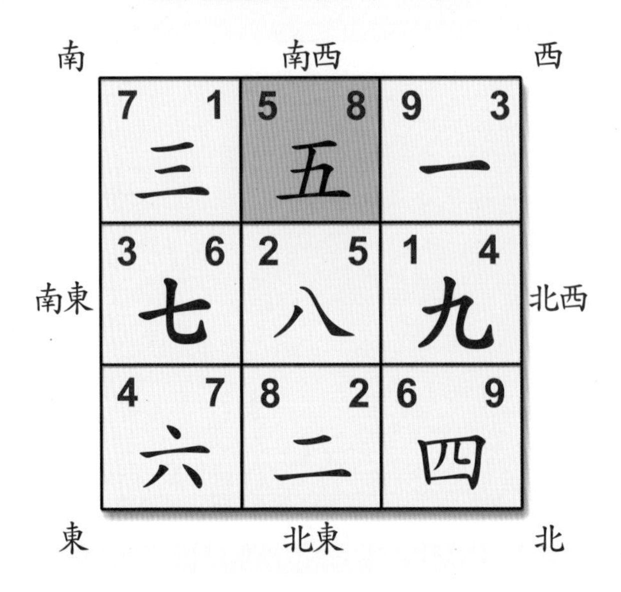

모든 남서향의 집은 8운에 대단히 좋은 행운을 누린다.

丑坐未向〔SW1〕은 운반수와 산성수가 합십(合十)을 이루어 인정(人丁)관계와 건강운에 특별한 행운을 가져다준다.

중궁수가 매우 길한 〈2八5〉의 토성수(土星數) 조합으로 그런 집은 밝게 트는 것이 좋다. 특별한 합십국(合十局)의 혜택을 가장 잘 활용하기 위해서는 될 수 있는 한 집 모양을 직사각형이나 정사각형으로 지어야 효과적이다. 그래야 강력한 합십(合十)의 효과를 극대화할 수 있다.

8운 丑坐未向〔SW1〕 숫자 분석 -합십(合十)-

南	南西(向宮)	西
7 1 三 8운에 흉으로 변함. 손재 및 금속으로 인한 피해. 양수(陽水)로 〈7〉을 설기하고 〈1水〉를 활성화시킬 것	**5 ⑧** 五 사지(四肢), 관절, 근골 문제. 마비 위험. 과격한 스포츠 주의. 수상(水象)을 놓아 번영을 꾀할 것	**9 3** 一 법적문제는 있지만 주변의 도움을 받음. 이곳에 쇳소리가 나는 걸 두지 말 것 **다투는 운**
3 6 七 느린 성장운. 팔다리 문제. 사고 위험. 음수(陰水)로 문제를 극복할 것. **불행운**	**2 5** 八 심한 손실 및 질병. 극심한 건강 위험과 손재. 창고를 두어 흉성을 잠그거나 움직이는 금속을 달 것	**1 4** 九 정치운과 언론의 집중. 낭만운. 천천히 흐르는 물을 놓거나 나무를 심어 행운을 돋울 것 **언론의 관심**
4 7 六 연애운 불길. 사기 위험이나 이성(異性)에게 속음. 유산(流産). 양수(陽水)로 치유할 것	**8 2** 二 산성은 좋지만 향성이 나쁨. 산형(山形)을 활용할 것. 〈2〉나 〈5〉가 올 때 주의할 것	**6 9** 四 천문(天門)에 불. 화재와 시비 위험. 이곳에 부엌을 두면 안 됨. 음수(陰水)로 치유할 것 **화재 위험**
東	北東(坐宮)	北

(左: 南東, 右: 北西)

8운 간좌곤향艮坐坤向/인좌신향寅坐申向〔SW2/3〕

8운 艮坐坤向/寅坐申向〔SW2/3〕 애성반

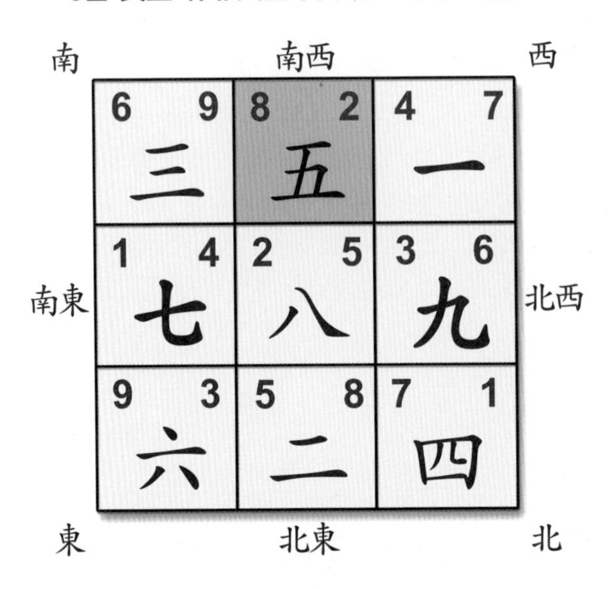

모든 남서향의 집은 8운에 특별한 행운을 누린다. 艮坐坤向/寅坐申向〔SW2/3〕은 부모삼반괘(父母三盤卦)의 길수 조합이 나오는 특별한 기국(奇局)으로 집의 모든 방위에서 인정운과 재물운이 아주 좋다. 더욱이 운이 3대(代)까지 간다고 한다.

중궁수는 매우 길한 〈2八5〉의 토성수 조합으로 그런 집은 집을 밝게 트는 것이 좋다.

8운 艮坐坤向/寅坐申向〔SW2/3〕 숫자 분석 –부모삼반괘(父母三盤卦)–

南	南西(向宮)	西
6 9 三 천문(天門)에 불. 시비와 화재 위험. 이곳에 부엌을 두면 안 됨. 큰 물탱크 같은 陰水를 두어 치유할 것	[8] 2 五 산성은 길하지만 향성이 흉함. 수정체로 산성을 생하는 것은 좋지만 풍경을 달면 향성〈2〉를 약화시킴	4 7 一 연애운 불길. 사기 위험이나 이성(異性)에게 속음. 유산(流産). 양수(陽水)로 치유할 것. 청색을 쓸 것
南東 1 4 七 정치와 언론의 집중. 남녀에게 낭만. 천천히 흐르는 물이나 나무를 심어 행운을 취할 것	2 5 八 극히 흉함. 손재와 질병. 건강과 재물에 극히 위험. 창고를 두거나 움직이는 금속인 시계, 풍경, 팬 등을 달 것	**北西** 3 6 九 느린 성장운. 팔다리 문제. 사고 위험. 음수(陰水)로 문제를 극복할 것. **불행운**
9 3 六 법적문제는 있지만 주변의 도움을 받음. 밝게 하여 〈9〉를 生해 주고 문제의 〈3〉을 설기할 것. 쇳소리 나는 걸 두지 말 것	5 ⑧ 二 사지(四肢), 관절, 근골 문제. 마비 위험. 과격한 스포츠 주의. 수상(水象)을 놓아 번영을 꾀할 것	7 1 四 8운에 극히 나쁨. 손재와 금속으로 인한 상처. 陽水로 치명적인 〈7〉을 설기할 것 **위험해질 수 있음**
東	北東(坐宮)	北

8운 미좌축향(未坐丑向)〔NE1〕

8운 未坐丑向〔NE1〕 애성반

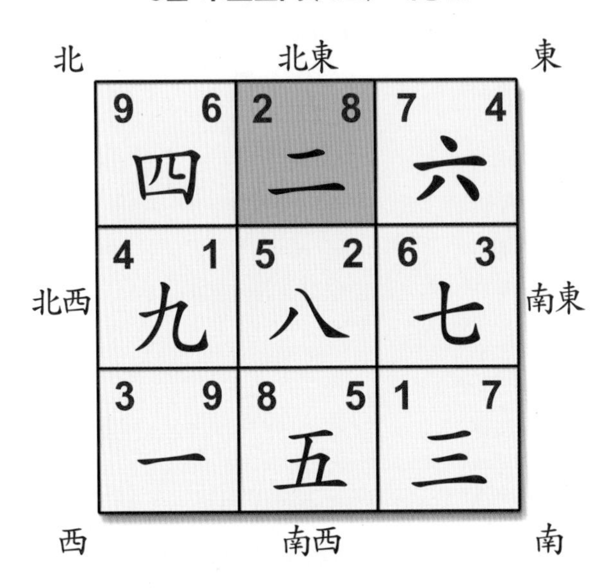

모든 북동향의 집은 8운에 특별한 행운을 누린다. 未坐丑向〔NE1〕은 운반수와 향성수가 합십(合十)이 되어 특별한 재물운을 불러온다.

중궁수가 매우 길한 〈2八5〉의 토성수 조합으로 그런 집은 밝게 트는 것이 좋다. 특별한 합십국의 혜택을 가장 잘 활용하기 위해서는 될 수 있는 한 집을 직사각형이나 정사각형으로 지어 합십의 효과를 극대화하여라.

8운 未坐丑向〔NE1〕 숫자 분석 -합십(合十)-

北	北東(向宮)	東
9 6 四 천문(天門)의 불이 감궁의 水에 진화됨. 직장문제 유발 가능. 陰水와 풍경을 사용할 것 **보통운**	2 ⑧ 二 부자가 되나 질병 유발. 길성의 향성이 재물운 가져옴. 陽水로 재물을 취하고 질병성을 죽일 것	7 4 六 이성의 유혹에 넘어감. 특히 아들이 애정에 속음. 등불을 밝힐 것 **주의할 것**
4 1 九 애정운이지만 물이 많아 성 추문으로 불행과 가정 파괴에 이름. 木으로 설기하고 물을 적게 하여 재물을 취할 것	5 2 八 중궁의 손재성(損財星)이 모두에게 문제 유발. 불행과 극도의 흉운. 창고를 만들어 흉성을 가둘 것	6 3 七 예기치 않은 우정. 가장에게 배신의 위험. 자동차 사고 위험. 조심할 것. 수정체 원석으로 균형을 유지할 것
3 9 一 어린 딸이 반항적이나 〈9火〉에 제압됨. 이곳에 물을 두지 말 것 **좋지 않음**	8 5 五 위험, 마비, 심각한 질병. 산성〈8〉이 길성. 천연 크리스털로 강화시킬 것	1 7 三 도적과 손재. 보호 상징. 물을 놓아둘 것. 음수(陰水)와 불빛으로 제압할 것 **위험**
西	南西(坐宮)	南

北西: 九 (left), 中央 (center), 南東: 七 (right)

8운 곤좌간향坤坐艮向/신좌인향申坐寅向〔NE2/3〕

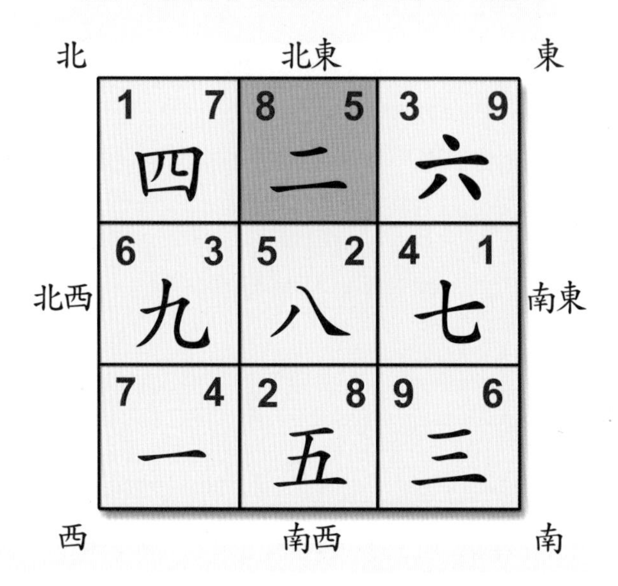

모든 북동향의 집은 8운에 특별한 행운을 누린다. 坤坐艮向/申坐寅向〔NE2/3〕은 특별히 재물운과 인정운을 모두 가져오는 부모삼반괘(父母三盤卦)가 된다.

중궁수가 길한 〈2八5〉의 토성수 조합으로 그런 집은 밝게 트는 것이 좋다. 부모삼반괘의 숫자를 가장 잘 활용하기 위해서는 집을 될 수 있는 한 정사각형이나 직사각형으로 지어야 효과적이다. 그러면 부모삼반괘 조합의 효과가 극대화될 것이다.

8운 坤坐艮向/申坐寅向〔NE2/3〕 숫자 분석 -부모삼반괘(父母三盤卦)-

北 　　　　 北東(向宮) 　　　　 東

	1 　 7 四 흉성 〈7金〉으로 인한 손재. 이곳에 음수(陰水)를 놓을 것 **위험**	⑧ 　 5 二 위험 또는 마비. 심각한 질병. 산성〈8〉이 길함. 큰 수정체로 강화할 것. 풍경으로 〈5〉를 제압할 것	3 　 9 六 〈3木〉이 투성(鬪星)이지만 〈9〉에 제압됨. 이곳에선 아무것도 하지 말 것. 아들에게 보통운 **보통운**	
北西	6 　 3 九 예기치 않은 우정. 가장에게 배신의 위험. 자동차 사고 위험. 조심할 것. 크리스털 원석으로 균형을 유지할 것	5 　 2 八 중궁의 손재성(損財星)이 모두에게 문제 유발. 불행과 극도의 흉운. 창고를 만들어 흉성을 가둘 것	4 　 1 七 애정운이지만 물이 많아 성 추문으로 불행과 가정 파괴에 이름. 木으로 설기하고 물을 적게 하여 재물을 취할 것	南東
	7 　 4 一 이성의 유혹에 넘어감. 특히 어린 딸이 애정에 속음. 등불을 밝힐 것	2 　 ⑧ 五 재물은 취하지만 질병. 길성인 향성이 재물운 유발. 水로 재물을 취하고 질병을 제압할 것. 모성의 힘 강화	9 　 6 三 천문(天門)의 불이 이궁(離宮)에서 더 악화됨. 구설, 중상모략 문제. 가장에게 위험. 이곳에 부엌을 두지 말 것. 음수(陰水)로 보호할 것	

西 　　　　 南西(坐宮) 　　　　 南

8운 술좌진향戌坐辰向〔SE1〕

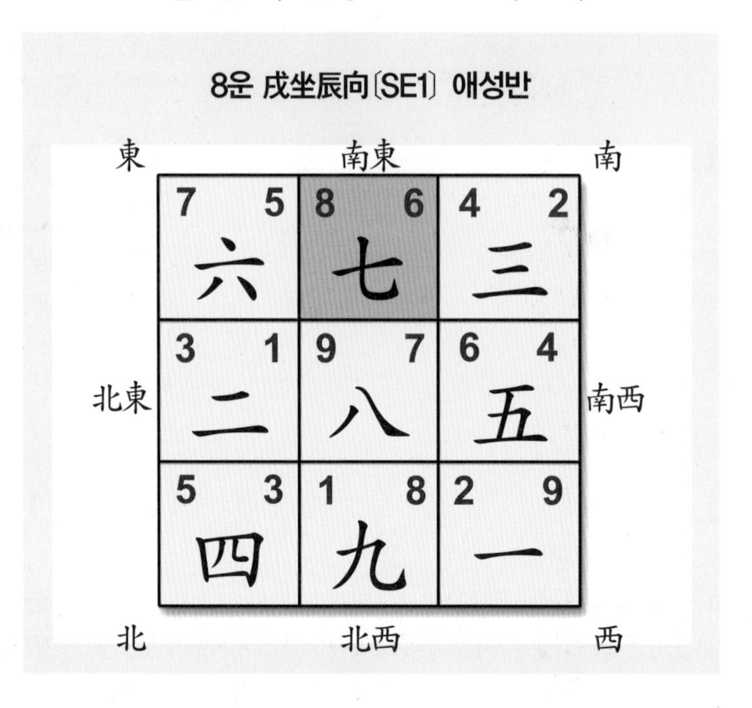

戌坐辰向〔SE1〕의 집은 모든 궁이 연속 숫자로 나타나는데 이를 연주삼반괘(聯珠三盤卦)라 부른다. 이것은 아주 길한 방향으로 대문이 같은 향이면서 남동쪽에 있으면 특별한 인정운(人丁運)을 가져온다. 집 뒤쪽에 물이 있으면 거주자들에게 운이 좋다. 최길궁(最吉宮)은 중궁이며 창고나 부엌은 집의 양 측면에 두는 것이 가장 좋다.

각 궁의 산성과 향성수를 자세히 요약하여 분석해 놓은 오른쪽 표를 참조하여라.

8운 戌坐辰向〔SE1〕 숫자 분석

東	南東(向宮)	南
7 5 六 구설수. 시비로 인한 정신적 스트레스. 아들에게 안 좋음. 스트레스와 피해	⑧ 6 七 건강과 人丁에 최길. 대문으로 인기와 명성이 들어옴. 수정체로 생해줄 것	4 2 三 질병과 내장문제. 남편이 불륜 야기. 장모와의 문제. 水로 스트레스를 줄일 것 **스트레스 가득**
北東 3 1 二 향성〈1〉이 발전운 가져옴. 연구나 재택근무에 길함. 陽水로 활성화시킬 것. 이곳에 대나무숲을 조성할 것. **아주 길함**	9 7 八 심한 바람기로 인한 문제. 화재 위험. 〈9火〉이 불행 유발. 음수(陰水)로 제어할 것 **불길운**	南西 6 4 五 부인에게 뜻밖의 횡재와 애정운! 부인에게 대길. 풍경과 수정체로 생해줄 것. 용상(龍象)을 놓을 것
北 5 3 四 금전문제. 싸움과 사업실패. 직장운 불길. 아들에게 나쁨. 음수(陰水)로 〈5土〉를 극하고 싸움을 막을 것	北西(坐宮) 1 ⑧ 九 향성〈8〉이 대길로 발전운! 양수(陽水)를 놓을 것. 가장의 사무실이나 침실로 좋음	西 2 9 一 부인에게 개화만발운. 애정은 지속되지 않음. 고치지 않으면 성공 없음. 수생(水生)식물을 심어 제어할 것 **개화만발운!**

8운 건좌손향乾坐巽向/해좌사향亥坐巳向〔SE2/3〕

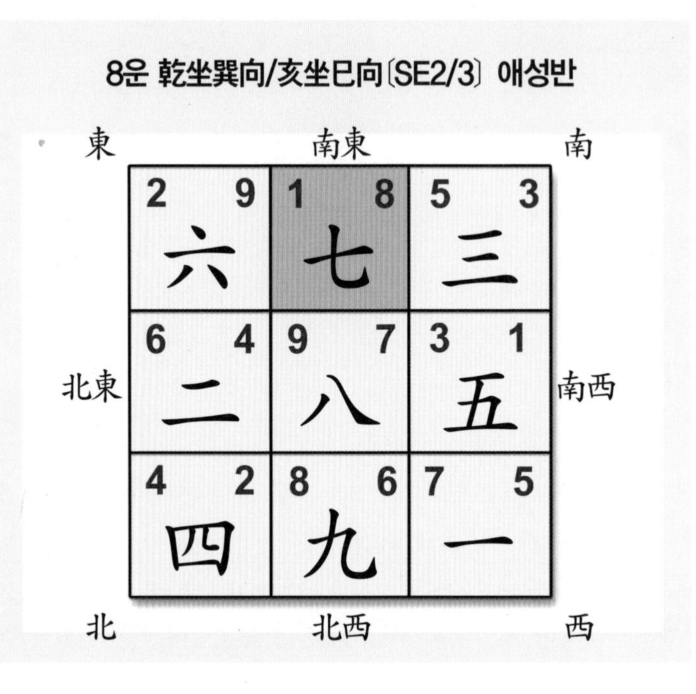

乾坐巽向/亥坐巳向〔SE2/3〕의 집은 전방에 길성인 향성〈8〉이 있다. 이곳에 대문을 내면 식구들에게 재물운을 활발하게 해준다. 그러나 다른 궁의 숫자 조합은 그리 좋지 않으니 이들 피해를 입는 방위를 비보(裨補)할 필요가 있다.

집의 뒤쪽엔 커다란 벽같은 산형물(山形物)을 쌓으면 좋고, 높은 빌딩이 받치고 있어도 좋다. 오른쪽 표를 보고 각 방위의 기(氣)를 살펴보아라. 이 집은 전방에 물이 있으면 운을 받는다.

8운 乾坐巽向/亥坐巳向〔SE2/3〕 숫자 분석

東		南東(向宮)		南
	2 9 六 부인에게 개화만발운. 애정은 지속되지 않음. 고치지 않으면 성공 없음. 水生식물을 심어 제어할 것 **개화만발운!**	1 ⑧ 七 향성〈8〉이 대길. 번영운 대길. 양수(陽水)를 놓을 것. 출입구와 가장의 침실로 좋음	5 3 三 금전문제. 싸움과 사업 실패. 직장운 불길. 아들에게 나쁨. 陰水로 산성〈5〉를 제압하고 투성(鬪星) 〈3〉을 통제할 것. 명성에 흠이 감	
北東	6 4 二 부인에게 뜻밖의 횡재와 애정운! 부인에게 대길. 수정체로 生해 주고 용상(龍象)을 놓을 것	9 7 八 심한 바람기로 인한 문제. 화재 위험. 〈7〉이 불행 유발. 음수(陰水)로 〈7〉을 제어하고 〈9〉를 약화시킬 것	3 1 五 향성〈1〉로 대단한 발전운. 양수(陽水)로 활성화시킬 것. 부인에게 길함 **대단한 길운**	南西
	4 2 四 木과 土의 충돌. 질병과 내장문제. 남편이 불륜. 장모와의 문제. 물로 비보할 것 **스트레스 가득**	8 6 九 건강과 인정운에 대길. 인기와 명성이 뒷문으로 들어옴. 바위가 있으면 좋음	7 5 一 구설수. 시비로 스트레스를 받음. 아들에게 좋지 않음 **스트레스 가득**	
北		北西(坐宮)		西

8운 진좌술향辰坐戌向〔NW1〕

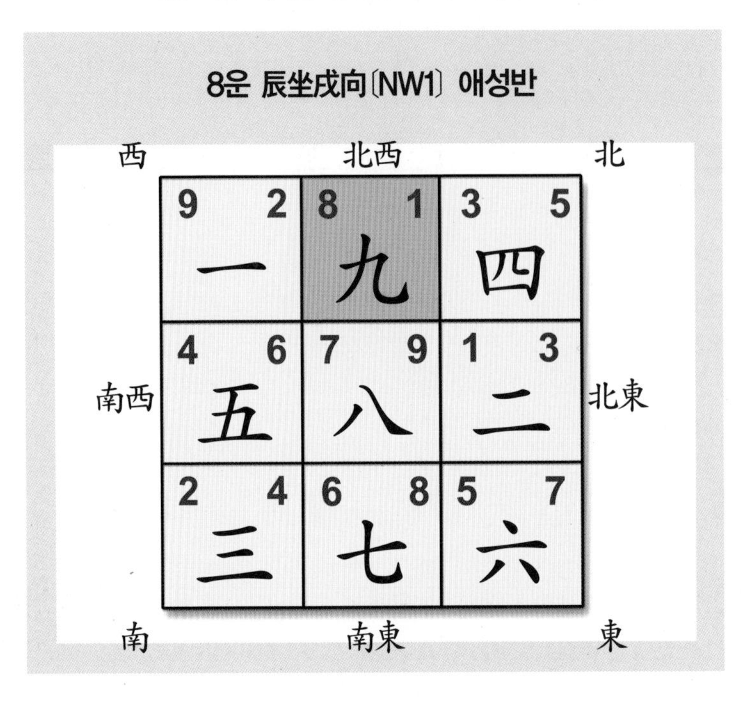

辰坐戌向〔NW1〕의 집은 전방에 아주 길한 산성은 물론 강력한 연주삼반괘(聯珠三盤卦)가 온다. 이곳의 산성〈8〉은 아주 대단한 인맥운(人脈運)을 가져온다. 대문을 반드시 이곳 북서쪽에 내어라.

집 뒤쪽엔 물이 있으면 좋은데 거기에 문을 내야만 운을 받는다. 그렇지 않으면 기회를 놓친다. 숫자 조합을 자세히 분석해 놓은 오른쪽 표를 참조하여라. 이 집은 후방에 있는 물의 운을 받는다.

8운 辰坐戌向〔NW1〕 숫자 분석 -연주삼반괘(聯珠三盤卦)-

	西	北西(向宮)	北	
	9 2 一 자녀들과 문제지만 인정운, 특히 막내딸에게 좋음. 金으로 질병성〈2〉를 설기시킬 것	8 1 九 길성들의 조합! 산성〈8〉이 좋은 인정운과 건강운을 가져옴. 재물운. 물을 두지 말 것. 수정체를 놓아 운을 받을 것	3 5 四 손재가 심함. 현금유통 어려움. 이곳에 부엌이 있으면 질병이 생김. 구리 광산 그림을 걸어둘 것 **위험!**	
南西	4 6 五 주부가 고생함. 수정체로 토기(土氣)를 강화할 것. 水로 향성수〈6〉을 강화시킬 것	7 9 八 中央 중궁의 쇠기성이 모두에게 문제 유발. 불행과 극도의 흉운. 창고를 두어 막을 것 **위험!**	1 3 二 재물, 명성운이지만 관재, 구설이 악화됨. 水生식물로 비보하고 잔잔한 물로 오해를 풀 것	北東
	2 4 三 부인과 장모의 싸움. 木과 土의 충돌로 연애, 결혼의 불화. 잔디를 심어 산성〈2〉를 제압할 것	6 ⑧ 七 길성수들의 조합! 후문으로 재물, 인기, 번창운이 들어옴. 양수상(陽水象)을 만들어 활성화시킬 것 **길함!**	5 7 六 구설과 지나친 험담으로 인한 위험. 8운에 도적 또는 관절 위험. 金과 식물로 흉성을 제압할 것	
	南	南東(坐宮)	東	

8운 손좌건향巽坐乾向/사좌해향巳坐亥向〔NW2/3〕

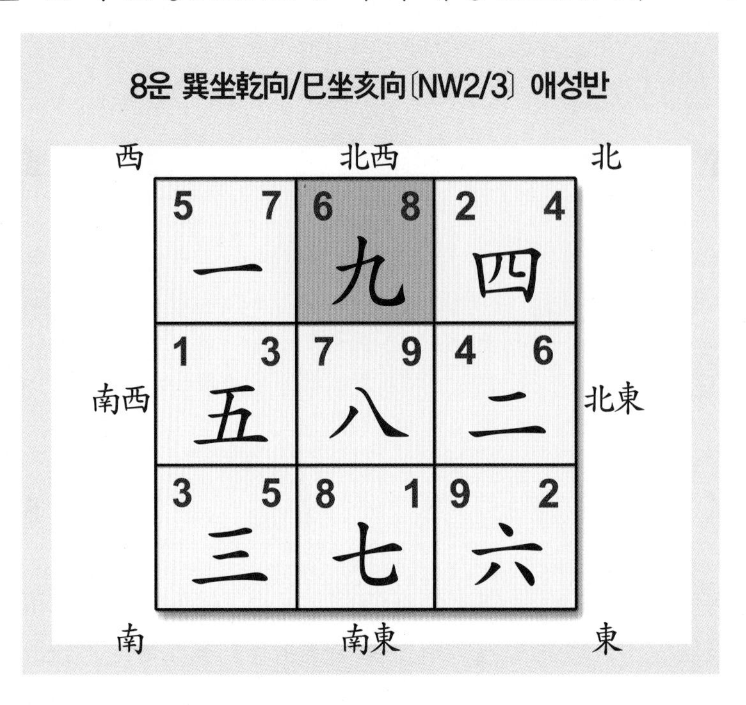

巽坐乾向/巳坐亥向〔NW2/3〕의 집은 전방에 향성수가 아주 길하다. 辰坐戌向〔NW1〕과 비교해 보면, 향성〈8〉이 집 전방에 그리고 산성〈8〉이 집 뒤쪽에 당도한다. 따라서 앞쪽에 물이 있으면 길하다.

이 집은 다른 궁 대부분이 질병성의 피해를 보기 때문에 성수(星數)의 조합이 그렇게 좋은 편은 아니나 풍수의 초점을 집 앞과 뒤쪽에 맞춘다면 식구들이 엄청난 행운을 누릴 수 있다.

각 궁의 숫자 조합을 자세히 분석해 놓은 오른쪽 표를 참조하여라.

8운 巽坐乾向/巳坐亥向〔NW2/3〕 숫자 분석

	西	北西(向宮)	北	
	5 7 一 구설과 지나친 험담으로 인한 위험. 8운에 도적 및 팔다리 부상. 金과 식물로 비보할 것 **위험!**	6 ⑧ 九 白星의 최상 조합. 대문으로부터 재물, 인기, 번영운 도래. 양수상(陽水象)을 만들어 활성화시킬 것	2 4 四 부인과 장모의 싸움. 연애나 결혼의 불화. 녹색식물로 산성〈2〉를 극하고 애정별〈4〉를 강화시킬 것	
南西	1 3 五 재물, 명성운이지만 관재, 구설이 악화됨. 水生식물로 비보하고 양수(陰水)를 써 향성〈3〉으로 야기된 오해를 풀 것	7 9 八 中央 중궁의 쇠기성이 모두에게 문제 유발. 불행과 극도의 흉운. 창고를 두어 막을 것 **위험!**	4 6 二 주부가 고생함. 수정체로 土氣를 강화할 것. 水로 향성수〈6〉을 강화시킬 것 **스트레스 피해**	北東
	3 5 三 손재와 손실. 현금유통 어려움. 이곳에 부엌이 있으면 질병이 생김. 구리 광산 그림을 걸어 〈5〉를 제압할 것. 이곳에 거하지 말 것	8 1 七 최상의 조합. 산성〈8〉이 건강과 인정운 가져옴. 재복이 많음. 물을 사용치 말 것. 흙벽을 쌓을 것	9 2 六 자녀들과 문제지만 인정운, 특히 막내딸에게 좋음. 金으로 질병성〈2〉를 설기시킬 것	
	南	南東(坐宮)	東	

Comparing Period 7 & 8 Natal Charts

7운과 8운의 애성반 비교

04

애성반의 비교

7운과 8운의 애성반을 모두 익혔으면 다음은 이들 각 애성반이 집안의 운을 어떻게 소통시키는지를 면밀히 검토하는 것이다. 모든 남서〔SW. 坤宮〕와 북동〔NE. 艮宮〕향의 주택은 8운에 특별한 길수의 조합으로 이루어져 아주 좋으므로 남서〔SW〕나 북동〔NE〕향의 집과 건물은 모두 이에 맞게 바꿔야 한다.

그러나 누구나 이 향(向)을 택할 수 있거나 택할 필요가 있는 것은 아니다. 예를 들어 여러분의 집이 이미 여기서 제시한 대로 좋은 방향〔밝은 공간〕을 향하고 있다면 바꾸지 않아도 되며, 만약에 길한 방향이 살기(殺氣)를 향하는 쪽이라면 살기의 영향을 피하는 것이 더 좋나. 현공풍수를 적용함에 있어 주변 환경을 무시해서는 안 된다. 길한 방향도 지형에 따라 흉이 될 수 있다는 사실을 이해하고 받아들여야 한다.

여러분은 집의 배치도와 기의 흐름에 입각하여 각 궁의 운을 검토하는 것이 필요하다. 어쩌다 여러분이 기본적으로 길한 애성반의 집에 산다고 해도 길성수가 위치한 궁에 창고와 화장실이 있다면 좋은 운을 받을 수가 없다.

어떤 때는 여러분의 침실이 가장 흉한 궁 쪽으로 배치되어 있을 수도 있다. 따라서 운의 길한 방향으로 놓여졌다 하여 늘 운이 좋은 집은 아니다. 여러분 집의 배치가 길성수의 조합으로 이루어져 그 장점을 살리는가를 살펴볼 필요가 있다.

집의 운을 바꿀 것인지 말 것인지를 결정하기 위해서는 세밀한 분석이 필요하다. 즉, 모든 7운의 집은 8운으로 돌입하면서 기를 잃는다는 사실에 주목하여야 한다. 현공풍수를 이해하는 많은 풍수사들은 이런 이유만으로도 자기 집의 운을 바꾸도록 노력해야 한다고 주장한다.

왜냐하면 기의 약화는 곧장 전운(前運)의 집에 피해를 준다는 것을 알기 때문이다. 이것이 현공풍수의 기본 원칙이다. 현공풍수사들은 모든 운의 변화 시점에 집의 기를 다시 활성화시켜 주어야 한다고 주장한다. 그렇게 할 수 없다면, 예를 들어 아파트에 살기 때문이거나, 경제적 부담 때문에 할 수 없다면, 두 가지 방안이 있다.

첫째는 새로운 장소를 물색하는 것이요, **둘째**는 대량의 양기(陽氣)를 끌어들이기 위해 단순히 잔치를 벌이는 것이다. 그리고 이렇게 하면 새로운 운(運)의 새로운 기(氣)를 불러들이기에 충분할 것이라는 희망을 가져야 한다.

어쨌든 여러분은 7운과 8운의 애성반이 여러분 집의 중요한 방에 어떤 영향을 미치는지, 대문과 향궁에 어떤 영향을 미치는지를 면밀하게 검토하여야 한다. 그래야 8운으로 접어들면서 식구들 개개인이 행운을 누릴 수 있다.

여러분이 운을 바꿀 것인지 말 것인지를 결정하는 데는 시간이 걸릴 수도 있겠지만, 새로운 기의 흐름이 식구들에게 어떤 영향을 미칠 것인가에 대한 의식만은 확실히 키워야 한다.

대문(大門)의 기(氣)

대문을 둘러싸고 있는 기는 풍수에 있어서 아주 중요하며 이는 형기풍수나 이기풍수를 막론하고 별 차이가 없다. 현공풍수에서는 대개 대문이 위치한 곳을 향궁(向宮)이라 하며, 이 부분의 기의 역량과 속성을 연구하는 것이 필수적이다. 향궁은 항상 집의 전면에 있다. 거기엔 대개 대로(大路)나 공광(空曠)이나 조망(眺望)이 있으며, 대문〔아니면 적어도 커다란 창〕이 그쪽에 있다. 그러나 모든 집들에 있어 대문이 향궁에 있는 것은 아니다.

왜냐하면 항상 그렇게 되기가 불가능하기 때문이다. 또한 풍수적인 관점에서 보면 거기에 대문이 위치하는 것이 가장 좋은 방향이 아닐 수도 있다.

우선 배치도에서 대문을 살펴보아라.

그 다음에는 향궁이 있는 곳을 보아라. 어느 집이든 향궁은 항상 전면 중앙의 1/3 가량이다.

여러분은 7운과 8운의 기를 규정하는 숫자들을 정할 수 있다. 이는 7운과 8운의 각 애성반에 있는 향궁의 숫자들을 보면 된다.

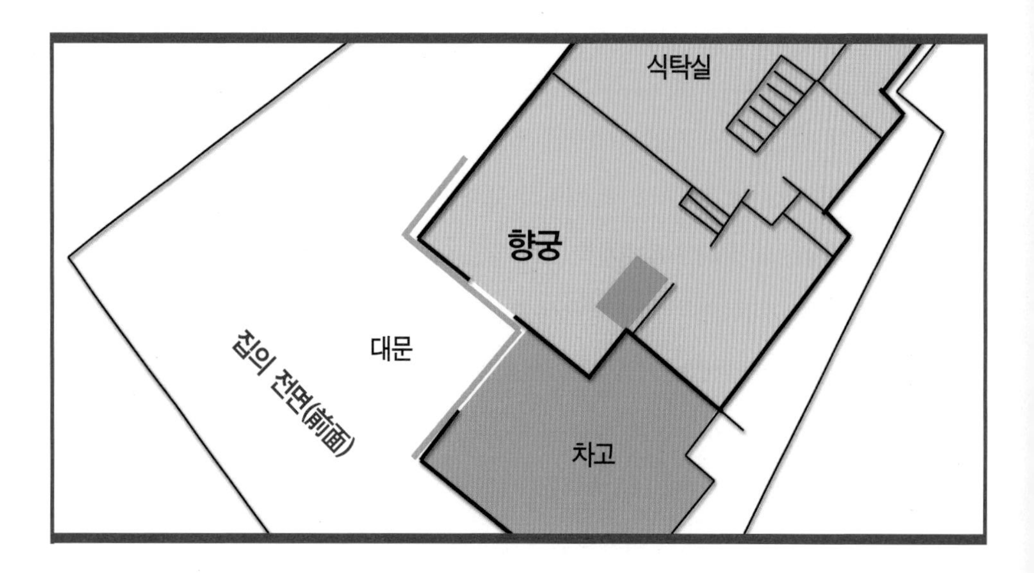

두 애성반을 놓고 향궁의 운을 비교해 보아라. 7운의 향궁 숫자를 본 다음, 8운의 향궁 숫자〔운반수, 향성수, 산성수〕를 비교해 보아라.

이들 숫자는 향방(向方)에 의해서 정해지는 애성반으로부터 나온다. 따라서 운의 흐름을 결정하는 것은 향방(向方)이라는 것을 알게 될 것이다. 각 운의 16개 애성반의 모든 궁을 요약해 놓은 표는 바로 이 향방에 의해 만들어진 것이다. 그러므로 향방을 정확하게 측정해야 정확한 분석을 할 수 있다.

집의 운을 바꿀 것인지를 결정하기 위해서는 7운과 8운의 향궁수

(向宮數)를 비교해 보아라. 8운 애성반의 향궁에 더 좋은 숫자가 있다면 이 궁 하나만으로도 집의 운을 바꾸는 이유가 되기에 충분하다. 대문이 향궁에 있다면 더욱 더 그렇다. 사람들이 출입하는 문에서의 움직임이 길수(吉數)들을 강력하게 활성화시켜 줄 것이기 때문이다.

향방(向方)을 어떻게 정할 것인가

많은 사람들이 향방(向方)이라는 말에 혼동을 일으킨다. 이론적으로 향방이란 말은 정의될 수 있지만 실제로 적용할 때에는 생각을 좀 해봐야 한다. 정확성을 기하기 위해서는 거의 항상 현장조사가 필요하다. 또한 집이나 건물의 향방이 항상 대문의 향방과 일치되지 않는다는 것을 기억하여야 한다. 그리고 고층건물에 둘러싸인 아파트에는 다른 규칙이 적용된다.

향방(向方) 이는 애성 분석을 정확히 하는데 아주 중요한 부문이기 때문에 집의 향방을 어디로 할 것인가를 결정하기 전에 집을 주의 깊게 살펴봐야 한다는 것을 확실히 알아야 한다. 항상 믿을 만하고 정확한 나경을 사용하여라. 태양의 각도에 따라 방향을 추측하는 것은 불충분하고 부정확하다.

애성반을 선택하기 위한 집의 향방은 다음과 같은 향방의 의미에 따라 규정된다

- 양기가 가장 많이 들어오는 곳으로 도로, 시장, 극장, 쇼핑몰 등이 향방이 된다.
- 계곡이나 먼 산 또는 시내 전경이 내려다보이는 방향이나 고층건물에서 바라다 보이는 방향이 향방이 된다.

문제는 불확실할 때, 즉 똑같이 적용할 만한 방향이 두 개 이상 나올 때 향방을 정하는 것이다. 그럴 때에는 두 개 이상의 애성반을 분석하여 식구들이 겪어온 지난날에 근거하여 어느 것이 가장 잘 들어맞는지를 보는 것이 필요하다.

때로는 집의 향방을 정하기가 힘들 수 있다

애매할 때...

향방을 정하기가 정말로 어려운 경우가 많이 있는데, 향방을 정확히 정하지 않고서는 안에서 살고 있는 식구들의 운을 정확히 판독하는 것이 불가능하다. 향방을 정하기가 애매할 때, 그 집에 적용할 정확한 애성반을 정하는 가장 좋은 방법은 두 방향의 애성반을 검토하여 어느 것이 식구들의 실제 경험에 가장 잘 맞는지를 보는 것이다.

또한 대개 향방 쪽에는 집으로 들어오는 넓은 공간이 있다. 옛날 풍수서적에 보면 늘 집의 눈과 입을 언급하였는데, 집의 문과 창이 집의 입과 눈을 상징한다고 생각한 것이다. 우리는 집의 얼굴이 향방을 결정한다고 말할 수 있다. 이는 문과 창을 통하여 집으로 기를 불러들이므로 일리 있는 말이다. 그래서 대개는 대문이 집의 향방으로 적합한데, 다음에 예시한 그림을 보고 대문의 방향이 집의 향방이 되기에 적합한지를 보아라.

대문이 도로를 향하고 있으므로 동쪽이 집의 향방으로 적합해 보인다. 하지만 지붕선과 함께 연못 쪽을 향하고 있는 커다란 창문이 있어 실제로 향방은 남쪽이라고 할 수도 있다.

풍수사들은 어느 방향이 정확한 것인지에 대해 의견이 일치되지 않는다. 내 경험으로는, 여기 예시한 것과 같은 상황에서는 두 방향 모두, 여기서는 동쪽과 남쪽을 향으로 하여 분석해 보는 방법이 좋다. 분석한 결과 식구들이 실제로 지나온 경험과 맞는다면 어느 방향이 보이지 않는 환경의 기가 통하는 향방인지를 곧바로 알 수 있게 될 것이다.

향방 결정하기

재확인(再確認)하기

여러분 집의 정확한 향방을 측정하는 것이 현공풍수를 적용하는데 있어 아주 중요하다. 나는 현공풍수의 이론은 잘 이해하는데 실제 활용에는 좀 둔한, 나와 함께 공부한 뉴욕의 한 풍수사를 알고 있다.

그는 항상 향방을 거의 잘못 정하여 행운방위에 대한 처방도 잘 못하는 것이었다. 그는 왜 자기가 권장한 방법이 잘못되는지를 이해하지 못했다. 다운언더(Down Under) 출신의 여자인 그의 한 동료는 이해하는 데는 느리지만 아주 꼼꼼하고 세심하게 향방을 정하여 실용부문에서 훨씬 더 성공하였고 유명세를 타게 되었다. 그녀가 나중에 내게 털어놓은 비결은 항상 여러 개의 애성반을 검토하여 향방을 정하는 데 실수가 없도록 하였다는 것이다.

여기에 예시한 집들을 보면 보기에는 간단한 집이라도 향방을 결정하는 것이 쉽지 않다는 것을 알게 될 것이다. 여기서 보는 것처럼 도로와 들판을 보면 향방은 전방에 있는 도로 쪽이 분명하다고 말할 수 있다. 하지만 집 뒤에 있는 호수와 골프장의 모습을 주목해 보아라. 그러면 향방은 집 뒤가 될 수도 있다.

다시 말하건대, 철저한 현장 확인 없이는 향방을 확신적으로 정하는 것이 불가능하다. 그것은 여러분이 현장을 보고 감지할 수 있을 때뿐이다. 흔히 향방은 현장을 보는 순간 분명해진다. 그러면 풍수의 분석이 훨씬 정확해지는 것이다.

뒤에 골프장이 있는 연립주택

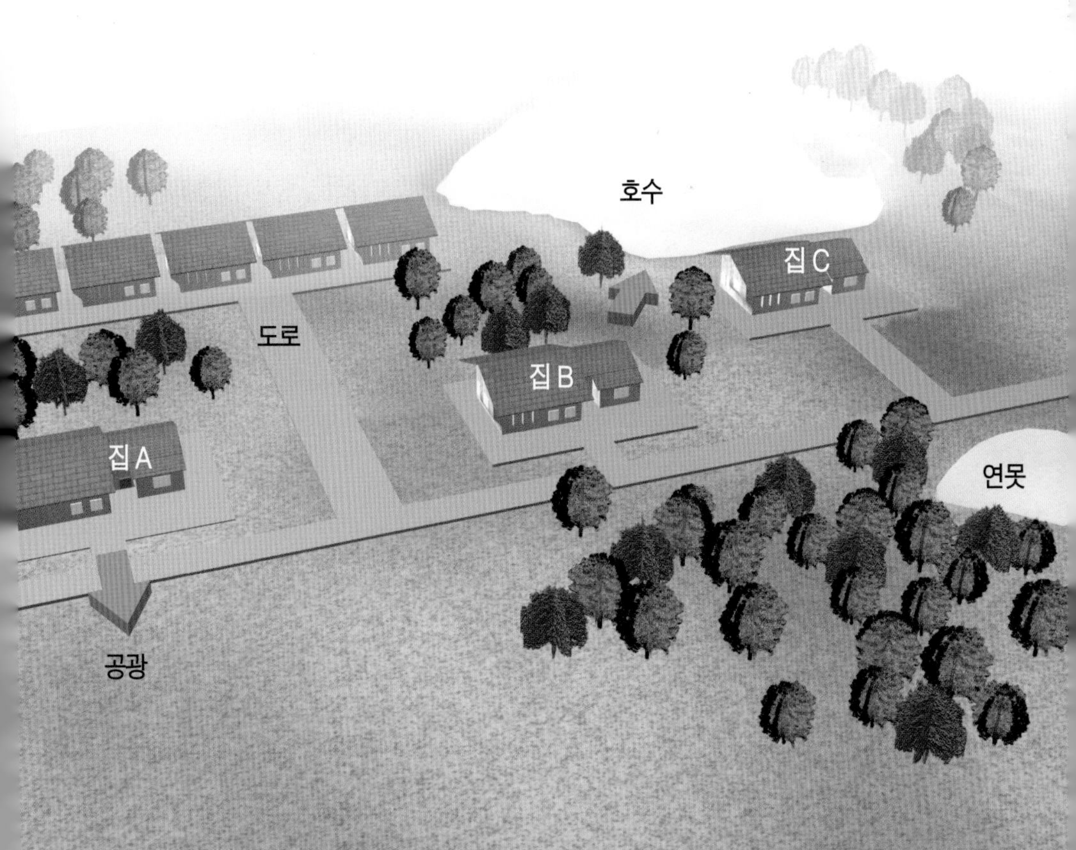

아파트는 어떠한가?

풍수사들은 고층 아파트와 고층 콘도에 대해서는 어떻게 향방을 정하는지 늘 의견이 일치되지 않는다. 왜냐하면 하늘 높이 솟은 아파트에 사는 것은 높은 산에서 사는 것과 같아서 위에 있는 기가 땅바닥에 있는 기와는 분명히 다르기 때문이다.

일반적으로 아파트에 적용되는 애성반은 전체 건물의 향방에 따라 정해진다. 즉, 아파트 전체 건물의 애성반을 적용하되 여러분이 살고 있는 곳이 아파트 어느 지점인지를 보고 운을 분석하는 것이 타당하다고 본다. 필자는 아파트가 9층 이하라면 이런 방법이 정확하다고 생각한다. 9층 이상의 아파트에서는 다른 기가 흐른다.

하늘 높이에서는 기가 다르며, 향방은 시내 쪽 또는 언덕, 호수 등과 같은 전망이 있는 쪽을 내다보는 발코니가 있는 곳에 의해 좌우된다. 발코니가 어디에 있던 아파트는 그쪽을 향하고 있는 것이 분명하며, 그런 경우 아파트에 적용되는 애성반은 그쪽을 향(向)으로 하여 작성한다.

다음의 그림은 아파트 동(棟)의 바닥층을 보여준다. 각 층에는 A, B, C 세 개의 아파트가 있는데 각각의 아파트는 서로 다른 방향을 향하고 있다. 아파트의 크기도 다르다.

아파트의 향방

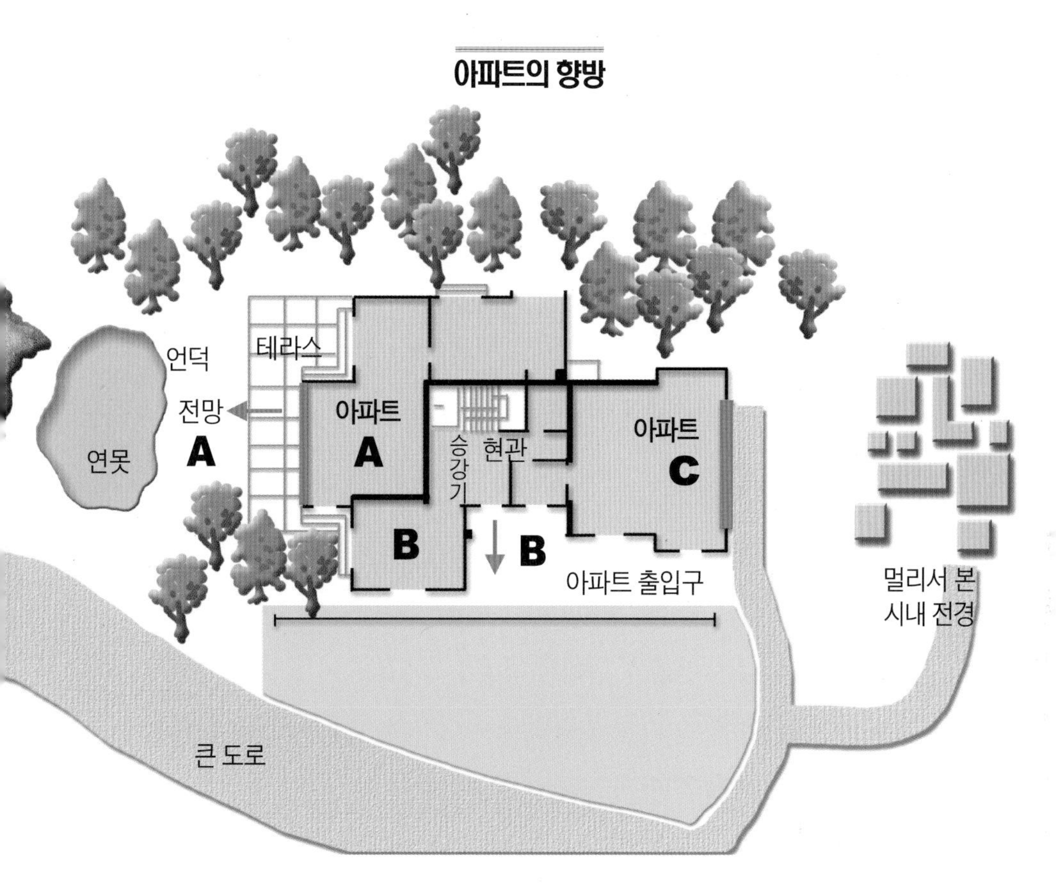

아파트 A

아파트 A는 멀리 언덕을 바라보는 큰 발코니 창이 있으며 유리 미닫이 문이 달린 커다란 테라스가 있다. 여러분이 이곳의 9층 이상에서 산다면 운기(運氣)의 흐름을 나타내는 애성반은 멀리 언덕을 바라보는 쪽으로 작성하게 된다. 따라서 이곳의 애성반은 전체 건물의 향방과 다르게 된다.

아파트 B

아파트 B는 조그만 스튜디오 크기의 아파트로 향방이 전체 건물의 향방과 동일하다. 즉, 이곳은 층수에 관계없이 향방이 전체 건물의 향방과 동일하다.

아파트 C

아파트 C 또한 시내 조망이 좋은 커다란 유리창이 있다. 이 아파트는 밖에 테라스는 없지만 아파트의 "입〔口〕" 역할을 하는 커다란 전망창이 있으며 이 방향이 애성반을 작성하는 기준이 될 수 있다.

오른쪽 페이지의 그림은 시내 중심에 있는 아름다운 몇 개의 고층 건물을 보여준다. 빌라리젠시(Villa Regency) 건물이 전망(前望)이 탁 트인 앞에 있는 건물을 뒤에서 받쳐주고 있다. 이 건물 꼭대기에는 옥상탑도 있다. 이 건물의 향방과 옥상탑의 향방이 공광(空曠)을 바라보는 쪽으로 동일하다.

아파트와 콘도

아파트의 현공 운을 바꾸는 것은 더욱 어렵다. 왜냐하면 건물 전체에 새로운 기가 필요하기 때문이다. 그러기 위해서는 건물의 지붕을 개량하던지 적어도 아파트 건물에 기의 변화를 상징할 수 있도록 페인트칠을 새로 하여 외장(外裝)해야 한다.

아파트에 살고 있는 사람들은 아파트 관리인이나 이웃 사람들과도 잘 어울릴 필요가 있다. 새로운 운으로 접어드는 기를 다시 활성화시켜 좋은 운을 향유하기 위해서는 이런 수고쯤은 감내해야 한다.

상업용 건물은 어떠한가?

주거용 건물이든 상업용 건물이든 상관없이 똑같은 방법이 적용된다. 이런 고층 건물에 애성반을 바탕으로 한 현공 기법을 적용하려면 주변의 상황을 면밀히 관찰하여 정확한 향방을 정하는 것이 대단히 중요하다. 대부분의 경우에 있어 향방은 건물의 앞에 있는 도로와 직접 마주하는 곳이 된다. 그러나 건물이 교차로에 있거나, 막다른 골목의 끝이나 높은 언덕에 있거나, 건물의 뒤쪽에 전망이 있으면 애매하다. 또한 고가나 고속도로도 고려해야 한다.

다음 그림에는 5개의 건물이 제시되어 있는데, 각기 다른 향방의 예를 조명하기 위해 의도적으로 배치하여 놓았다.

건물 A 약간 높은 곳에 있으며 전방에는 도로와 직면해 있지만 실제로 건물은 양기처(陽氣處)인 시내 전경이 보이는 반대쪽을 바라보고 있다.

건물 B U자 형이지만 밝은 전망(前望) 역할을 하는 조그만 들판을 바라보고 있다. 이런 경우 혹자는 전방의 진입로가 향방이라고 주장할지도 모른다.

건물 C 붉은 화살표 쪽으로 입구가 있는데 거기가 정확한 향방이 된다. 전면의 도로가 높아서 건물을 받쳐주고 있다.

건물 D 공광(空曠)을 향하고 있다.

건물 E 계곡을 향하고 있다.

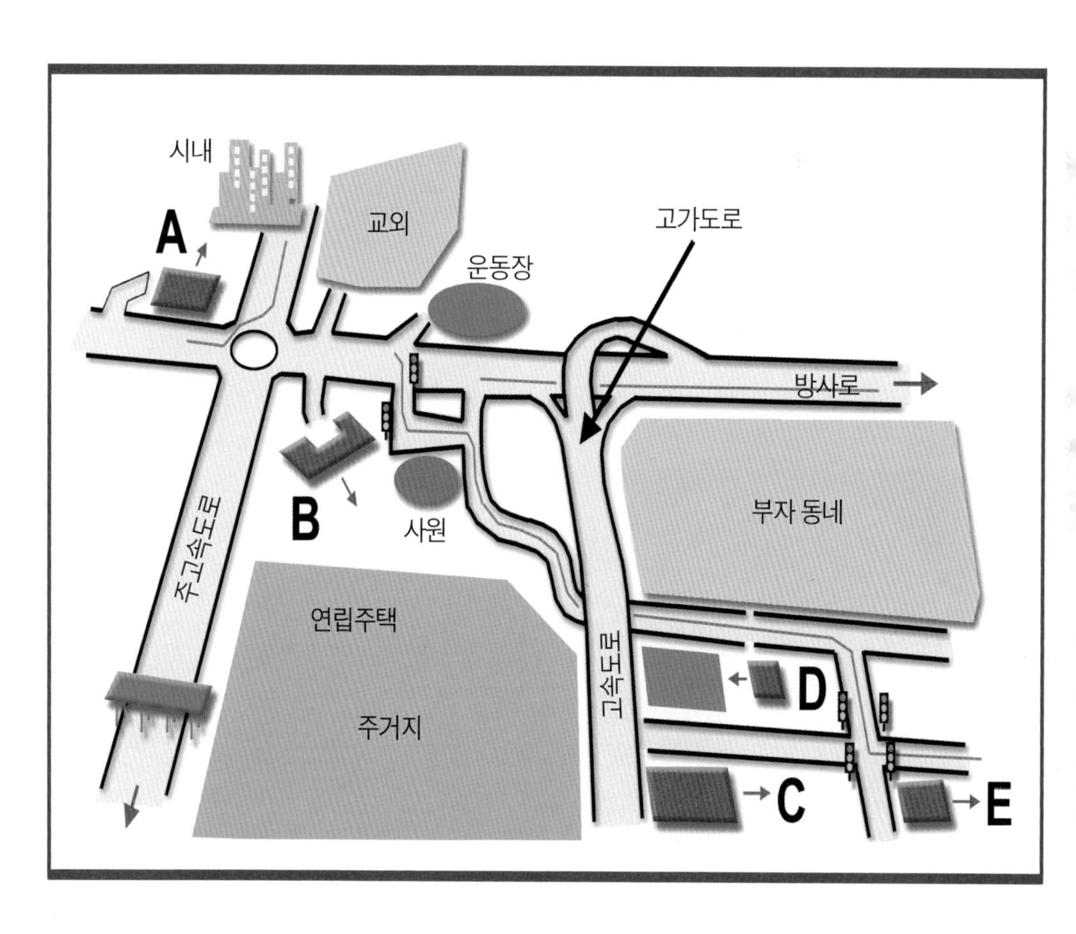

항상 나경(羅經)을 사용할 것

여러분이 집, 아파트, 건물에 적용할 향방을 결정하였다면 그 다음은 좋은 나경을 구입하여 정확하게 방향을 측정하는 방법을 익히는 것이다. 풍수 전문가들은 전통적인 풍수 나경인 특수 나반(羅盤)으로 좌향을 측정하는데, 아마추어들은 요즘에 잘 만들어진 어느 나경으로나 충분하다.

전통적인 풍수 나반은 복잡하고 과학적인 도구로 고전 풍수의 많은 비법을 함유하고 있다. 이런 비법을 알기 위해 나경이 필요하며, 나경 각 방위의 각도마다 각기 다른 여러 가지 의미를 내포하고 있기 때문에 옛날 풍수사들은 나반이 매우 유용한 것임을 알게 되었다.

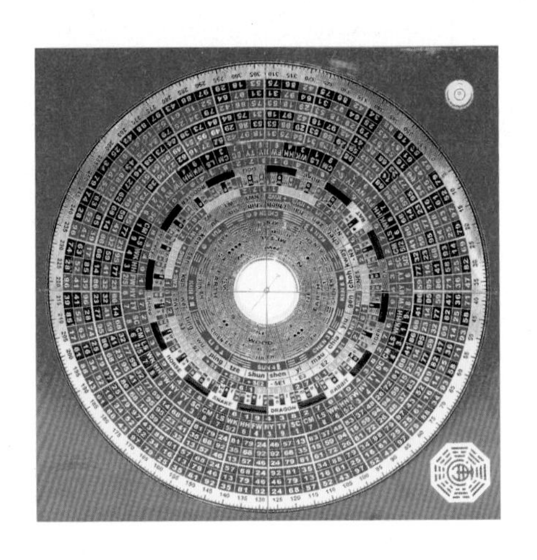

풍수사들은 나경을 보고 각 층에 있는 여러 가지 의미를 읽을 수 있는데, 왼쪽 그림은 필자가 풍수 수업 시간에 사용하는 여러 의미가 함축된 수제(手製) 나경이다.

나경의 바늘이 중앙에 있고 나경이 가르키는 방향을 읽으면 곧바로 어느 방향인지를 알 수 있다. 필자의 나반은 7운과 8운의 애성반이 들어 있어 아주 쓸모가 있다.

그러나 아마추어들에게는 그렇게 정교한 도구가 필요하지 않다. 그림처럼 일반적인 서양식 나경이면 충분하다.

분명한 것은 정확한 나경을 사용하라는 것이다. 나경으로 집의 좌향을 측정하고, 좌향에 맞는 애성반(7운과 8운 모두)을 선택하여라. 풍수는 나경을 정확히 측정하여 감정하는 행위라는 것을 강조하고 싶다. 따라서 여러분의 운을 증진시키기 위해 이러한 삶의 기술을 써먹고 싶다면 나경 하나쯤은 갖고 있는 것이 필요하다. 태양을 보고 방향을 추정해서는 안 되는데 이것은 정확하지 않기 때문이다. 또한 방향의 명칭(南, 北 등)이 책에서 보는 바와 같이 애성반의 위나 아래 쪽에 표시되므로 실제 공간에서 방향을 정하기 위해서는 반드시 나경을 사용하여야 한다.

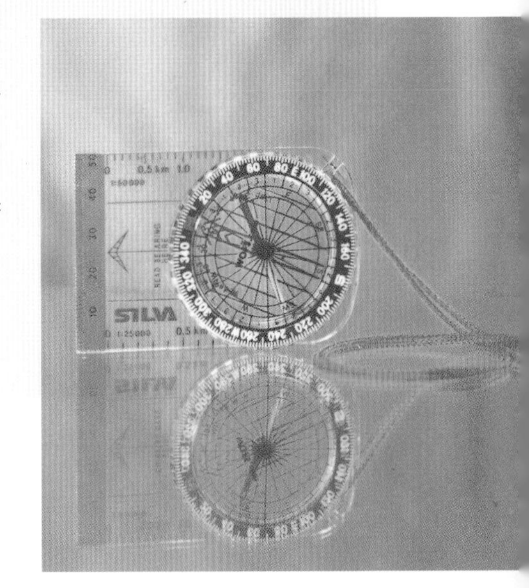

남향(南向) 주택

남향 주택은 동사택(東舍宅)에 속한다. 따라서 남향축(南向軸)은 8택괘(八宅卦)의 동사택에 속하는 사람들에게 매우 좋은 향방이 된다.

현공풍수에서 8개의 모든 방향은 3개의 좌궁(坐宮)으로 나눠지며 이를 24좌(坐)라고 한다. 여러분은 집이 S1(南1, 丙向) 인지, S2(南2, 午向) 인지, S3(南3, 丁向) 인지 정해야 한다. 이들 세 좌궁이 왼쪽 나경에 밝게 표시되어 있다. 따라서 애성반은 24좌향에 따라 구분된다. S2(南2, 午向)와 S3(南3, 丁向)의 애성반은 동일하다.

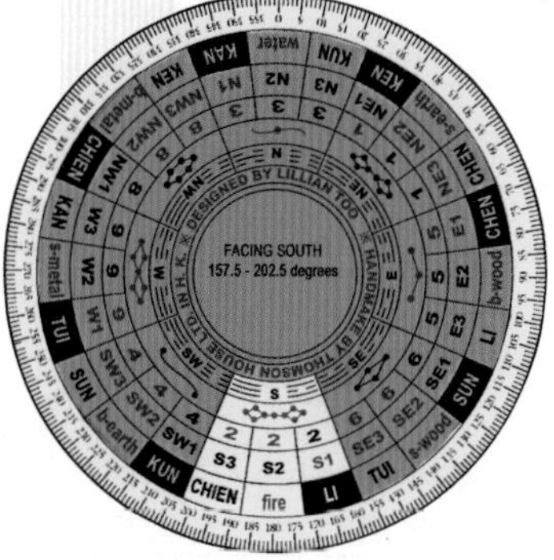

7운과 8운의 애성반

7운 남향집의 애성반과 8운 남향집의 애성반 풀이는 전 장에 요약해 놓았다. 이번 장에서는 7운과 8운의 애성반이 서로 다른 형태의 주택과 아파트에 어떻게 비교되는지에 대한 예를 들어보겠다.

주석

壬坐丙向〔S1〕이 子坐午向/癸坐丁向〔S2/3〕으로 바뀔 때, 또는 그와 반대로 바뀔 때 애성반의 향성과 산성이 어떻게 반대 방향으로 뒤집히는지를 본다. 이는 향방의 각도를 S1〔南1, 丙向〕에서 S2/3〔南2/3, 午向/丁向〕로 또는 그 반대로 약간만 이동시켜도 향성과 산성을 전방에서 후방으로 '이동' 시키는 현상이 된다. 아래의 8운 애성반을 보아라.

8운 壬坐丙向〔S1〕 애성반

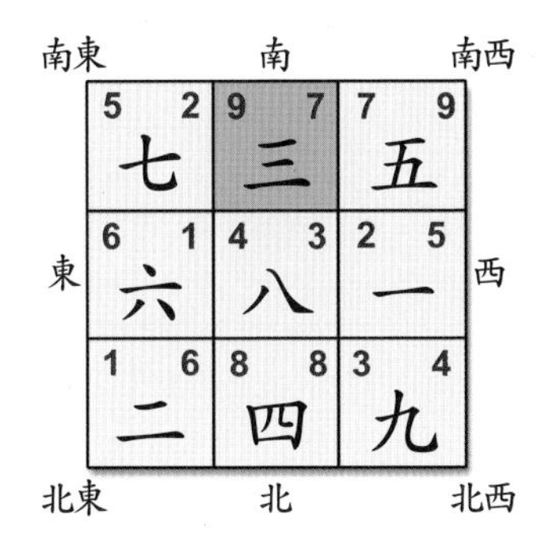

8운 子坐午向/癸坐丁向〔S2/3〕 애성반

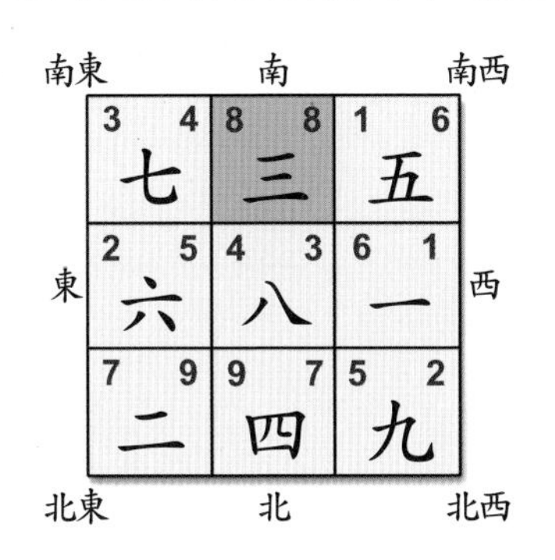

두 애성반을 보고 壬坐丙向〔S1〕의 애성반에서는 북쪽에 있는 산성과 향성 〈88〉이 子坐午向/癸坐丁向〔S2/3〕의 애성반에서는 어떻게 남쪽으로 바뀌는지를 보아라.

그리고 다른 궁에 있는 모든 산성과 향성을 비교해 보아라.

모든 궁에서 똑같은 현상을 보게 될 것이다. 따라서 집의 좌향을 조금만 틀어도 길성과 흉성을 반대 방향, 즉 전방에서 후방으로, 좌측에서 우측으로 충분히 옮길 수 있다.

두 운에서의 子坐午向/癸坐丁向〔S2/3〕 주택

7운

子坐午向/癸坐丁向〔S2/3〕의 주택에서는, 향성〈8〉이 차고에 있어 쓸모없게 된다는 것을 7운의 숫자들은 보여주고 있다. 부(富)를 가져오는 이 숫자는 창고 안에 '갇히게' 되므로 식구들에게 큰 역할을 할 수 없다. 그러나 거실에 있는 산성〈8〉은 건강운과 화합운을 가져오고, 활성화되면 좋은 '인정운(人丁運)'을 가져온다. 안방은 산성〈4〉와 향성〈1〉이 있어서 좋다. 따라서 이들 숫자는 안방에 거주하는 부부에게 행운을 가져다 줄 수 있다. 가장 중요한 것은 이 7운의 애성반은 운반수와 산성이 합십국(合十局)이 되어 가정에 엄청난 인정운을 가져다 준다는 것이다.

문제는 식당 주변의 〈77〉이다. 8운에 〈77〉은 통제하지 않으면 유혈사태 및 폭력을 포함한 대단히 심각한 불행을 유발하는데, 이는 이곳에는 수기(水氣)와 화기(火氣)를 함께 사용하고 있음을 의미한다. 만약 이 집을 8운으로 바꾸지 않으려면 식당을 붉은색이나 푸른색으로 페인트칠을 하여 이곳의 〈77〉을 상극(相剋)시키거나 설기(洩氣)시켜야 한다.

子坐午向/癸坐丁向〔S2/3〕 주택의 7운 숫자 분석

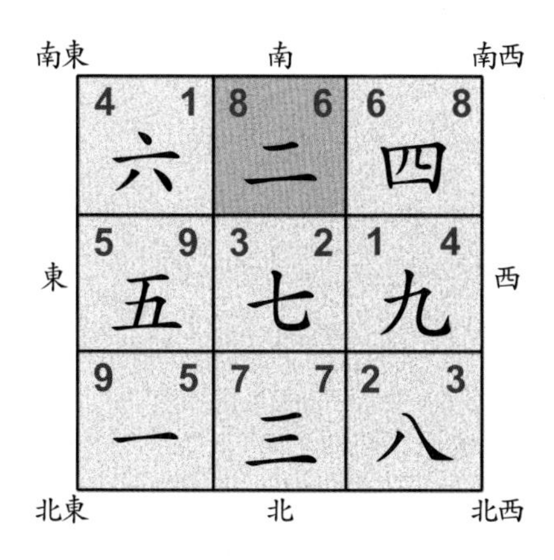

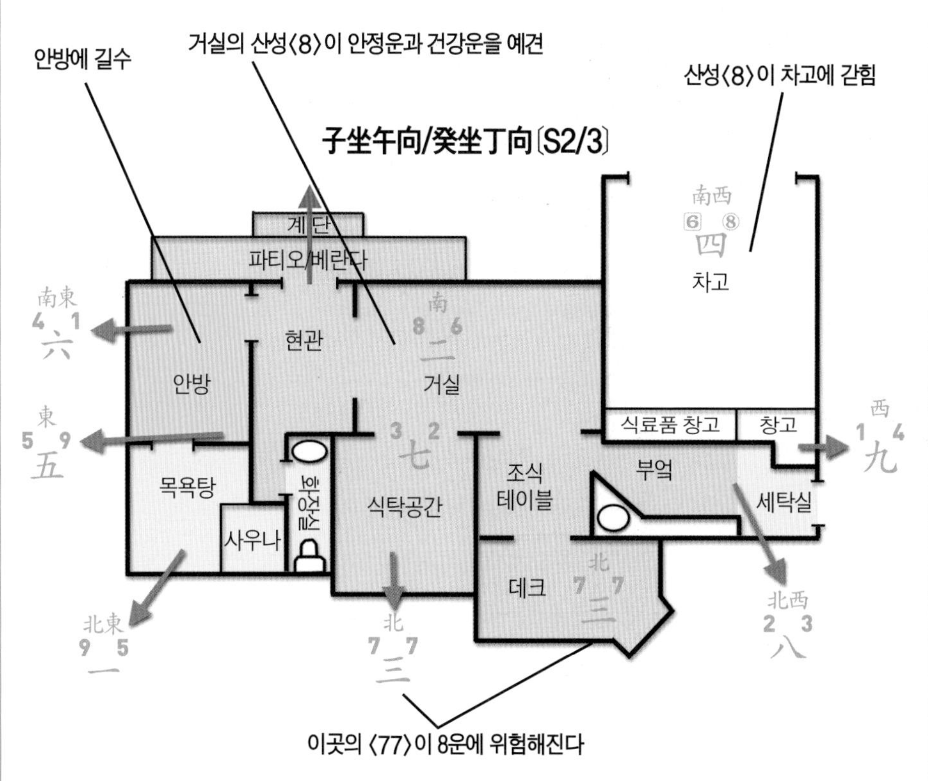

두 운에서의 子坐午向/癸坐丁向〔S2/3〕 주택

8운

이 주택의 운이 2004년에 8운으로 바뀌면 향방의 향성과 산성이 모두 〈8〉이 되어 엄청나게 좋아진다. 이 조합은 거실은 물론 출입구에도 아주 좋은 길조(吉兆)인데 〈88〉이 재물운과 인정운 면에서 큰 혜택을 주기 때문이다.

그러나 안방은 산성이 적성(賊星)〈3〉으로 피해를 보게 된다. 이것을 화기(火氣)〔붉은 계통〕로 통제하지 않으면 부부 불화가 생길 수 있다. 8운의 모든 다른 흉수는 화장실에 갇히거나 부엌에서 제어된다. 모든 것을 감안할 때 이 집은 8운으로 바꾸면 혜택을 본다.

주석

이 집이 壬坐丙向〔S1〕이라면 길성인 산성과 향성의 〈88〉이 식당 부근인 집의 후방에 오게 되며, 안방은 〈5七2〉 조합으로 심각한 피해를 입게 된다. 그러나 7운으로 그냥 머물게 되면 8운이 오는 순간 〈77〉의 흉을 엄청나게 입게 된다. 따라서 이 집을 8운으로 바꾸어 子坐午向〔S2〕이나 癸坐丁向〔S3〕이 되게 할 것을 권장한다.

子坐午向/癸坐丁向〔S2/3〕 주택의 8운 숫자 분석

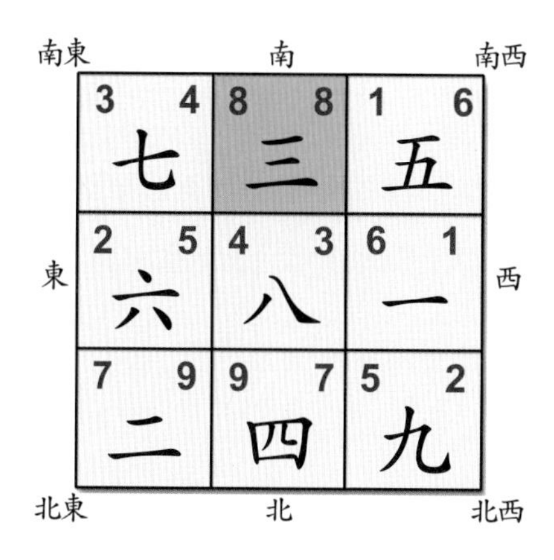

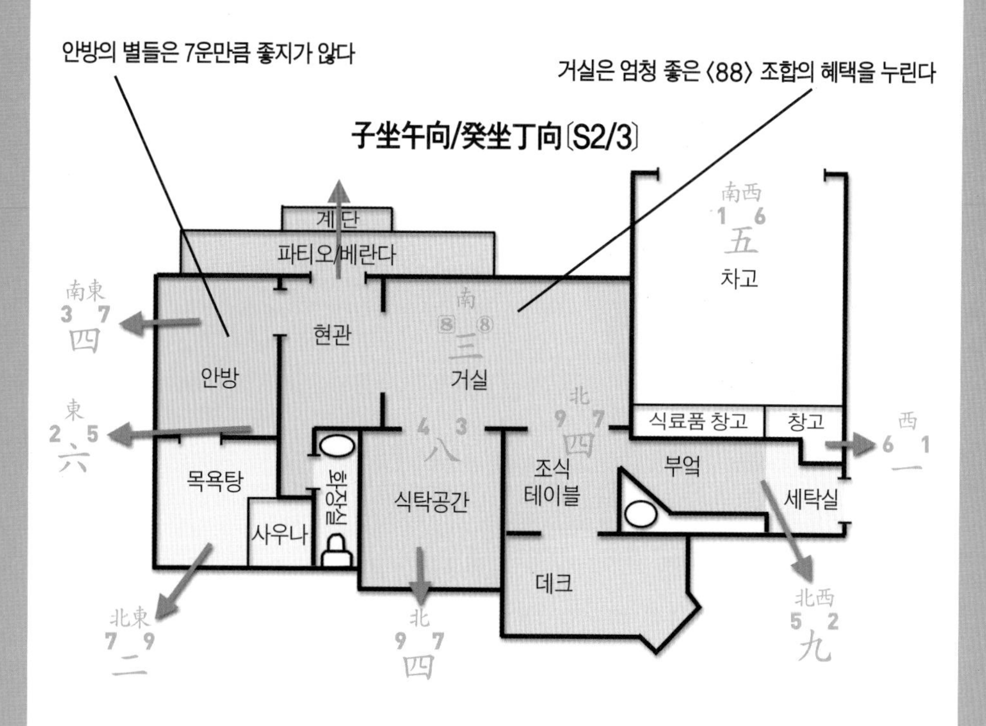

북향(北向) 주택

북향의 집들 또한 동사택(東舍宅)에 속한다. 북향집은 남쪽을 좌(坐)로 하는 것을 말하며 북-남 축(軸)에서 운을 받는다.

현공풍수에서 모든 괘궁은 3개의 좌궁(坐宮)으로 나뉘는데, 이를 24좌(坐)라고 한다.

따라서 여러분의 집이 丙坐壬向〔N1〕인지, 午坐子向〔N2〕인지, 丁坐癸向〔N3〕인지를 알아야 한다. 이 세 좌궁이 왼쪽 그림의 나경에서 밝게 표시된 곳이다. 따라서 애성반은 24좌향에 따라 구분된다. 午坐子向〔N2〕과 丁坐癸向〔N3〕의 애성반은 동일하다.

7운과 8운의 애성반

7운과 8운 애성반의 의미를 전 장에서 요약하였다. 본 장에서는 집의 운을 분석하는데 애성반이 어떻게 사용되는지를 알아본다.

주석

丙坐壬向〔N1〕이 午坐子向〔N2〕이나 丁坐癸向〔N3〕으로 바뀌거나 그 반대로 될 때 향성과 산성이 어떻게 반대 방향으로 뒤집히는지를 본다. 이는 향방의 각도를 丙坐壬向〔N1〕에서 午坐子向〔N2〕이나 丁坐癸向〔N3〕으로 또는 그와 반대로 약간만 틀어도 향성과 산성을 집의 전후(前後)로 '이동' 시키는 현상이 된다. 아래 북향 주택의 8운 애성반을 보아라.

8운 丙坐壬向〔N1〕 애성반

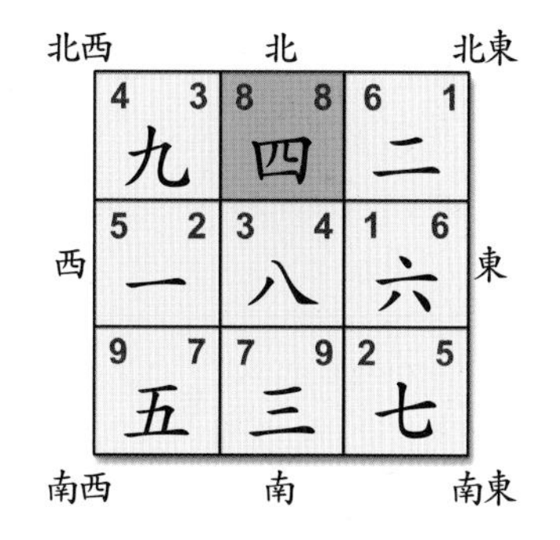

8운 午坐子向/丁坐癸向〔N2/3〕 애성반

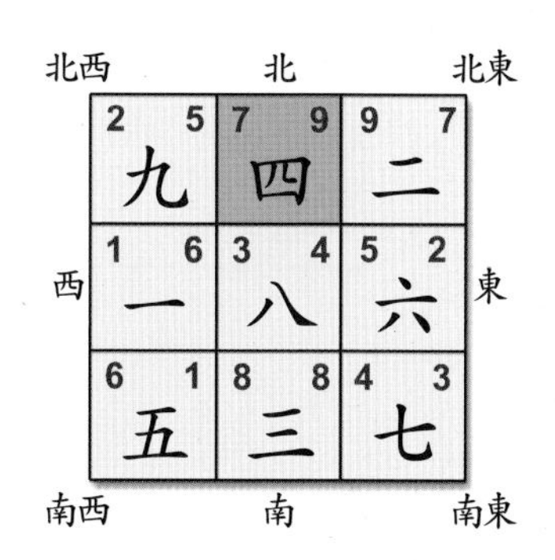

두 개의 8운 애성반을 보고 丙坐壬向〔N1〕 애성반의 북쪽에 있는 산성과 향성 〈8〉이 어떻게 午坐子向/丁坐癸向〔N2/3〕의 애성반에서는 남쪽으로 바뀌는지를 보아라. 숫자들은 남향집의 숫자들과 아주 유사하다.

그리고 다른 궁에 있는 산성과 향성 숫자들을 보아라. 모든 궁에서 동일한 현상을 발견할 수 있을 것이다. 따라서 집의 좌향을 조금만 틀어도 길성과 흉성을 반대 방향으로, 즉 전방에서 후방으로 좌측에서 우측으로 충분히 옮길 수 있다. 이것이 실제 현장에서 적용되는 기본 원칙이다.

두 운에서의 丙坐壬向〔N1〕 주택

7운

丙坐壬向〔N1〕의 주택에서는 향성〈8〉이 아주 대길하게 향궁에 온다는 것을 7운의 숫자들은 보여주고 있다. 부(富)를 가져다주는 이 숫자는 실제로 움직이는 물이 적당히 있어 생기를 받게 되면 가족들에게 '재물' 운이 오도록 해주는 위치에 있다. 동시에 산성〈8〉이 안방에 있으니 부부에게 건강과 화합운을 가져다준다.

또 하나 좋은 점은 안방에는 대단한 행운을 불러오는 최길성(最吉星) 조합인 백수성(白水星) 〈8-6〉이 있어서 좋다.
이는 방의 배치도와 애성반이 일치하는 좋은 예이다. 따라서 이 집에 거주하는 사람들은 길수(吉數)를 '취할' 수 있는 좋은 기회가 된다. 길성 〈77〉이 집의 후방에 있고 그곳은 침실3에도 해당된다. 〈77〉은 차기 운에서 흉으로 바뀌므로 그때는 흉방이 될 것이다. 침실2는 아주 흉한 수의 조합 〈32〉의 피해를 입는데 질병, 법적 연루 등 모든 방면에 흉이 되는 곳이다.

丙坐壬向〔N1〕 주택의 7운 숫자 분석

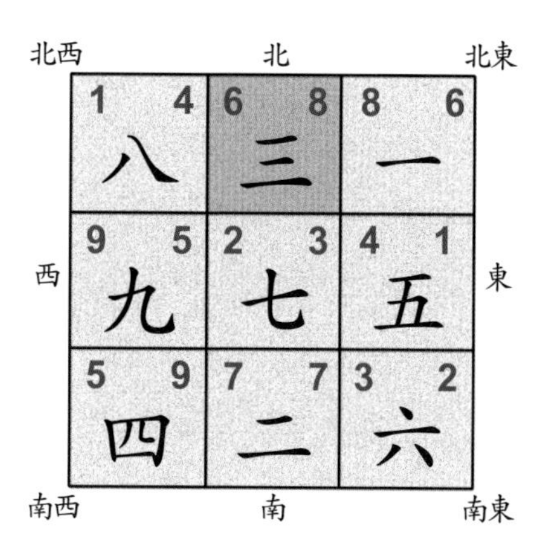

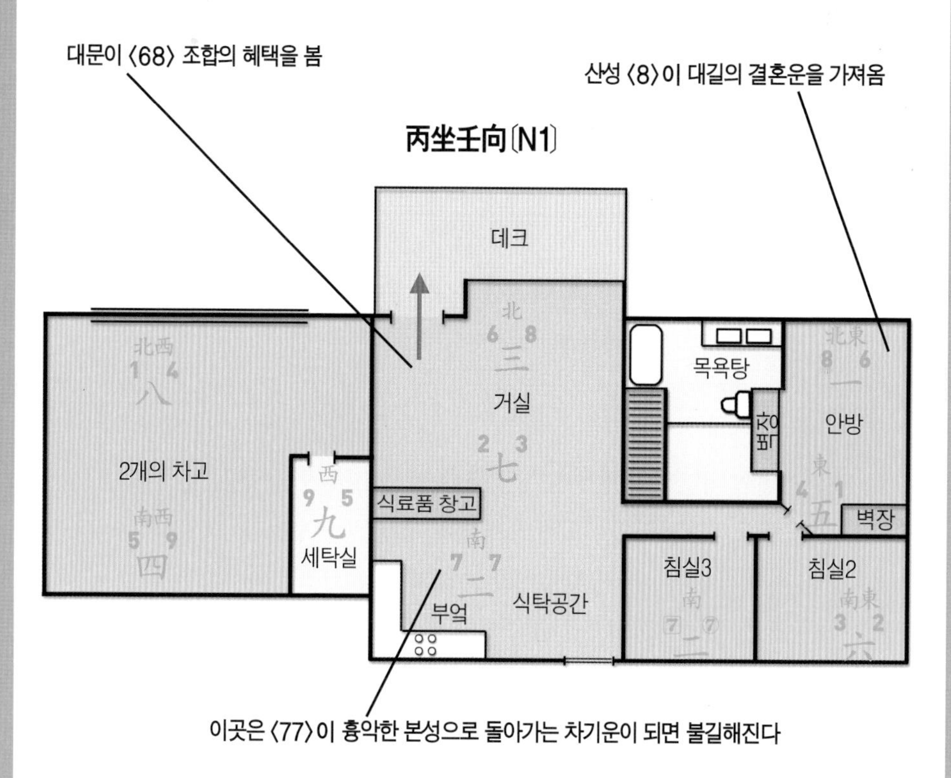

두 운에서의 丙坐壬向〔N1〕 주택

8운

이 집의 운이 2004년에 8운으로 바뀌게 되면 향궁의 산성과 향성이 〈88〉로 되어 곧바로 혜택을 보게 된다. 이 조합은 거실은 물론 출입구에도 혜택을 준다. 〈88〉이 재물운과 인정운 면에서 아주 좋은 역할을 하기 때문이다. 그러나 안방의 숫자는 좋지는 않지만 나쁘지도 않다. 적성(賊星)인 향성〈3〉은 피해를 거의 주지 않는 창고에 갇혀 있다.
집 뒤쪽에 있는 두 개의 침실은 8운으로 바뀌어도 별 혜택이 없다. 그러나 운이 바뀌면 〈7〉은 기를 잃게 되므로 집의 운을 바꾸는 것이 좋다. 하지만 〈88〉의 혜택을 보게 되는 丙坐壬向〔N1〕의 좌향을 반드시 지키도록 하여야 한다.

주석

만약 이 집이 午坐子向/丁坐癸向〔N2/3〕이라면 향성과 산성〈88〉이 식당이 있는 집의 뒤쪽에 오게 되며, 안방은 흉악한 〈9二7〉 조합이 되어 막대한 피해를 입을 것이다. 그러나 7운으로 머문다면 〈77〉이 흉으로 변해 심각한 피해를 입게 된다. 따라서 이 집을 8운으로 바꿀 것을 권장한다.

동일한 丙坐壬向(N1) 주택에서의 8운 숫자 분석

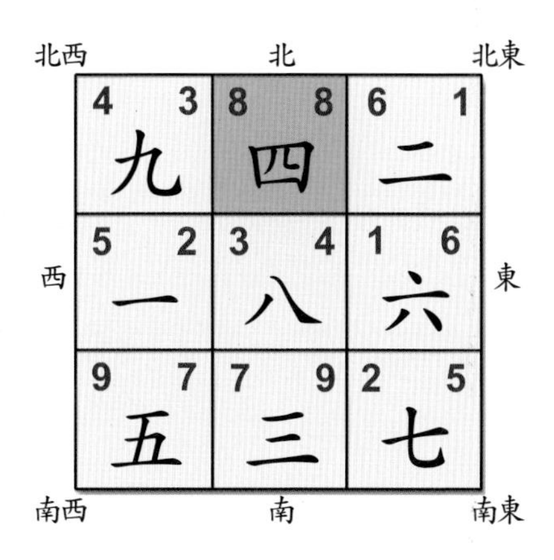

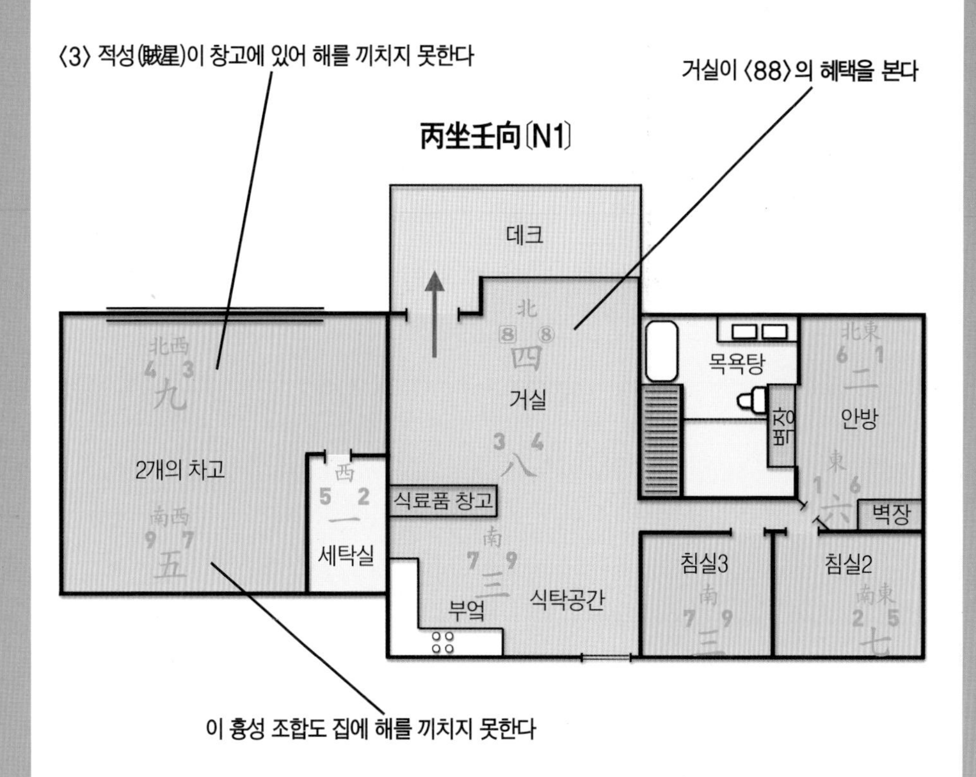

남서향(南西向) 주택

남서향의 주택은 서사택(西舍宅)에 속한다. 남서향〔坤向〕의 주택을 북동좌〔艮坐〕라 하는데, 8운에 모든 간곤(艮坤)을 축으로 하는 향(向)의 집은 아주 대길한 행운을 누린다.

현공풍수에서 모든 8개의 괘궁은 3개의 좌궁으로 나뉘는데 이를 24좌(坐)라 부른다. 따라서 24개의 좌향에 따라 애성반이 구분된다.

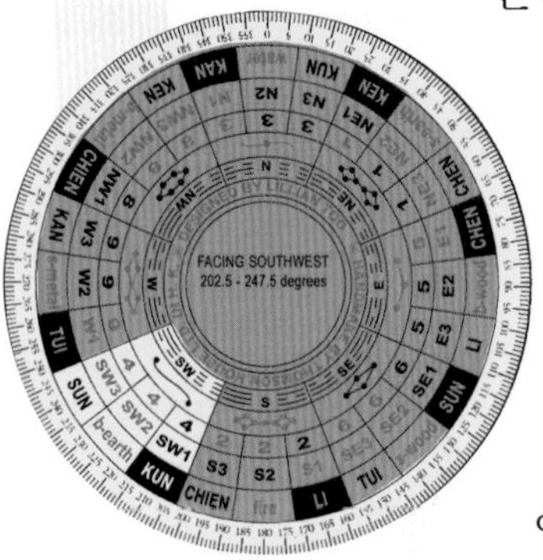

여러분의 집이 丑坐未向〔SW1〕인지, 艮坐坤向〔SW2〕인지 또는 寅坐申向〔SW3〕인지를 알아야 한다. 이 세 개의 좌궁이 왼쪽 그림에 보이는 나경에 밝은 색으로 표시되어 있다. 艮坐坤向〔SW2〕과 寅坐申向〔SW3〕의 애성반은 동일하다.

7운과 8운의 애성반

7운과 8운 애성반의 의미는 전 장에서 요약해 놓았다. 본 장에서는 운을 분석하는데 애성반이 어떻게 사용되는지를 알아본다.

8운에 모든 남서향〔SW〕의 주택은 대단히 좋은 애성반의 혜택을 본다.

주석

길성의 향성과 산성이 두 애성반의 향궁과 좌궁에 아주 좋게 배치되어 있다. 丑坐未向〔SW1〕에서는 향성이 향궁에 있는 반면에 艮坐坤向〔SW2〕이나 寅坐申向〔SW3〕에서는 산성이 향궁에 있다.

8운 丑坐未向〔SW1〕 애성반

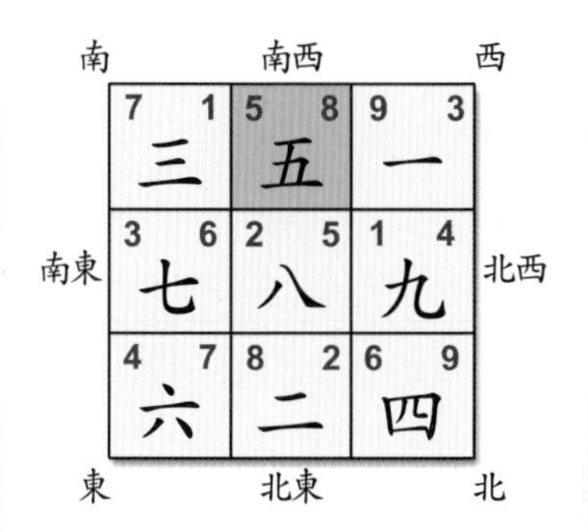

8운 艮坐坤向/寅坐申向〔SW2/3〕 애성반

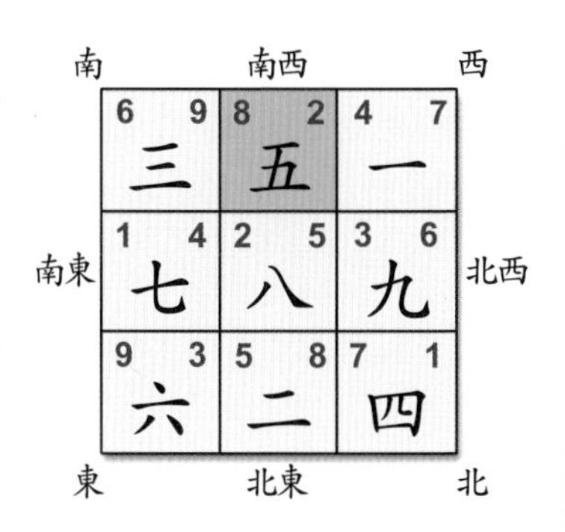

두 개의 애성반을 비교해 보아라. 丑坐未向〔SW1〕은 대길한 합십국(合十局)을 이루며 艮坐坤向〔SW2〕도 마찬가지로 대길한 연주삼반괘(聯珠三盤卦)를 이룬다. 이들을 현공풍수 용어로 특별기국(特別奇局)이라고 하며 이런 집에 사는 가족들은 부, 재물, 권력, 명예, 인기, 대성공 등의 엄청난 행운을 끌어들인다고 한다. 여러분 중 8운에 새로 집을 지으려거든 남서〔坤〕－북동〔艮〕 축으로 집을 지어볼 것을 권장한다. 이는 향(向)이나 좌(坐)를 남서쪽으로 하라는 의미이다. 남서를 좌(坐)로 하면 향(向)은 북동이 된다.

두 운에서의 丑坐未向〔SW1〕 주택

7운

7운에 이런 집은 향궁에 산성과 향성으로 〈77〉이 놓여 엄청난 혜택을 받는다. 많은 남서향의 집들이 비슷한 혜택을 받는다. 그러나 8운으로 바뀌게 되면 숫자 〈7〉은 행운을 주는 대신 흉성으로 회귀하여 폭력과 유혈사태를 가져오고, 가족들은 무장강도의 희생양이 될 수도 있을 정도로 위험이 따른다.

따라서 남서향의 집들은 의심할 여지없이 운을 바꿔야 한다. 그래야 흉으로 탈바꿈하는 〈7〉의 악영향을 피하고 8운 남서향의 애성반이 보여주는 커다란 행운을 취할 수 있다.

한편, 그림에서 보여주듯이 7운 애성반의 중궁수가 어떻게 〈1七4〉 조합의 연주삼반괘(聯珠三盤卦)가 되는지, 그리고 이 집의 평면도를 통하여 중궁 숫자를 어떻게 다른 구역으로 흐르게 할 수 있는지를 보아라. 이는 길수(吉數)로부터 행운을 취하는 탁월한 방법이다.

丑坐未向〔SW1〕 주택의 7운 숫자 분석

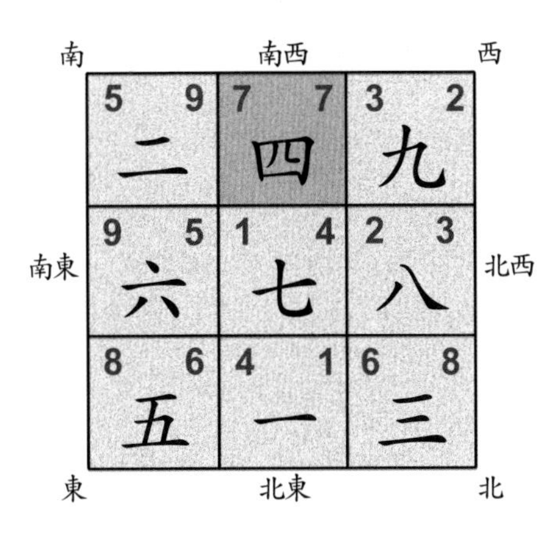

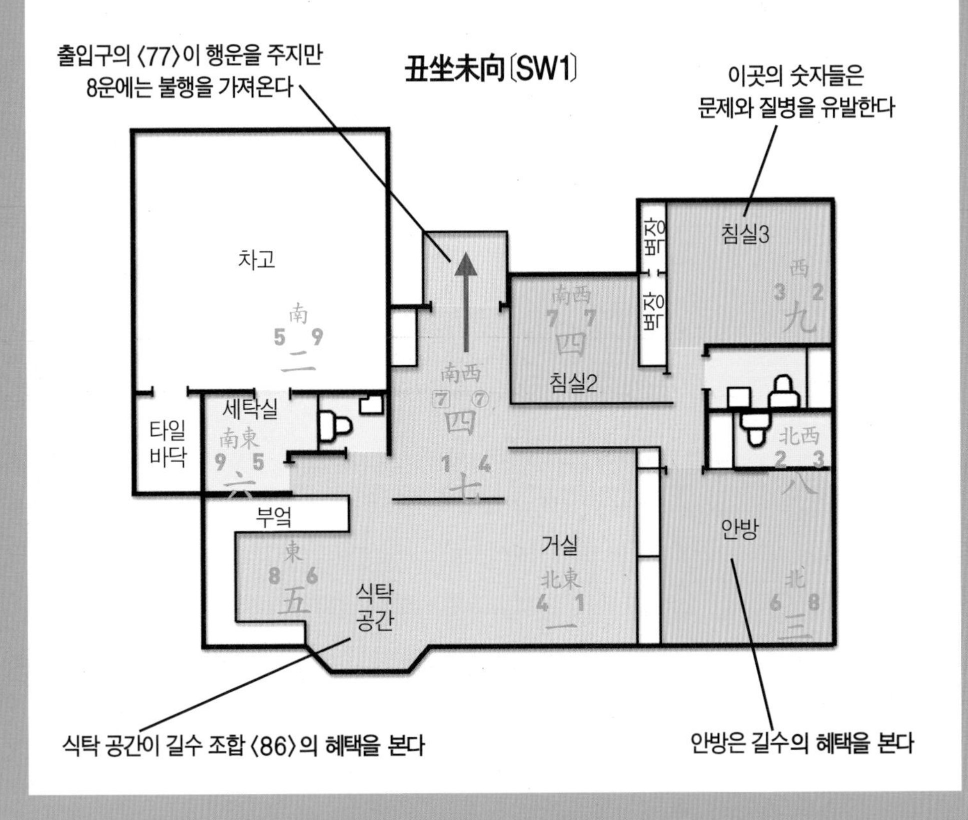

두 운에서의 丑坐未向〔SW1〕 주택

8운

이는 풍성한 수확과 성공운을 거두기 위해 무조건 8운으로 바꿔야 하는 좌향의 집에 대한 완벽한 예이다. 집의 배치도에 상응하는 8운의 애성반 숫자들을 면밀히 검토해 보아라. 먼저 대단한 인정운과 건강운을 가져다주는 합십(合十)의 조합을 보아라. 이는 가족들에게 화합과 성공을 암시해 주며 행복한 가정생활을 영위하려는 사람들에게는 원하는 것을 가져다주는 애성반이다.

丑坐未向〔SW1〕의 주택에서는 향성〈8〉이 향궁에 있다. 따라서 집의 전방에 물이 있으면 엄청난 재물운을 가져온다. 왜냐하면 8운의 간접기운이 남서쪽에 있으며, 간접기운이 있는 곳에 물이 있으면 크나큰 재물운을 끌어들이기 때문이다.

주석

만약 이 집이 艮坐坤向〔SW2〕/寅坐申向〔SW3〕이라면 부모삼반괘(父母三盤卦)가 되며 향궁이 산성〈8〉의 혜택을 본다. 그러나 그런 집에서는 전방에 물이 있어서는 안 된다. 길성인 산성〈8〉이 '물 속으로 빠지기' 때문이다. 커다란 재물운을 원하는 사람들은 8운으로 바꾸어 향궁을 丑坐未向〔SW1〕이 되도록 하여야 한다.

동일한 丑坐未向〔SW1〕 주택에서의 8운 숫자 분석

이 집은 합십국(合十局)의 혜택을 누린다.

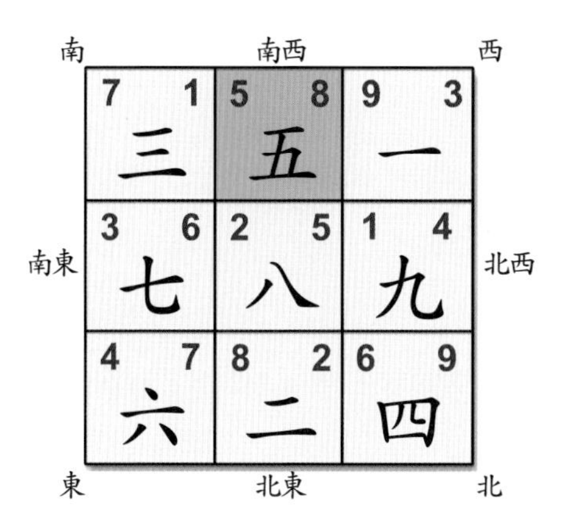

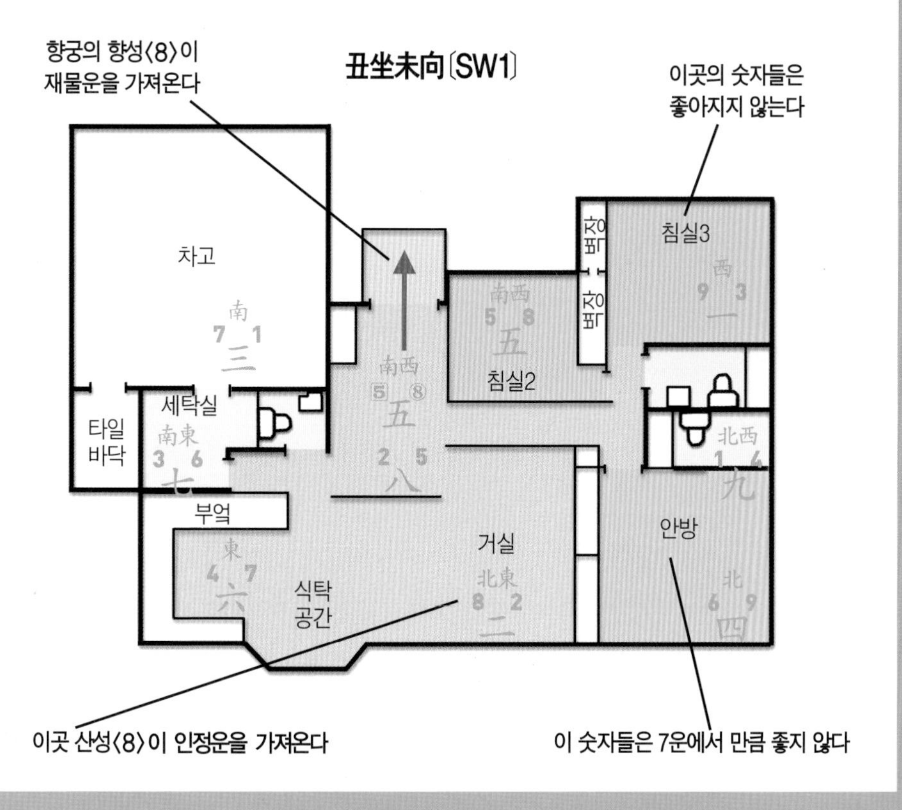

북동향(北東向) 주택

북동향의 주택은 서사택(西舍宅)에 속한다. 북동향의 집은 모든 남서-북동 축에 있는 집들이 8운에 누리는 행운의 혜택을 함께 받는다. 이 향방은 숫자 〈8〉과도 부합하는데, 남서향의 집들이 8운에 특별히 길함을 누리는 것처럼 북동향의 애성반도 똑같은 특별함을 누린다.

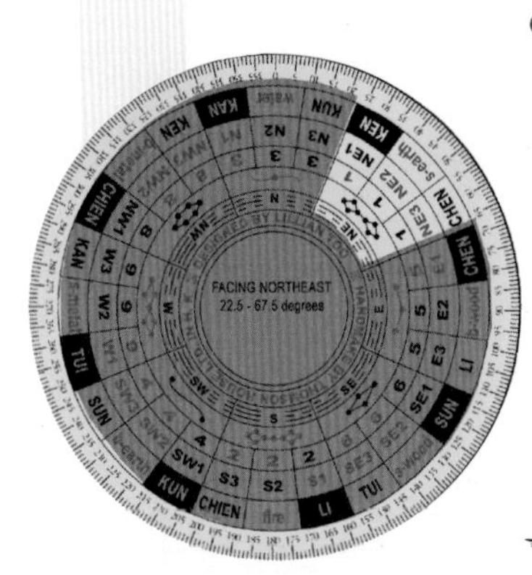

애성반은 24좌향에 따라 구분된다. 그러므로 여러분 집이 未坐丑向〔NE1〕인지, 坤坐艮向〔NE2〕, 申坐寅向〔NE3〕인지를 알아야 한다. 이들 세 궁이 왼쪽 그림의 나경에 밝은 색으로 표시되어 있다. 坤坐艮向〔NE2〕, 申坐寅向〔NE3〕은 애성반이 동일하다.

7운과 8운의 애성반

7운과 8운의 애성반 의미에 대해서는 이미 전 장에 요약해 놓았다. 8운에 북동향의 모든 집들은 대단히 길한 애성반의 혜택을 받는다.

주석

길성의 향성과 산성이 두 애성반의 향궁과 좌궁에 아주 좋게 위치해 있다. 未坐丑向〔NE1〕에서는 향성이 향궁에 있는 반면에 坤坐艮向〔NE2〕, 申坐寅向〔NE3〕에서는 산성이 향궁에 있다. 따라서 향성과 산성을 애성반에 맞도록 정확하게 배치하는 것이 중요하다.

8운 未坐丑向〔NE1〕 애성반

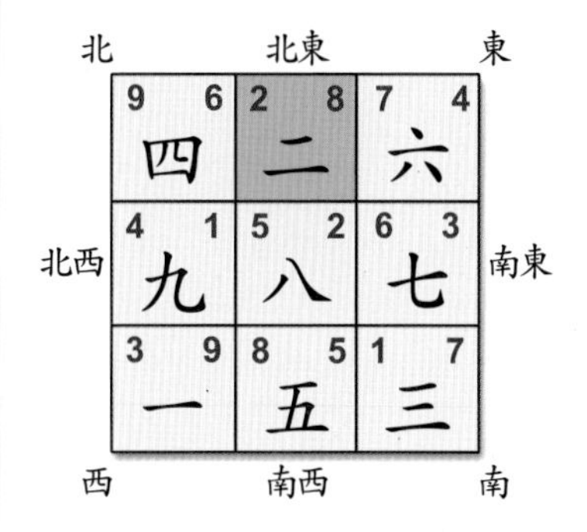

8운 坤坐艮向/申坐寅向〔NE2/3〕 애성반

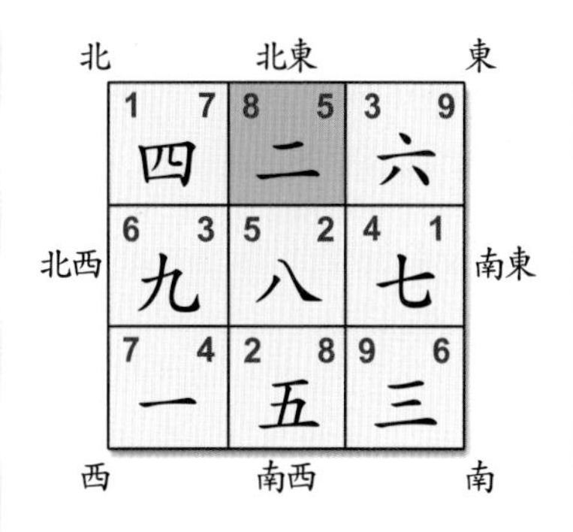

두 개의 남동향 애성반을 보아라. 未坐丑向〔NE1〕은 대길한 합십국(合十局)을 이루는 반면 坤坐艮向/申坐寅向〔NE2/3〕은 마찬가지로 대길한 연주삼반괘(聯珠三盤卦)를 이룬다. 남서향의 주택에서 보는 바와 같다. 이들을 현공풍수 용어로 특별기국(特別奇局)이라 하며 이런 집에 사는 가족들은 부, 재물, 권력, 명성, 인기, 대성공 등의 엄청난 행운을 끌어들인다고 한다. 8운에 새로 집을 지으려거든 남서〔坤〕-북동〔艮〕을 축으로 하는 집을 지을 것을 권장한다. 이는 향(向)이나 좌(坐)를 북동쪽으로 하라는 의미이다. 북동을 좌(坐)로 하면 향(向)은 남서가 된다.

두 운에서의 坤坐艮向/申坐寅向〔NE2/3〕 주택

7운

7운에 坤坐艮向/申坐寅向〔NE2/3〕의 주택은 산성과 향성이 향궁에 있어 대단히 좋은 행운을 누린다. 많은 북동향의 집들이 이런 〈77〉 조합의 행운을 똑같이 누린다. 하지만 8운으로 바뀌면 숫자 〈7〉은 원래의 위험적인 성정으로 바뀌어 행운을 주는 대신 〈77〉 같은 경우에는 폭력과 유혈사태를 불러오고 또한 식구들이 무장강도의 희생양이 될 수도 있을 정도로 위험이 따른다.

그러므로 북동향의 집들은 의심할 여지없이 운을 바꾸어야 한다. 이것이 〈7〉의 악영향으로부터 피할 수 있는 길이며 8운 북동향의 애성반에 나타나는 대길한 숫자의 복을 받는 길이다. 여기 제시한 예에서 7운 애성반의 중궁 숫자들이 어떻게 〈4七1〉의 부모삼반괘(父母三盤卦)를 이루는지를 보고, 식탁 공간이 어떻게 이 숫자의 영향을 받는지를 보아라. 안방은 위험수 〈95〉 조합의 피해를 본다. 또한 길성의 산성과 향성〈8〉이 후방에 있어 쓸모없게 되는 것도 관찰하여라.

坤坐艮向/申坐寅向〔NE2/3〕 주택의 7운 숫자 분석

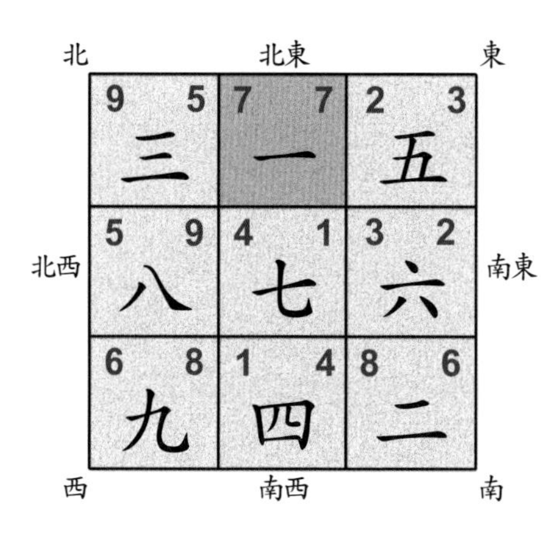

坤坐艮向/申坐寅向〔NE2/3〕

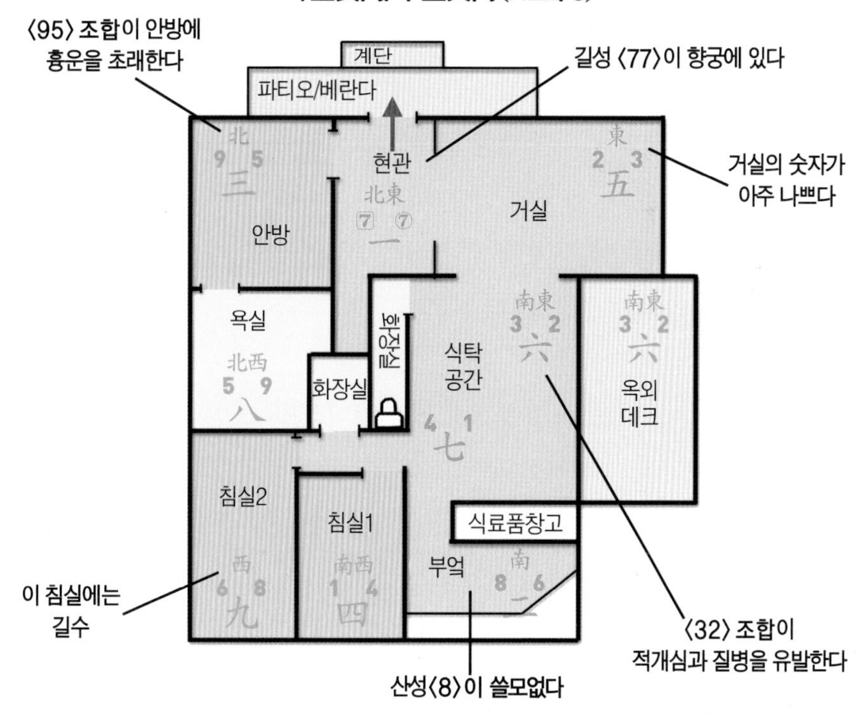

두 운에서의 坤坐艮向/申坐寅向〔NE2/3〕 주택

8운

이는 다음 20년간 재물과 건강운을 취하기 위해 절대적으로 8운으로 바꿔야만 하는 향을 가진 주택의 또 다른 예를 보여주고 있다. 주택의 도면과 상응하는 8운 애성반의 숫자들을 면밀히 검토해 보아라. 먼저 합십국(合十局)은 특별한 재물과 번영운을 가져온다. 이는 재물을 가져오는 향성과 운반수의 조합으로 모든 궁에서 합십(合十)이 이루어지면 가족들에게 직업과 사업에 대한 행운이 다가옴을 암시해 준다.
새로운 삶을 시작하는 사람들은 이런 숫자를 취할 수 있는 주택을 찾거나 짓는다면 엄청난 행운을 누리게 될 것이다. 未坐丑向〔NE1〕에서는 향성〈8〉이 향궁에 있다. 따라서 주택의 전방에 물이 있다면 막대한 재물운을 끌어들일 것이다. 한편, 산성〈8〉이 후방에 있어 뒤에 높은 벽이 있으면 아주 좋다.

주석

이 집이 坤坐艮向/申坐寅向〔NE2/3〕이라면 부모삼반괘(父母三盤卦)의 혜택을누리며 좌궁은 향성〈8〉의 혜택을 볼 것이다. 그러한 집의 뒤에 물이 있으면 가족들은 행운을 유발하는 집의 간접기운을 받을 수 있다. 막대한 재물운을 취하려고 하는 사람들은 8운으로 바꾸시라. 두 북동향의 애성반은 동일하다.

동일한 坤坐艮向/申坐寅向〔NE2/3〕 주택에서의 8운 숫자 분석

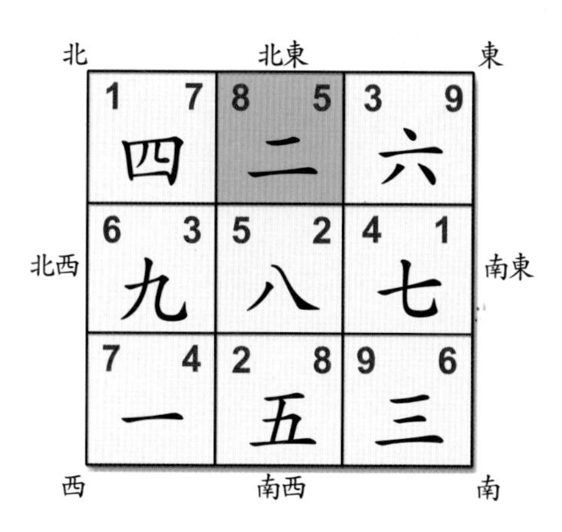

坤坐艮向/申坐寅向〔NE2/3〕

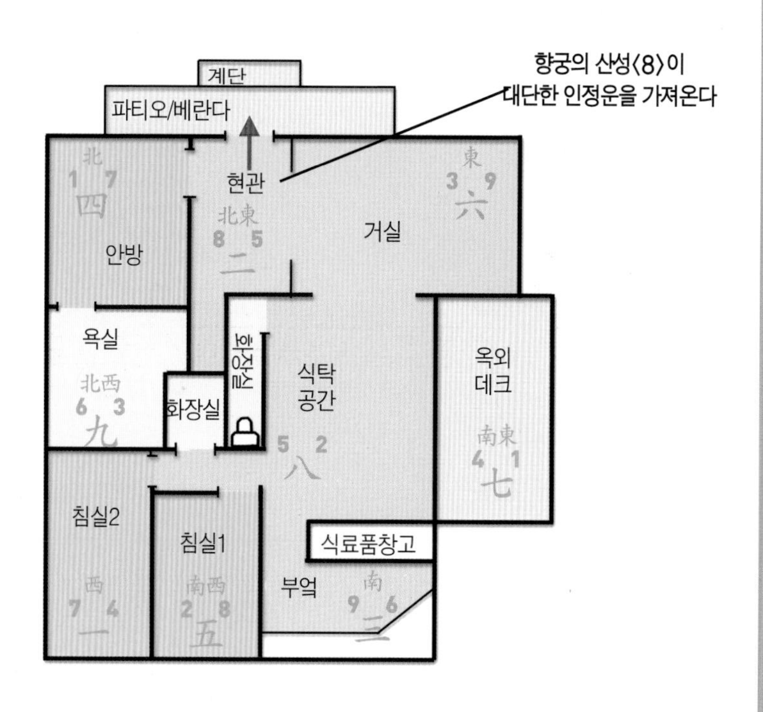

동향(東向) 주택

동향(東向) 주택은 괘(卦)가 8택(八宅) 풍수상 동사택(東舍宅)에 속하는 사람들에게 좋다. 그러나 7운에 모든 동향 주택은 향궁에 박혀 있는 오황(五黃)을 감수해야 한다. 2002년처럼 연명성〈5〉로 인하여 흉운이 집으로 들어오면 그 흉은 강력하게 작용한다. 따라서 집의 기운을 8운으로 바꿈으로써 오황(五黃)으로부터 향궁을 자유롭게 하는 것이 좋다. 그렇게 하면 치명적인 〈5〉가 향궁에서 벗어난다.

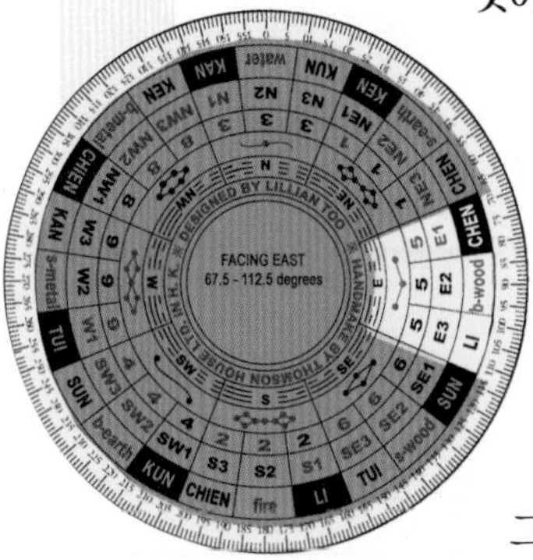

애성반은 24좌향으로 구분된다. 그러므로 여러분의 집이 庚坐甲向〔E1〕인지, 酉坐卯向〔E2〕인지, 辛坐乙向〔E3〕인지를 알아야 한다. 이들 세 궁이 왼쪽 그림에 밝은 색으로 표시되어 있다. 酉坐卯向〔E2〕과 辛坐乙向〔E3〕의 애성반은 동일하다.

7운과 8운의 애성반

7운과 8운의 애성반 의미는 이미 전 장에서 요약해 놓았다.

8운에 모든 동향(東向) 주택은 향궁이나 좌궁에 산성과 향성이 길성인 〈88〉로 되어 혜택을 누린다. 아래 8운의 동향(東向) 애성반에서 이를 보여준다.

주석

庚坐甲向〔E1〕을 택하면 더욱 대길한 재물운이 되는데, 이는 가족들이 전방에 있는 〈88〉의 좋은 효과를 취할 수 있기 때문이다. 즉, 집 앞에 있는 물을 활성화시켜 재물을 끌어들인다.

庚坐甲向〔E1〕 애성반

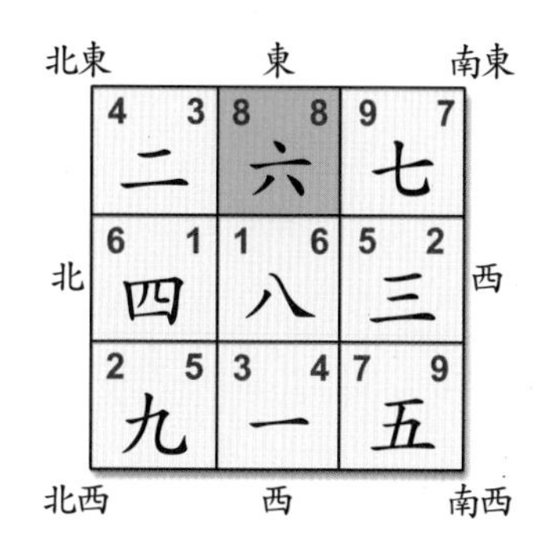

庚坐甲向〔E1〕의 애성반에는 〈88〉이 향궁에 있다. 이 또한 동향(東向)이기 때문에 이곳에 물이 있으면 향성을 활성화시켜 아주 길하게 된다. 중궁은 아주 대길한 〈1八6〉의 백수성(白水星) 조합으로 집의 중앙을 터놓으면 이 길(吉)한 조합이 집 전체로 퍼진다.

酉坐卯向/辛坐乙向〔E2/3〕 애성반

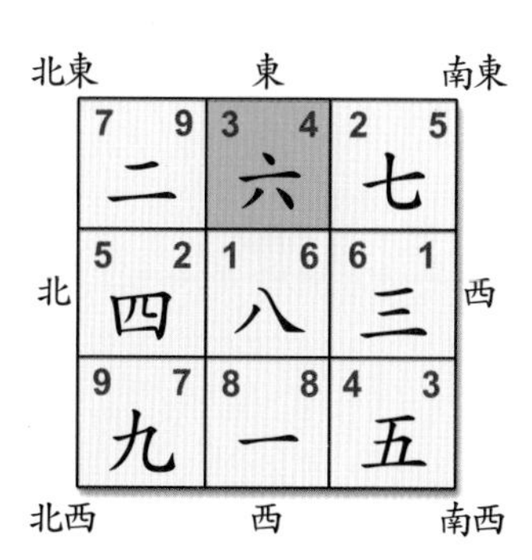

酉坐卯向/辛坐乙向〔E2/3〕의 집이라면 〈88〉이 좌궁(坐宮)으로 오는데, 그러면 뒷쪽에 벽을 세워 산성〈8〉을 활성화시켜 주면 더욱 이롭게 된다.

두 운에서의 庚坐甲向〔E1〕 주택

7운

7운에 庚坐甲向〔E1〕의 주택은 모든 길수가 차고와 창고에 갇혀 쓸모없게 되었다. 보는 것처럼 거실에서 길성인 향성〈8〉을 소태기(小太氣)로 활성화시키는 것이 상책이다. 그러나 대부분 향성〈8〉은 '창고 안에 갇혀 있다'. 하지만 산성〈8〉이 부부에게 대단한 가정운을 가져다주는 안방으로 날아들었다.

이 집은 7운에 돈복을 주지는 않지만 건강이라든지 인기, 좋은 인간관계 같은 다른 운을 가져다주기 쉽다. 대부분의 다른 궁에도 약한 숫자들로 이루어져 있어 이 집은 기운을 다시 활성화시켜 주는 것이 좋다.

여기서 중요하게 여길 것은 8운의 숫자들이 안방, 거실, 향궁에 어떤 영향을 끼치는지를 보는 것이다.

庚坐甲向〔E1〕 주택의 7운 숫자 분석

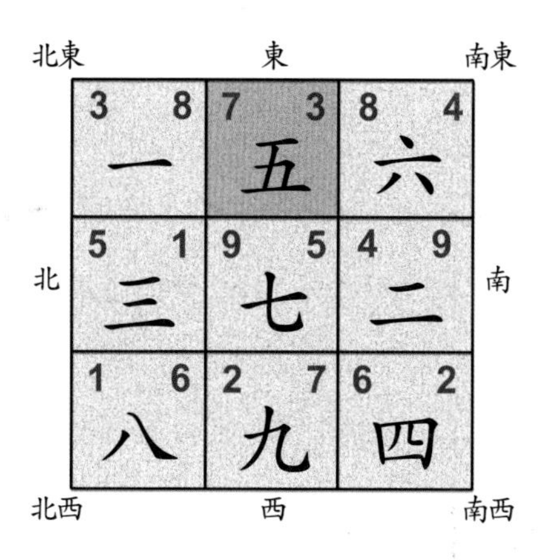

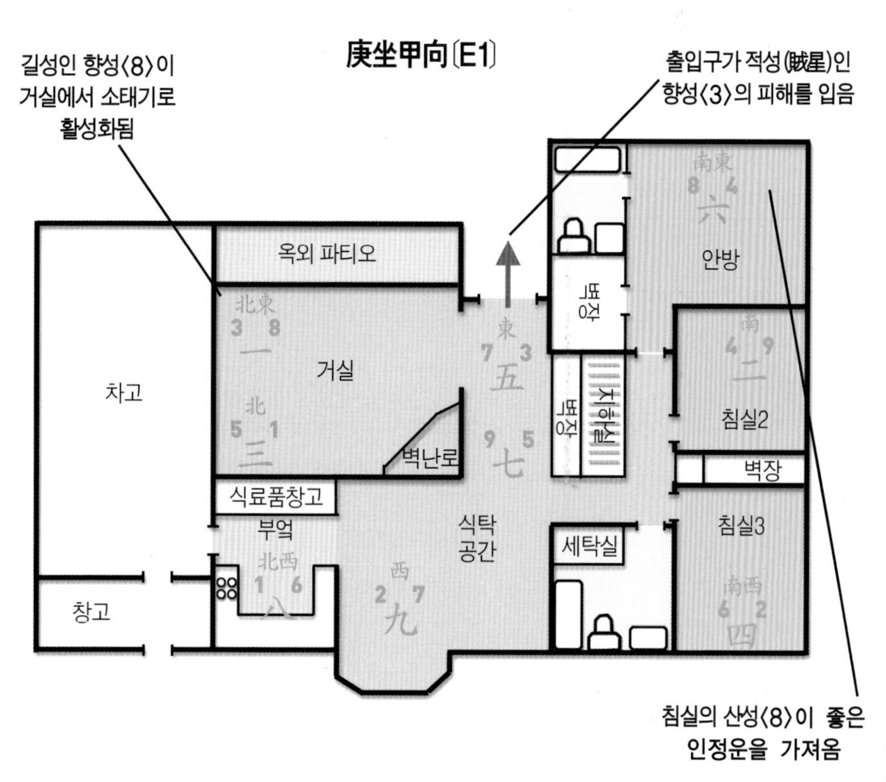

두 운에서의 庚坐甲向〔E1〕 주택

8운

8운에 동향(東向) 주택은 〈88〉 조합의 행운을 누리며 庚坐甲向〔E1〕의 주택은 〈88〉이 향궁에 당도하여 좋다. 이는 집의 배치가 거실은 물론 다른 구역까지도 행운이 순순히 유입되도록 되어 있어서 이 집에 아주 좋다는 의미이다. 전방인 동쪽에 향성〈8〉이 있기 때문에 이곳에 물이 있으면 엄청나게 좋은 행운을 끌어들인다.

또한 이 집에 좋은 것은 북동쪽에 있는 적성(賊星)〈3〉이 창고 안에 갇혀 있는 것이다. 중궁의 〈1八6〉은 복도에 있어 기 흐름의 수로(水路) 역할을 하고 있어 좋은 기운이 집안 전체를 효과적으로 돌아다닌다. 거실과 식탁 공간을 구분하는 벽을 없애면 길성이 있는 중앙을 더욱 강하게 하기 때문에 집의 운이 더욱 좋아지게 된다.

주석

이 집이 酉坐卯向/辛坐乙向〔E2/3〕이라면 산성과 향성의 〈88〉이 식탁 공간을 이롭게 하는 집의 후방으로 간다. 가족들이 집안의 식탁에서 주로 식사를 하면 〈88〉의 혜택을 보게 된다. 향궁에 향성수〈8〉과 운반수〈6〉의 길한 조합은 가족들에게 은밀한 후원자를 가져다 준다. 그럴 땐 혼외정사를 일으킬 수 있으므로 전방에 물이 있으면 절대로 안 된다.

동일한 庚坐甲向〔E1〕 주택에서의 8운 숫자 분석

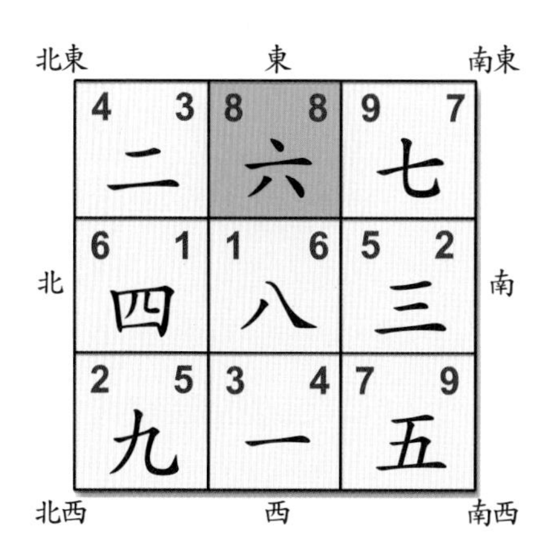

庚坐甲向〔E1〕

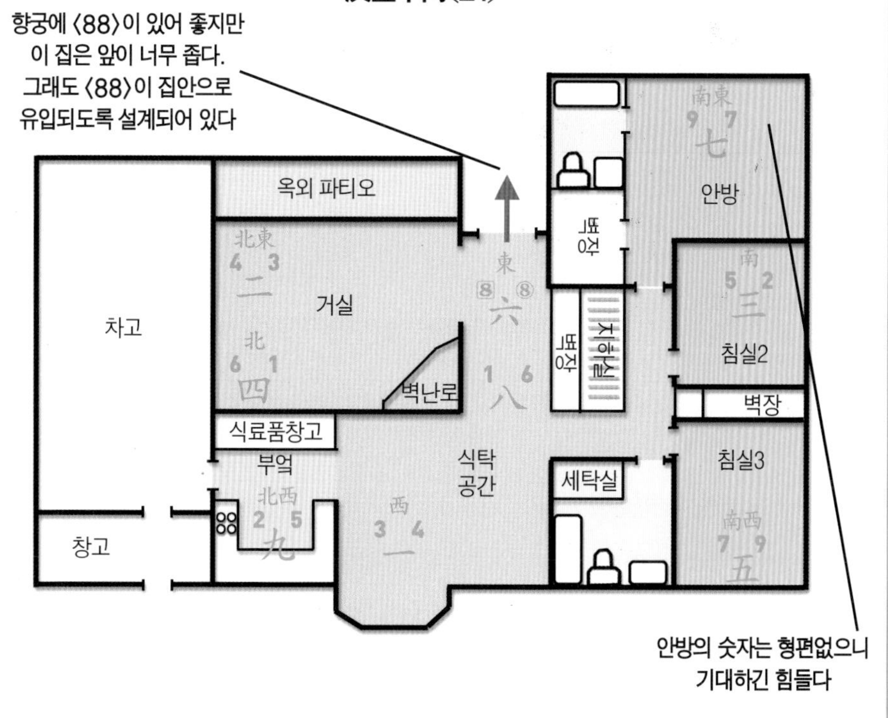

서향(西向) 주택

서향(西向) 주택은 괘(卦)가 8택(八宅) 풍수상 서사택(西舍宅)에 속하는 사람들에게 좋다. 7운에 서향 주택은 그리 재미를 보지 못했다. 풍수를 좀 아는 사람들은 향궁의 측면 숫자들이 그리 좋지 않다는 것을 알 것이다. 그래서 대문을 집 앞의 왼쪽이나 오른쪽으로 옮겼더라면 좋았을 것이다. 왜냐하면 卯坐酉向/乙坐辛向〔W2/3〕에서는 향성〈8〉이 집 앞쪽인 북서쪽에 있으며 산성〈8〉은 남서쪽에 있기 때문이다.

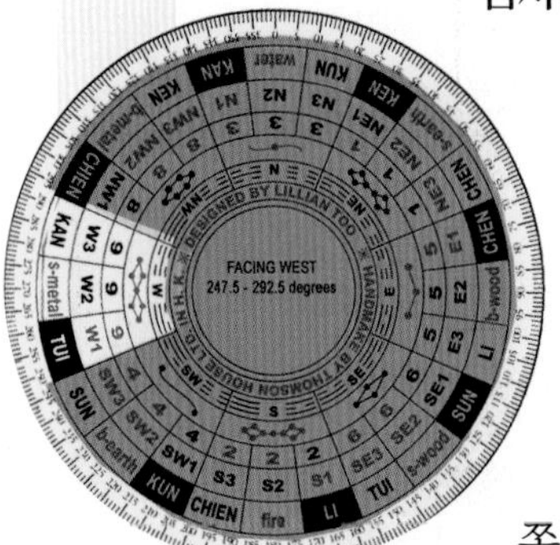

애성반은 24좌향에 따라 구분된다. 따라서 여러분 집이 甲坐庚向〔W1〕인지, 卯坐酉向〔W2〕인지, 乙坐辛向〔W3〕인지를 알아야 한다. 이들 세 좌궁이 왼쪽 나경에 밝은 색으로 표시되어 있다. 卯坐酉向〔W2〕과 辛乙坐向〔W3〕은 애성반이 동일하다.

7운과 8운의 애성반

7운과 8운의 애성반 의미는 이미 전 장에서 요약해 놓았다.

8운에 모든 서향 주택은 향궁이나 좌궁에 산성과 향성이 〈88〉이 되어 혜택을 누린다. 아래 그림은 서향 주택의 8운 애성반을 보여준다.

주석

卯坐酉向/乙坐辛向〔W2/3〕을 택하면 더욱 대길한 재물운이 되는데, 이는 가족들이 전방에 있는 〈88〉의 좋은 효과를 취할 수 있기 때문이다. 즉, 집 앞에 있는 물을 활성화시켜 재물을 끌어들인다.

甲坐庚向〔W1〕 애성반

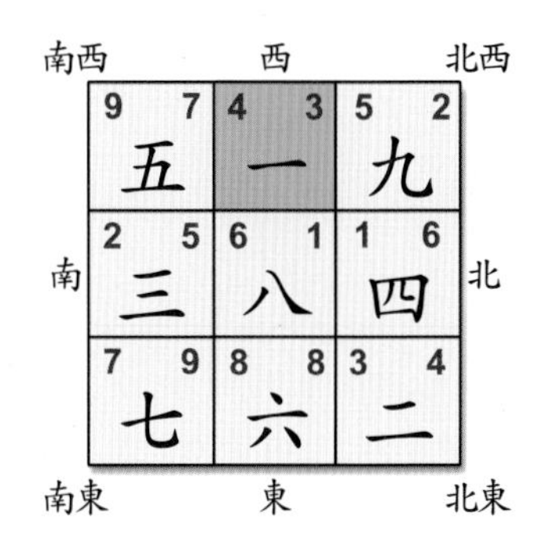

甲坐庚向〔W1〕의 애성반에서는 〈88〉이 좌궁에 있다. 산성〈8〉을 활성화시켜 주면 집에 더 많은 도움이 된다. 좌향이 卯坐酉向/乙坐辛向〔W2/3〕으로 되면 〈88〉이 향궁으로 가는데, 여기에 물이 있어 향성〈8〉을 활성화시켜 주면 가족들의 재물운이 좋아지게 된다.

卯坐酉向/乙坐辛向〔W2/3〕 애성반

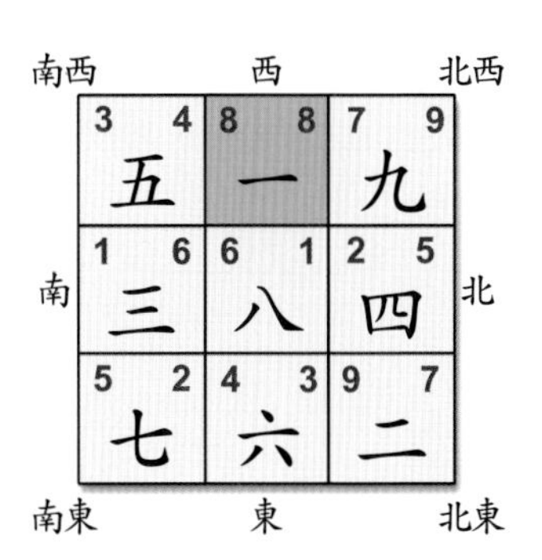

한편, 중궁에는 아주 대길한 〈6八1〉의 백수성(白水星) 조합으로 이루어져 있어 집의 중앙을 터놓으면 이 대길한 조합이 집 전체로 퍼지게 된다.

두 운에서의 卯坐酉向/乙坐辛向〔W2/3〕 주택

7운

7운에 卯坐酉向/乙坐辛向〔W2/3〕의 주택은 중궁의 흉성수〈5〉, 〈9〉와 향궁의 산성수〈3〉의 피해를 본다. 이는 법적인 문제를 유발하고 20년간 인정(人丁) 문제를 일으킨다. 중궁의 흉성수는 질병, 손실 등 전반적인 흉운과 불행을 일으킨다. 하지만 이 집은 중앙에 창고, 화장실 같은 조그만 실(室)이 있는데 중궁의 흉성수를 이곳에 '가두어서' 가족들이 큰 불행을 겪지는 않는다고 풀이할 수 있다.

이 집은 향성〈8〉이 침실3으로 와서 재물운을 어렵게 만든다. 하지만 이 방에 거주하는 사람들에게는 행운을 가져다준다. 거실에는 산성〈8〉이 있는데 이는 활성화될 수 있다.

이 집을 8운으로 바꿀 것인지 말 것인지를 결정하려면 향궁의 숫자가 개선될 수 있는지를 보아야 한다.

卯坐酉向/乙坐辛向〔W2/3〕 주택의 7운 숫자 분석

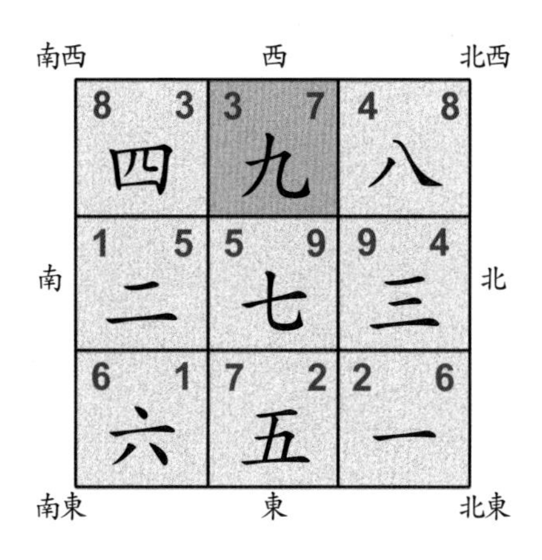

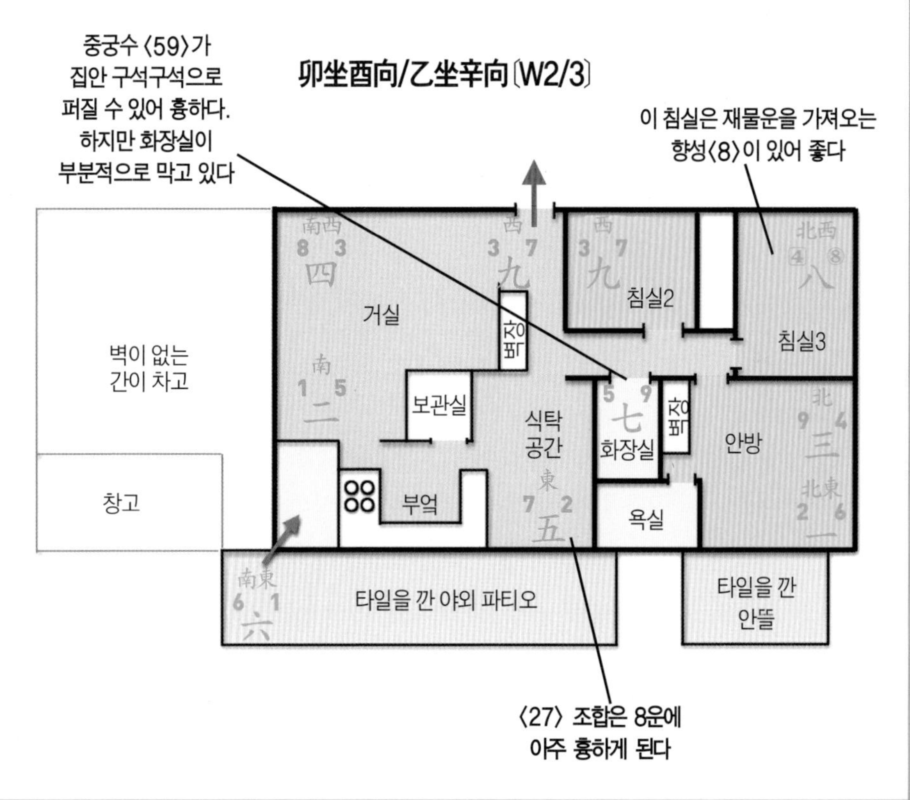

두 운에서의 卯坐酉向/乙坐辛向〔W2/3〕 주택

8운

8운에 모든 卯坐酉向/乙坐辛向〔W2/3〕의 주택은 향궁에 오는 〈88〉 조합의 혜택을 누리게 되어 좋다. 〈88〉을 활성화시키는 방법을 알면 가족들에게 아주 좋은 행운이 될 수 있다. 중궁 역시 〈6八1〉의 백수성(白水星) 조합으로 길하다. 그런데 이 길성수들이 창고에 '갇혀 있다'. 여러분의 집에서는 이런 경우가 되지 않도록 조심하여야 한다.

적성(賊星)인 향성〈3〉이 식탁 공간에 있으며, 안방에는 두 개의 흉성수 조합 〈25〉와 〈97〉이 있어 아주 나쁜 영향을 받는다.

주석

이 집이 甲坐庚向〔W1〕이라면 산성과 향성 〈88〉이 집 뒤쪽으로 가서 식탁 공간에 혜택을 준다. 가족들이 규칙적으로 식탁 공간을 이용하면 〈88〉의 혜택을 받을 것이다. 8운에 좋은 궁이 별로 없음에도 불구하고 향궁이나 좌궁에 〈88〉이 오는 것만으로도 집을 8운으로 바꿔야 하는 충분한 이유가 된다.

동일한 卯坐酉向/乙坐辛向〔W2/3〕 주택에서의 8운 숫자 분석

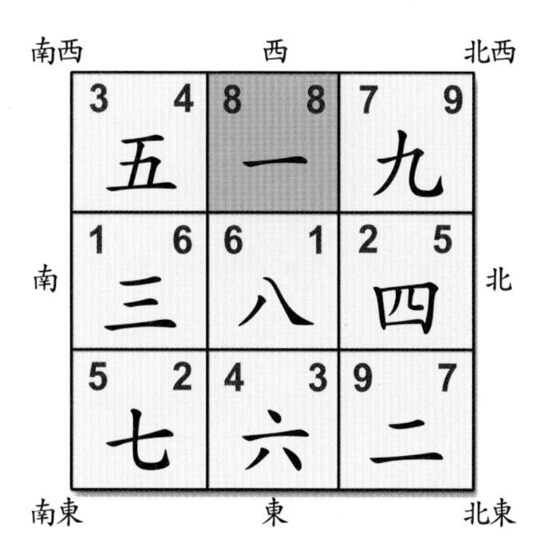

南西	西	北西
3 4 五	8 8 一	7 9 九
1 6 三	6 1 八	2 5 四
5 2 七	4 3 六	9 7 二
南東	東	北東

卯坐酉向/乙坐辛向〔W2/3〕

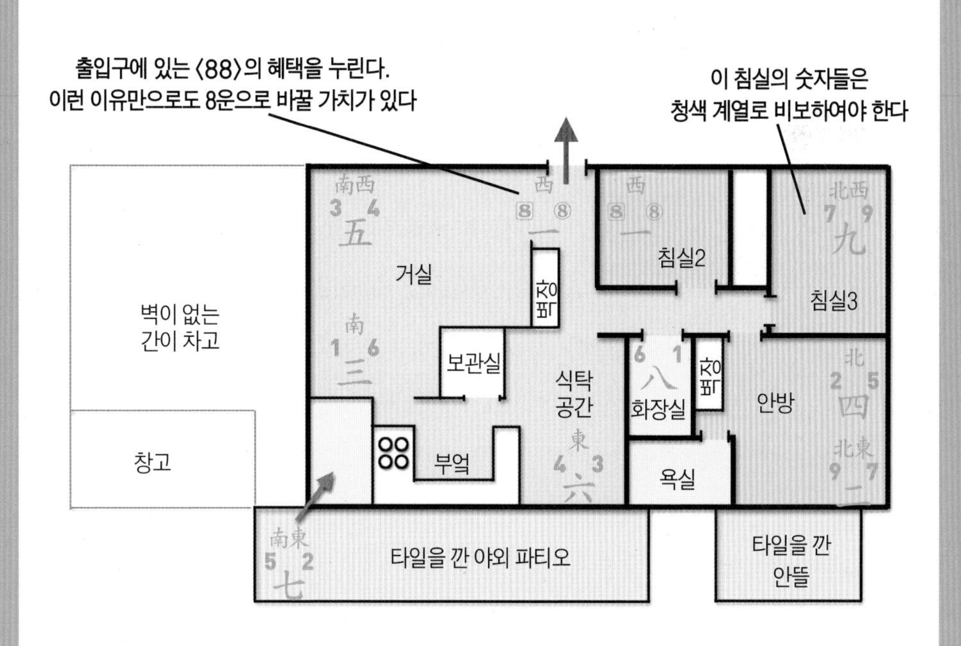

북서향(北西向) 주택

북서향의 주택은 괘(卦)가 8택(八宅) 풍수상 서사택(西舍宅)에 속하는 사람들에게 좋다. 7운에, 대형건물을 바라보거나 앞에 높은 땅을 바라보는 모든 북서향의 주택은 향궁에 길한 산성이 있어 혜택을 누렸을 것이다. 辰坐戌向〔NW1〕의 집은 산성이 〈8〉로 좋은 반면 巽坐乾向/巳坐亥向〔NW2/3〕의 집들은 산성〈7〉의 혜택을 보았다. 이는 향성〈8〉이 중궁에 있기 때문에 중앙에 수족관 같은 물이 있었다면 더욱 길하였을 것이다.

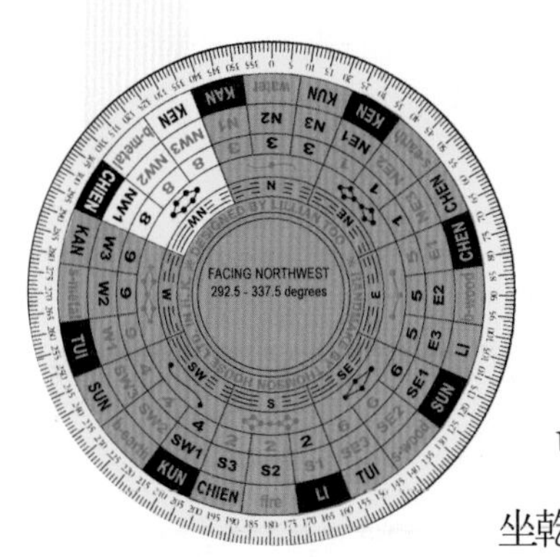

애성반은 24좌향으로 구분되는데, 여러분의 집이 辰坐戌向〔NW1〕인지, 巽坐乾向〔NW2〕, 巳坐亥向〔NW3〕인지를 알아야 한다. 이 세 개의 궁이 왼쪽 나경에 밝은 색으로 표시되어 있다. 巽坐乾向〔NW2〕과 亥坐巳向〔NW3〕은 애성반이 동일하다.

7운과 8운의 애성반

7운과 8운의 애성반 의미는 이미 전 장에서 요약해 놓았다. 8운에 모든 북서향의 주택은 향궁과 좌궁에 아주 길한 숫자가 있어서 좋다.

북서향의 8운 애성반이 이를 잘 보여준다. 산성과 향성에 〈8〉이 있고 〈1〉과 〈6〉 같은 숫자들도 함께 있는 것을 보아라. 8운의 북서향 주택은 제대로 활성화시키면 가장(家長)에게 커다란 복이 들어온다.

주석

巽坐乾向/亥坐巳向〔NW2/3〕을 택하면 더욱 대길한 재물운이 되는데, 이는 가족들이 전방에 있는 향성〈8〉의 좋은 효과를 취할 수 있기 때문이다. 즉, 집 앞에 있는 물을 활성화시켜 재물을 불러들인다. 물로 집의 앞쪽을 활성화시키면 재물운을 가져온다.

辰坐戌向〔NW1〕 애성반

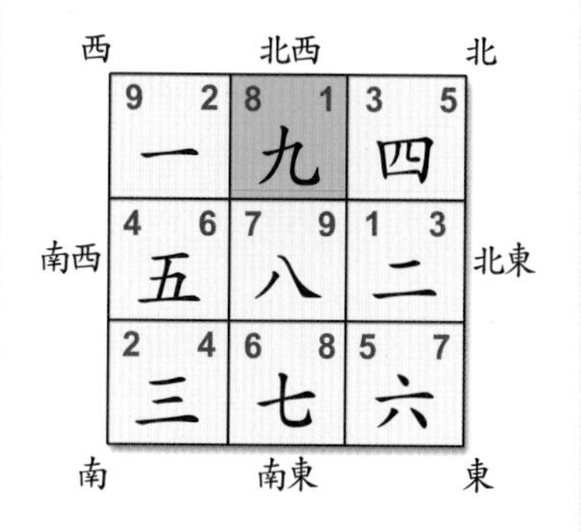

巽坐乾向/巳坐亥向〔NW2/3〕 애성반

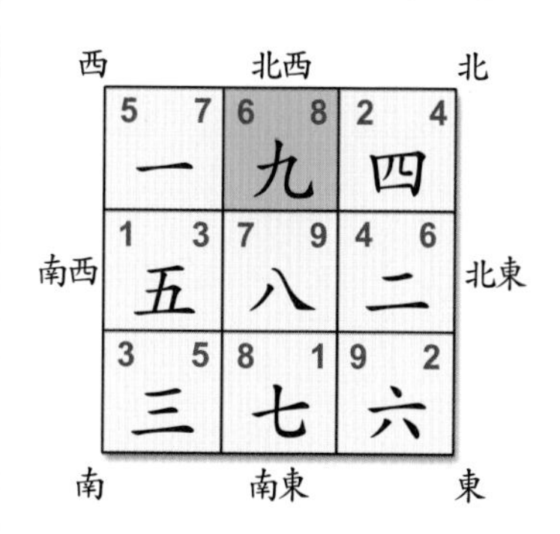

애성반을 보면 辰坐戌向〔NW1〕은 길성인 산성〈8〉이 향궁에 있고 巽坐乾向/巳坐亥向〔NW2/3〕이 되면 〈8〉이 좌궁으로 간다.

마찬가지로 향성〈8〉은 巽坐乾向/巳坐亥向〔NW2/3〕에서는 향궁으로 가고, 辰坐戌向〔NW1〕이 되면 좌궁으로 간다. 중궁의 연속 숫자 〈7八9〉는 길수의 조합이다.

두 운에서의 辰坐戌向〔NW1〕 주택

7운

7운에 辰坐戌向〔NW1〕의 주택은 안방으로 오는 산성〈8〉의 혜택을 본다. 이는 가장(家長)과 주부에게 대길한 인정운과 건강운을 가져다준다. 집의 중앙에는 향성〈8〉이 있어 이곳에 물이 있으면 대단히 길하다.

불행하게도 부엌이 향궁 옆에 있고 식료품 저장실이 집 중앙에 있다. 이는 실질적으로 향성〈8〉을 '가두게' 되어 가족들이 계속 자금난을 겪게 되는 원인이 된다. 그러나 거실과 식탁실은 가족들에게 화합과 호의(好意)를 가져다주는 길한 산성〈7〉의 혜택을 받는데 이는 8운으로 넘어가면 끝나게 된다.

실제로 거실의 산성〈7〉은 8운이 되면 강도의 속성으로 변하니, 집의 운을 바꾸는 것이 좋다.

辰坐戌向〔NW1〕 주택의 7운 숫자 분석

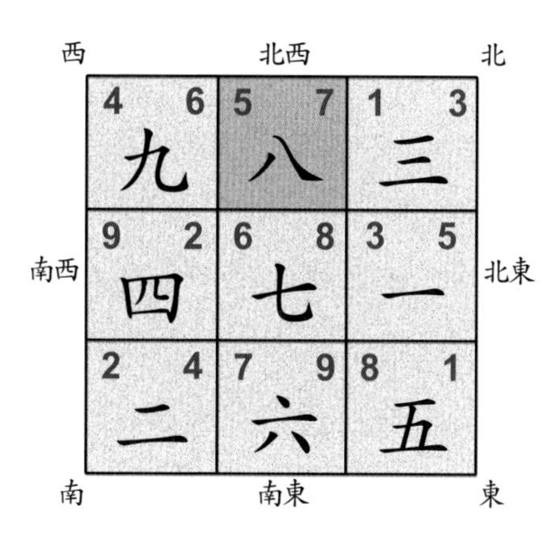

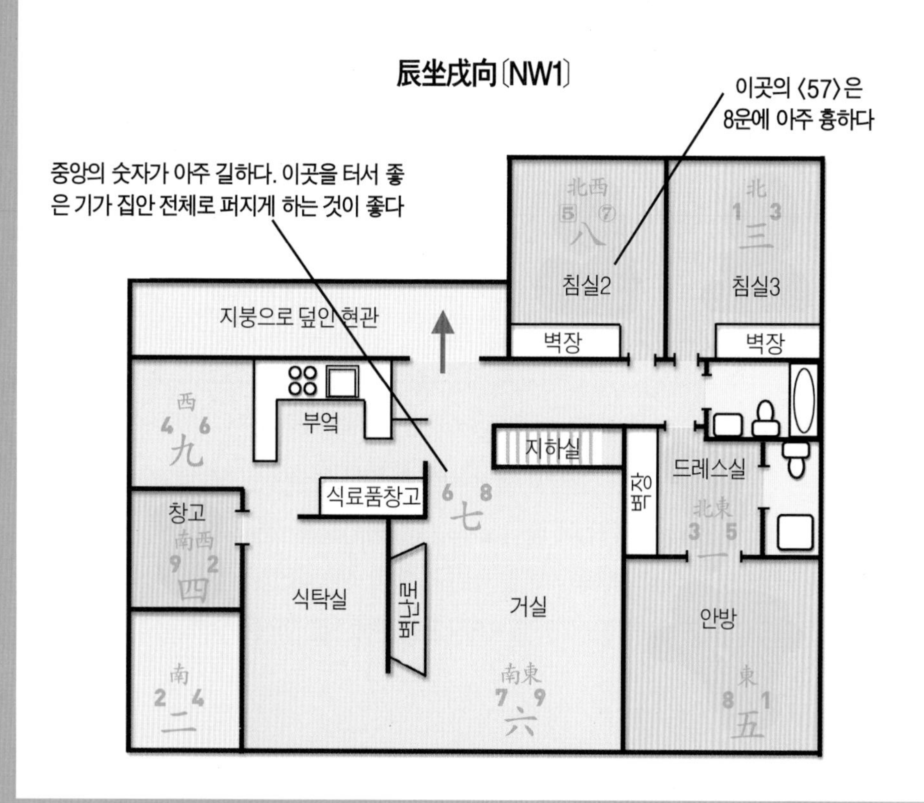

두 운에서의 辰坐戌向〔NW1〕 주택

8운

8운에 辰坐戌向〔NW1〕의 주택은 향궁에 산성〈8〉이 있다. 이는 가족들에게 행운이 되는데, 이곳에 현관은 길한 산성〈8〉을 활성화시키도록 타일과 콘크리트로 만들어야 한다. 중앙 숫자 또한 연속숫자 〈7八9〉의 조합이 되어 길하다.
거실 부근도 〈6七8〉 조합의 혜택을 받는데 향성〈8〉을 포함하고 있다. 거실이 있는 남동쪽에 수족관을 놓으면 가족들의 재물운을 활발하게 해줄 것이다.

주석

이 집이 巽坐乾向/巳坐亥向〔NW2/3〕이라면 향성〈8〉이 향궁으로 오는데, 전방에 물이 있다면 가족들에게 가장 좋다. 그러나 질병을 유발하는 질병성〈2〉가 안방으로 오는데 이는 산성〈9〉로 인해 더욱 악화된다.

그러니 모든 것을 감안할 때 이러한 특별한 경우에는 8운에 辰坐戌向〔NW1〕의 주택이 더 좋다고 보는데, 한편으로 재물 축적면에서는 巽坐乾向/巳坐亥向〔NW2/3〕의 주택이 전방에 향성〈8〉이 있어 좋을 수 있다. 물론 향성〈8〉을 얼마나 효과적으로 활성화시키느냐가 관건이다.

동일한 辰坐戌向〔NW1〕 주택에서의 8운 숫자 분석

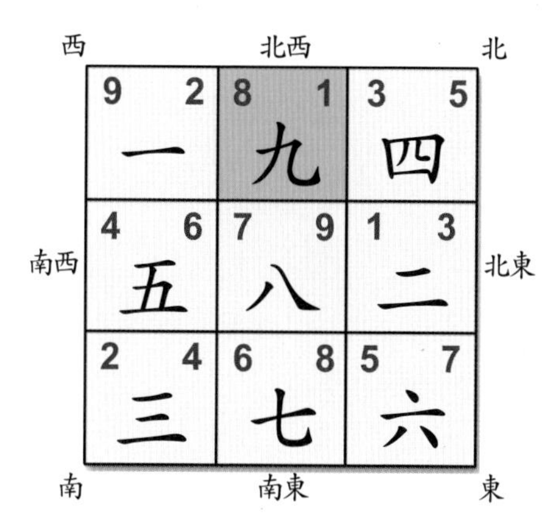

辰坐戌向〔NW1〕

남동향(南東向) 주택

남동향(南東向) 주택은 괘(卦)가 8택(八宅) 풍수상 동사택(東舍宅)에 속하는 사람들에게 좋다. 7운에 남동향 주택은 향궁과 좌궁에 길성〈7〉이 산성과 향성으로 오고 중궁에는 길수 조합인 〈8七6〉이 오는 아주 좋은 좌향이다.

애성반은 24좌향에 따라 구분되는데, 여러분은 집이 戌座辰向〔SE1〕인지, 乾坐巽向〔SE2〕인지, 亥坐巳向〔SE3〕인지를 알아야 한다.

이들 세 개의 좌궁이 왼쪽 나경에 밝은 색으로 표시되어 있다. 乾坐巽向〔SE2〕과 亥坐巳向〔SE3〕의 애성반은 동일하다.

7운과 8운의 애성반

7운과 8운의 애성반 의미는 이미 전 장에서 요약해 놓았다. 8운에 모든 남동향의 주택은 향궁이나 좌궁에 향성과 산성이 〈88〉이 되어 혜택을 본다. 남동향의 8운 애성반에서 이를 잘 보여준다.

주석

乾坐巽向/亥坐巳向〔SE2/3〕을 택하면 더욱 대길한 재물운이 되는데, 이는 가족들이 전방에 있는 향성〈8〉(재물운을 활성화시킴)과 후방에 있는 산성〈8〉(후원과 인정운이 활성화됨)의 좋은 효과를 취할 수 있기 때문이다.

戌坐辰向〔SE1〕 애성반

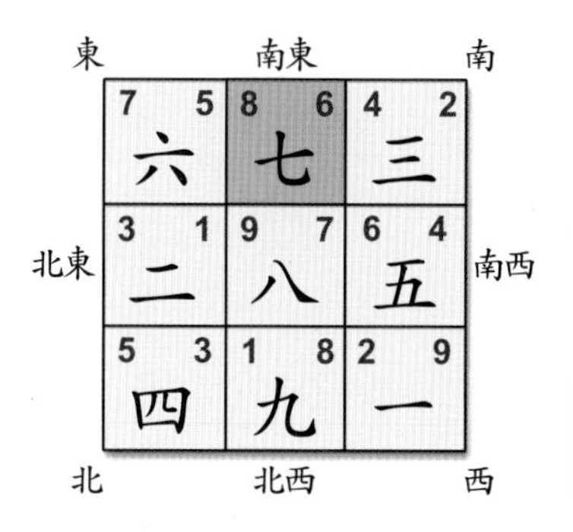

乾坐巽向/亥坐巳向〔SE2/3〕 애성반

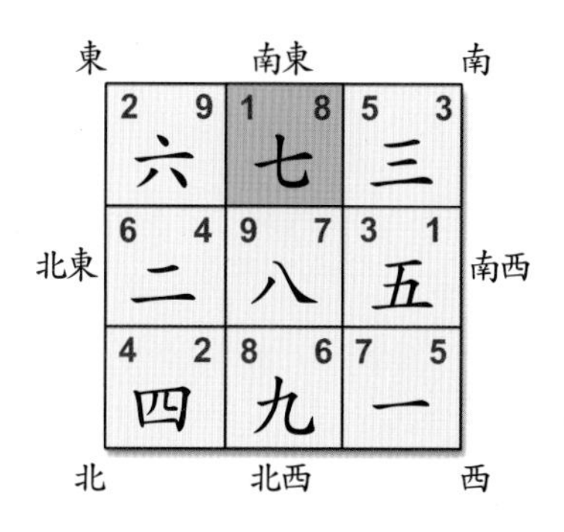

戌坐辰向〔SE1〕에서는 산성〈8〉이 향궁에 있으며 乾坐巽向/亥坐巳向〔SE2/3〕에서는 향성〈8〉이 향궁에 있다. 남동향은 물의 혜택을 보기 때문에 乾坐巽向/亥坐巳向〔SE2/3〕이 더 유리하다. 이곳에 물이 있으면 향성을 활성화시켜 주기 때문이다. 중궁은 연속 숫자 조합 〈7八9〉로써 화합과 성공운을 가져온다. 중앙을 터놓으면 집안 전체로 이 길한 조합의 기를 퍼뜨릴 수 있다. 다른 궁의 숫자들은 특별히 좋지는 않지만 집안의 중앙 부분을 집중적으로 활성화시켜 주면 식구들에게 행운이 될 것이다. 이런 이유만으로도 운을 바꾸어야 한다.

두 운에서의 乾坐巽向/亥坐巳向〔SE2/3〕 주택

7운

7운에서는 향궁의 향성〈5〉가 乾坐巽向/亥坐巳向〔SE2/3〕의 주택에 피해를 준다. 이는 금전적 손실을 초래하며, 앞문을 왼쪽이나 오른쪽〔즉, 남쪽이나 동쪽〕으로 옮기는 것이 더 좋다. 하지만 이 집은 안방이 동쪽에 있고 부엌이 남쪽에 있으므로 그렇게 하기가 힘들다. 따라서 후방의 창고가 있는 곳으로 출입을 하는 것이 좋다.

다행인 것은 이 집은 대길한 연주삼반괘(聯珠三盤卦)의 조합으로 이루어져 있는데, 모든 궁이 성공과 화합운을 가져오는 연속된 일련의 숫자로 되어 있다. 이 조합은 또한 흉성〈5〉와 질병성〈2〉가 가져오는 많은 폐해를 극복할 수 있는 힘을 가지고 있다.

그러나, 이 조합이 활성화되려면 집이 정사각형이나 직사각형 모양으로 되어 있어야 하는데 여기서는 그렇지 못하다. 하지만 뒤쪽에 등불을 밝혀두면 이를 쉽게 '정형화(定形化)'시킬 수 있다.

乾坐巽向/亥坐巳向〔SE2/3〕 주택의 7운 숫자 분석

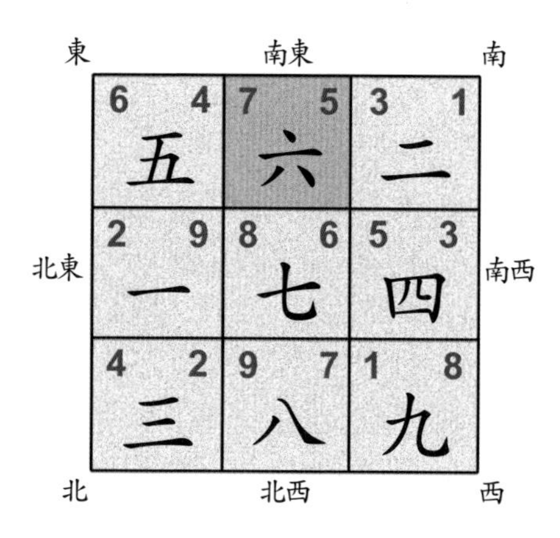

乾坐巽向/亥坐巳向〔SE2/3〕

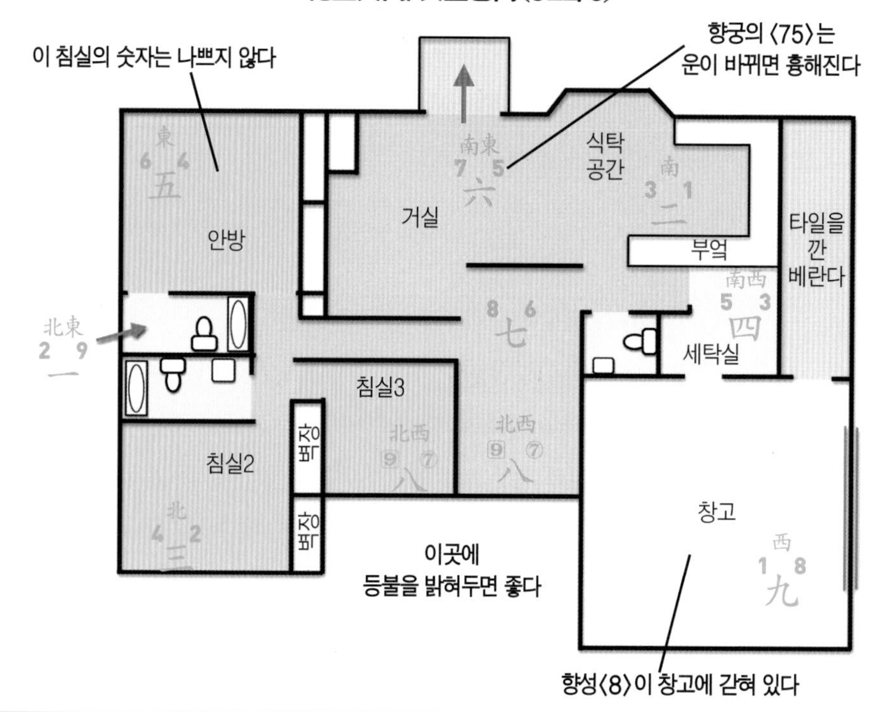

두 운에서의 乾坐巽向/亥坐巳向〔SE2/3〕 주택

8운

이 집이 8운으로 바뀌면 아주 강력한 혜택을 받는다. 왜냐하면 향성과 산성〈8〉이 대단한 재물운과 건강운을 가져다주는 향궁과 좌궁으로 오기 때문이다. 물과 수정체를 적당한 장소에 배치하여 제대로 활성화시켜 주면 특별한 행운을 끌어들인다.

게다가 중궁수 〈9八7〉까지도 좋으므로 전방에 향성〈8〉이 있는 乾坐巽向/亥坐巳向〔SE2/3〕의 이러한 집은 그래서 8운으로 바꾸는 것이 좋다. 향성을 활성화시켜 주면 재물과 번창운을 가져오므로 집 앞에 연못을 만들어 활성화시켜라.

주석

이 집이 戌坐辰向〔SE1〕이라면 산성〈8〉이 전방으로 오므로 앞에 연못을 파면 치명적이다. 길한 산성〈8〉이 물 속으로 빠지기 때문이다. 길성인 산성이 구덩이나 물 속에 빠질 때마다 거주자들은 많은 인정(人丁) 문제를 겪게 된다. 많은 사람들과의 인간관계가 부드럽지 못하고 영원한 적이 될 수 있다. 따라서 물로 활성화시킬 때 향방(向方)을 정확히 하는 것이 아주 중요하다.

동일한 乾坐巽向/亥坐巳向〔SE2/3〕 주택에서의 8운 숫자 분석

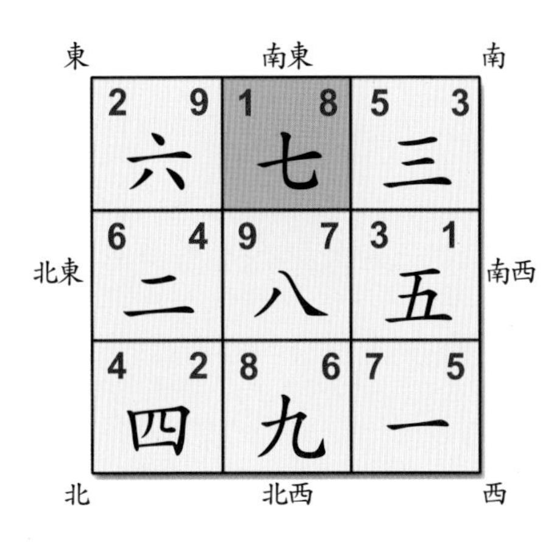

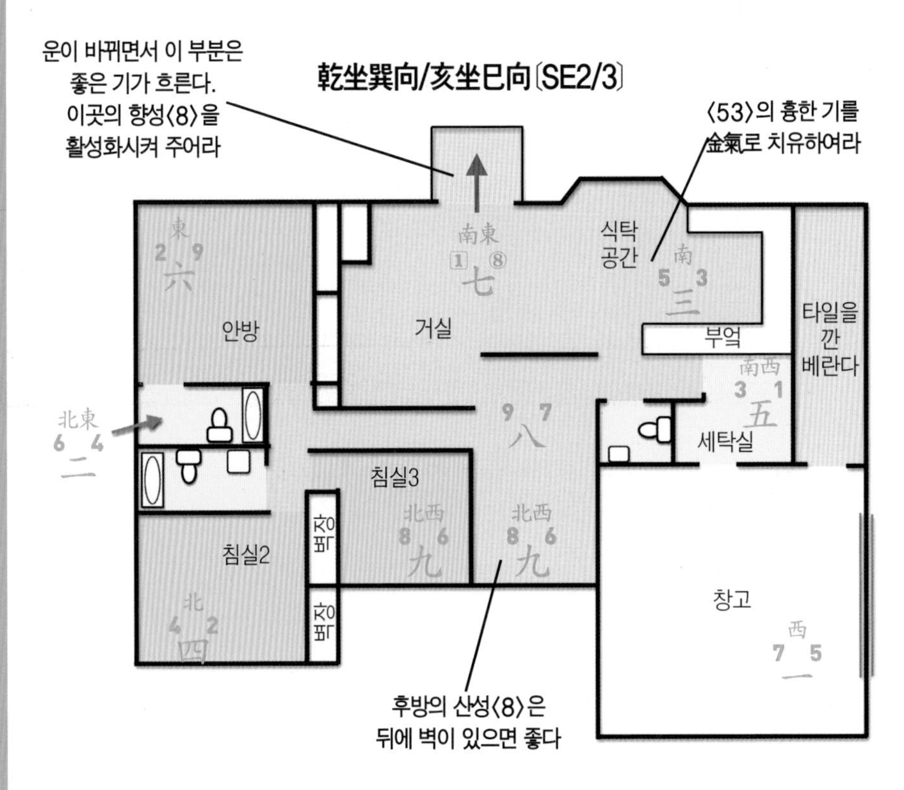

Activating Auspicious Water Stars For Wealth

재물운(財物運)! 향성(向星)의 작용

05

물은 재물을 가져온다

현공풍수를 주목하지 않을 수 없는 이유 중 하나는 재물운을 활성화시키기 위해 물을 사용하는 특별한 방법을 제공해 준다는 것이다. 이 방법은 집 안에서는 물론 집 밖의 정원, 특히 식구들이 주로 활동하는 거실에서 길한 향성을 활성화시켜 주는 것이다. 행운성이 어디로 오는지를 정확히 알려면 시간의 규칙을 고려해야 하는데, 이는 재물궁을 포함한 모든 궁의 운이 시간에 따라 변하기 때문이다. 이들 궁을 활성화시켜 주려면 풀장, 연못, 폭포 같이 물이 있는 구조물을 만들어야 한다.

홍콩의 한 저명한 도교(道敎) 풍수가는 필자에게 말하기를, "돈을 벌기 위해 풍수를 적용하려면 당신의 집이나 자신에서 돈이 모이는 곳을 찾을 줄 알아야 한다. 그런 다음 거기에 수상(水象)을 만들어야 하는데 멋진 수영장이면 아주 좋다."라며 현공풍수에 기초한 물 풍수가 재물운을 향상시키는 데 엄청난 위력이 있다고 강조하였다.

그는 설명하기를, 재물운에 대한 여러 가지의 풍수이론이 있지만 애성반상의 재물성(財物星)인 향성(向星)〔향궁의 별〕을 활성화시키는 풍수이론이 가장 신뢰할 만하다고 하였다. 길한 향성이 있는 곳에 적합한 양수상(陽水象)을 세워놓으면 돈이 들어오기 시작할 것이다. 7운과 8운의 어느 건물에서나 재물이 있는 곳은 향성〈8〉이 위치하는 곳이다.

물이 집 쪽을 향하여 흐르게 해야지 집에서 밖을 향해 나가는 물이면 안 된다

향성(向星)

여러분이 집에 딱 맞는 정확한 애성반을 고를 줄 알면 집 전체에서 재물궁이 어디인지를 찾을 수 있을 것이다. 향성은 건물의 재물운을 나타내준다. 향성이 길수면 그것이 활성화될 때 해당 궁뿐만 아니라 가족 모두에게 대단한 재물운을 가져다 준다.

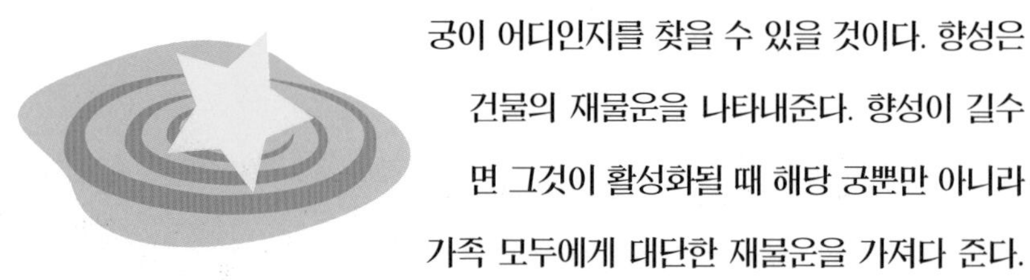

그리고 흉수가 와서 그것들이 알게 모르게 활성화될 때는 마찬가지로 모든 식구들에게 손재를 유발한다. 그러므로 물이 항상 정확한 위치에 있어야 하는 이유이며, 정확하지 않은 위치로 인해 향성이 흉수로 오면 위험해진다. 더 나쁜 것은 향성이 다른 길성들까지도 해치는 궁에 있을 때이다.

길한 향성이 이궁(離宮)에 있을 경우

향성〈8〉이 남쪽〔離宮〕에 올 때 이곳에 물이 있으면 이궁(離宮)의 오행인 火와 상충하게 된다. 이는 전통 풍수이론을 무시하는 것처럼 보이는데, 다른 풍수이론에서는 물이 이궁(離宮)에 있으면 명성(名聲)에 영향을 끼치고 인정운을 깎아 버린다고 하기 때문이다. 그래서 향성〈8〉이 이궁(離宮)에 오면 진짜 곤란하게 된다. 그러나 풍수 전문가들에게 이것은 문제가 되지 않는다. 그들의 오행지식으로 이것을 효과적으로 해결할 수 있기 때문이다. 즉, 향성〈8〉이 이궁(離宮)에 오면 물과 불이 효과적으로 결합하여 강력한 힘〔steam〕을 만들어낸다고 주장한다.

흉한 향성이 감궁(坎宮), 진궁(震宮), 손궁(巽宮)에 있을 경우

이들 세 궁은 감궁(坎宮)이 水의 방향이고, 진궁(震宮)과 손궁(巽宮)은 水의 생(生)을 받는 木의 방향으로 항상 물의 혜택을 받는다. 따라서 전통 풍수이론에 따르면, 이들 궁에 물이 있으면 가족들에게 항상 유익하다고 한다. 왜냐하면 풍수의 팔괘 이론상 재물을 상징하는 이들 궁의 방위, 특히 남동〔巽宮〕 쪽에 물이 있으면 유익하기 때문이다.

그렇다면 이들 궁에 향성이 흉수인 〈2〉〈3〉〈5〉로 오면 어떻게 되겠는가? 거기에 물이 있다면 흉성의 향성을 작동시켜 가족들에게 불운을 초래할 것인가? 이는 토성(土星)인 〈2〉와 〈5〉에는 그다지 적용되지 않지만 목성(木星)인 적성(賊星)〈3〉을 강화시킨다. 즉, 향성이 흉수로 올 때는 이곳에 물, 특히 대형 수영장, 폭포, 분수대 같은 물의 상징물을 두지 않도록 함으로써 풍수이론을 융통성 있게 적용하는 것이 더 좋다는 의미이다.

태양열이 물을 증발시켜 비를 몰고 오는 구름을 형성하는 것처럼, 남쪽〔離宮〕에 물이 있고 길한 향성이 남쪽〔離宮〕으로 오면 권력운과 재물운을 끌어들인다. 길성〈8〉이 향성으로 올 때 그러한데, 7운의 午坐子向/丁坐癸向〔N2/3〕과 艮坐坤向/寅坐申向〔SW2/3〕의 주택 그리고 8운의 午坐子向/丁坐癸向〔N2/3〕과 子坐午向/癸坐丁向〔N2/3〕의 주택이 이에 해당된다. 이 집들은 강력한 재물운을 활성화시킬 기회가 되는데, 오행을 더 깊이 이해한다면 길한 비성(飛星)이 남쪽〔離宮〕으로 날아들 때 자신 있게 남쪽〔離宮〕에 있는 물을 활성화시킬 수 있을 것이다.

숫자 〈8〉

현공풍수에서 숫자 〈8〉은 백수성(白水星) 중 가장 강력한 것으로 가장 좋은 숫자이며 토성(土星) 중 가장 강력한 숫자이기도 하다. 8운에 이 숫자의 운은 수없이 많으며 2004년에서 2024년까지를 지배하는 수로써 20년 동안 〈8〉은 아주 특별한 수이다. 7운에, 나아가 8운에도 주택이나 건물에 물이 있으면 가장 좋은 곳은 향성으로 〈8〉이 오는 궁이다.

숫자 〈8〉이 그렇게 좋은 이유는 무엇인가?

1 **첫째**, 〈8〉은 길수로 여겨지는 3백수(白數) 중〔나머지는 〈1〉과 〈6〉〕의 하나이다. 실제로 〈8〉은 셋 중에서도 하원(下元) 180년의 기간 동안 가장 강력하다.

2 **둘째**, 〈8〉은 세 개의 토성(土星) 중 하나이기도 한데, 나머지 둘은 〈5〉와 〈2〉이다. 〈5〉와 〈2〉가 결합하면 부모삼반괘(父母三盤卦)라는 조합이 형성되어 아주 길하게 된다. 또한 〈8〉은 산(山)을 상징하는데, 이것은 준비의 시간을 의미한다. 산은 땅의 보물로 가득 차 있다. 〈8〉

의 방위는 간궁(艮宮)으로 토궁(土宮)인데, 풍수는 땅의 운과 관련이 있으므로 〈8〉은 아주 중요시 된다.

3 **셋째**, 8운에 〈8〉은 바로 운반수가 되어 풍수용어로 '소양(少陽)' 이라는 새로운 기운을 취하게 된다. 이는 〈8〉이 팽창과 성장의 힘을 갖고 있다는 의미이다. 운반수로서의 〈8〉은 엄청난 활력과 힘을 갖는다고 한다. 다른 숫자들은 2004년에서 2024년 동안 〈8〉만큼 양기(陽氣)의 위력이 없다. 따라서 〈8〉이 산성이나 향성으로 오던지, 어느 궁에나 연명성이나 월명성으로 오면 그 궁에 새로운 기운과 행운을 가져온다.

한편 〈8〉은 많은 옛날 그림에 나오듯이 특별한 힘을 갖고 있다고 믿는 신비스러운 상징의 하나인 무한대(無限大) 표시의 모양이기도 한데, 오른쪽 그림은 멋진 수정과 금으로 된 무한대의 8자상(字象)을 보여준다.

향성〈8〉 활성화시키기

어느 주택이나 건물에서든 재물운을 활성화시키는 가장 중요한 방법 중의 하나는 애성〈8〉이 당도하는 궁의 기운을 북돋아주는 것이다. 그 궁의 위치는 집의 운에 따라 좌우되는데, 향성〈8〉은 운에 따라 그 위치가 바뀌기 때문이다. 그것은 또한 주택의 좌향에 따라 좌우되기도 한다. 향성의 위치를 정하고 그것을 정확하게 활성화시키면 재물운이 뿌리를 내리고 꽃을 피울 것이다.

어느 건물에서나 향성〈8〉을 활성화시킬 때 고려해야 할 몇 가지 요소가 있다. 정원이 딸린 토지에서 사는 사람들은 정원 밖에 커다란 수상(水象)을 만들어 향성〈8〉을 활성화시키는 것이 좋은데, 깊이 파서 맑고 깨끗한 물로 채우면 된다.

또한 집 안에서도 향성〈8〉을 활성화시킬 수 있는데, (필자처럼) 욕심이 많은 사람들은 여럿이 함께 생활하는 공간인 TV룸은 물론이고 가족이 함께 하는 거실과 식탁 공간 등의 장소를 향성〈8〉이 있는 곳에 두면 좋다. 아파트에 사는 사람들은 자기 집 안에서 향성〈8〉을 활성화시킬 수밖에 없다. 커다란 조망(眺望) 창이 있는 파티오(patio)나 발코니에 향성〈8〉이 위치하면 향성〈8〉이 더 큰 위력을 발휘한다.

마찬가지로 향성〈8〉이 집의 앞쪽 즉, 향궁이나 향궁 옆으로 오면 두 배로 좋다. 수상(水象)을 만들 때에는 대문의 오른편〔안에서 밖을 볼 때〕에 두지 않도록 하여라. 대문의 오른쪽에 물이 있으면 남편이 바람을 피울 수 있다.

집안 전체적으로나 집안의 각 방에서 향성〈8〉을 활성화시키면 집안의 소태기(小太氣)와 대태기(大太氣)를 활성화시키게 된다. 필자는 때때로 소태기(小太氣)만 활성화시켜도 수입을 증가시킬 수 있다는 것을 알게 되었다. 하지만 침실, 부엌, 창고가 따로 떨어져 있어야 하는 것도 중요하다. 이런 곳에 물이 있으면 문제를 일으키게 되므로 물로 활성화시키려면 정원, 거실, 식탁 공간에 초점을 맞추는 것이 가장 좋다.

수선화 같은 양수상(陽水象)은 집 밖에서 향성을 생(生)해 준다

수영장

수영장은 재물운을 활성화시키기에 아주 좋다. 집에 미학적인 가치를 주는 것 이외에도 이러한 큼직한 물의 형상은 부(富)를 증가시켜 주는 강력한 촉진제가 될 수 있다. 하지만 수영장은 정확한 위치에 있어야 하며 효과적으로 활용하기 위해서는 중요한 내용을 알아야 한다. 여러분이 정원에 수영장을 만들려면, 특히 풍수적인 관점에서라면 몇 가지 고려해야 할 수영장의 기준이 있다.

반드시 재물운을 가져오게 될 수영장이나 연못의 위치를 어디에 두어야 할 것인지를 확인하여야 한다. 여기 몇 가지 지켜야 할 기본원칙들을 제시한다.

1. 수영장은 대개 땅을 파서 만드는데, 애성반상으로 그곳에 길한 산성이 오게 해서는 절대 안 된다. 만약 길한 산성이 구덩이/물 속에 '빠지게' 되면 가족들에게 엄청난 손실을 초래할 수 있다.

2. 연못이나 수영장의 모양은 그리 중요하지 않지만 불규칙한 모양보다는 정방형의 모양이 좋으며, 독화살을 만드는 뾰쪽한 모서리보다는 곡선 형태가 더 좋다.

3. 연못에 물을 뿜어대는 '분수대'와 거품 형태의 분출구가 있다면 분출되는 물이 안쪽을 향하도록 하고 밖을 향하지 않도록 하여라.

4. 수영장은 향성〈8〉이 있는 곳에 있어야 가장 좋다. 거기가 연못과 수영장의 위치로 가장 좋다. 하지만 수영장은 오행 이론상 북쪽〔坎宮〕, 동쪽〔震宮〕, 남동쪽〔巽宮〕에 있을 때에도 길하게 작용한다.

5. 여러분의 집이 8운으로 바뀐다면 남서쪽〔坤宮〕에 수영장이나 연못이 있어도 아주 좋다. 이것을 건물의 간접기운이라고 하는 것이다. 건물의 중

앙에서 좌향을 측정하여라. 물로 집안의 간접기운을 활성화시켜도 아주 길하다고 한다.

6 수영장은 항상 집의 뒤쪽에 있는 것보다 앞쪽에 위치하는 것이 좋다. 하지만 다음 그림의 8운 주택에서처럼 향성〈8〉이 뒤쪽에 있으면 수영장이 뒤에 있어도 좋다. 많은 8운의 애성반에서 같은 궁에 산성과 향성이 함께 '〈88〉' 로 있는 것을 보았을 것이다. 그런 경우 여러분은 향성과 산성〈8〉을 활성화시킬 것인지 말 것인지를 결정해야 한다. 여기 예시한 집의 경우 전반적인 배치로 볼 때 집의 뒤쪽에 수영장을 만드는 것이 합당하다고 보여진다. 이곳에 직사각형의 수영장을 만들면 오행상 목(木)의 형태가 된다. 화방(火方)인 남쪽〔離宮〕에 위치하게 되므로 이곳의 수영장 모양은 방위와 조화를 이룬다.

7 풍수상의 이유로 수영장을 만들 때 가까이에 문이나 커다란 창문같이 집으로 들어가는 공간이 있어야 한다. 그래야 생성된 재운(財運)의 기가 집안으로 들어갈 수 있다. 수영장이 벽을 향하고 있으면 생성된 기가 소멸된다.

마지막으로, 수영장은 그야말로 항상 청결을 유지해야 하며 항상 움직여줘야 한다. 절대로 대형 수영장의 물을 움직이지 않게 방치하거나 더러워지게 하면 안 된다. 설령 어떤 이유로 수영장을 사용하지 않으려 한다

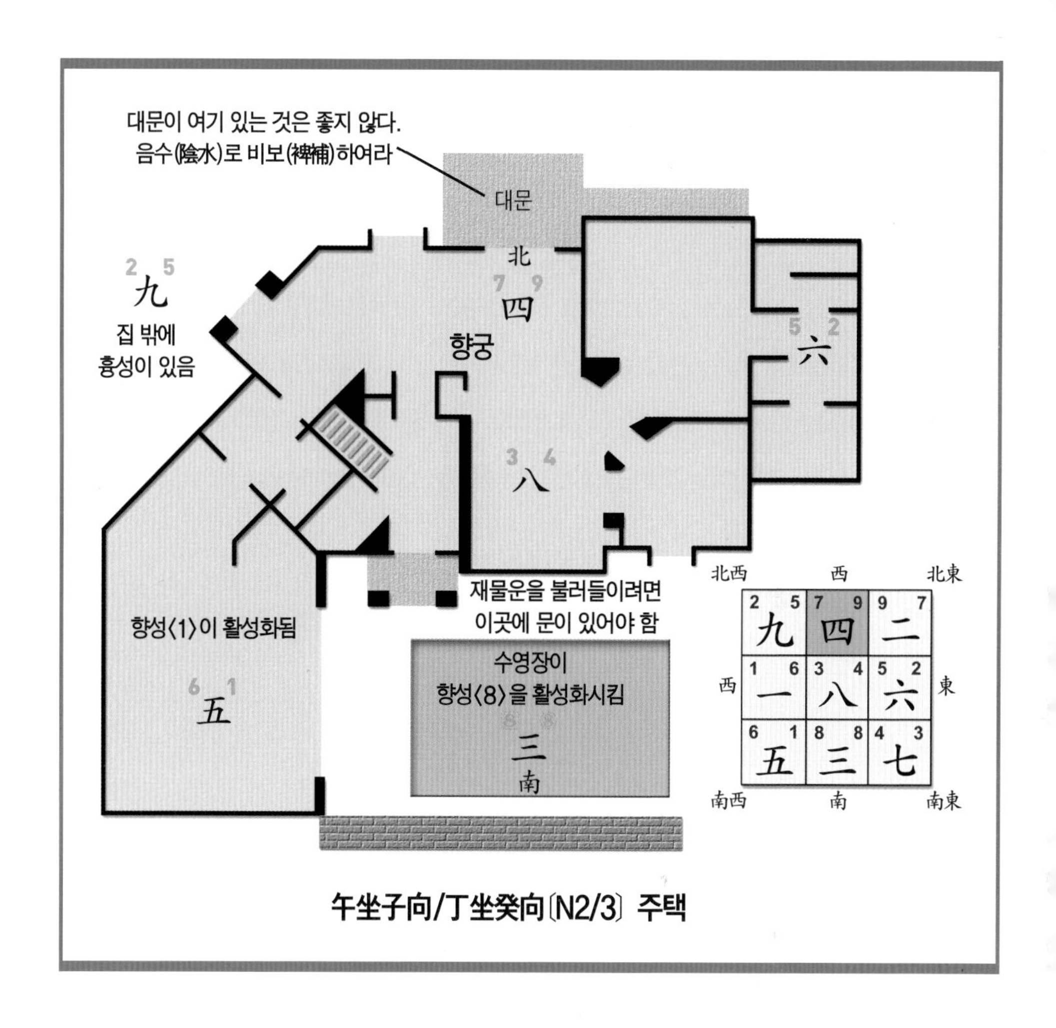

午坐子向/丁坐癸向〔N2/3〕 주택

면 수영장을 폐쇄해야만 한다. 수영장에 물도 없이 땅 속에 마른 채로 있으면 풍수상으로 나쁘다. 관리를 안 하여 물이 더러워져도 마찬가지로 나쁘다. 어느 경우든 운을 추락하게 한다.

물의 흐름

여러분이 집으로 길수(吉水)를 끌어들이는 인공폭포를 만들 수 있다면, 재물운을 생성하는 가히 놀랄 정도로 강력한 방법이 되는데, 이는 가족 모두 심지어는 파출부와 종업원 등 함께 사는 사람들에게까지도 혜택을 준다. 폭포를 만든다는 것은 물을 흐르게 한다는 의미이며 수상(水象)과는 경우가 다르다.

수상(水象)이 부(富)의 몸통이라면 흐르는 물은 수입(收入)의 흐름을 의미한다. 좋은 풍수의 목적은 가정의 재산을 보호하는 것이며, 이는 해가 지나면서 더해 간다. 이런 방식의 풍수는 대개 수영장 같은 물의 몸통을 통해서 혜택을 받는다. 물의 흐름은 계속되는 수입의 흐름을 의미하며, 이는 대개 지속적인 이익의 창출이나 봉급과 같이 꾸준히 들어오는 수입을 의미한다.

집 주변에 흐르는 물을 만들 때 물이 안쪽으로 흐르도록 하는 것이 중요하며, 물이 대문을 지나가도록 하는 것이 좋다. 따라서 정원에 폭포를 만들려면 물이 정확하게 앞문을 통과하도록 하여야 하고, 집에서 빠져나가는 것이 보이도록 해서는 안 된다. 즉, 폭포는 흐르는 물의 형상이며 수영장이나 연못과는 다르다. 그러나 집 안이나 가까이 또는 주변에 '흐르는 물'이 있거나, 인공폭포를 만들려고 한다면 현공풍수 기법보다는『황제택경(黃帝宅經)』을 참조하여 물의 흐름을 좋게 하는 것이 바람직하다.

흐르는 물은 참으로 많은 행운을 가져다 줄 수 있지만 흐름의 방향을 정확하게 하는 것이 매우 어렵다. 필자는 물의 이론에 맞춰 정원에 수룡(水龍)을 만들 때 어려움에 봉착하는 예를 많이 보아왔다.

재물궁을 강화하기 위해 폭포를 만들려면 물이 집 안쪽으로 흐르게 해야 하며 밖으로 빠져나가게 해서는 안 된다.

그래서 자기 영역 내에 폭포를 만들려고 하는 사람은 조심스럽게 하라고 충고한다. 그러나 인공폭포가 이미 역내(域內)에 있고 향성〈8〉이 있는 지점에 정확히 연못이 있다면 그때는 정말로 엄청나고 특별한 행운이 된다.

물이 대문을 통과해야 길하다는 사실을 명심하여라.

대문이 동, 서, 남, 북의 기본방위를 향하고 있으면 물이 왼쪽에서 오른쪽으로 대문을 통과하도록 하여라.

대문이 북서, 남서, 남동, 북동쪽으로 향하고 있으면 물이 오른쪽에서 왼쪽으로 대문을 통과하도록 하여라.

장식용 연못

풍수적인 관점에서 볼 때 아마도 재물운을 강화시키는 가장 효과적인 방법은 향성〈8〉이 위치하는 정원의 한 구석에 장식용 연못을 만드는 것이다. 연못은 작지도 크지도 않은 적당한 규모가 가장 좋으며, 싱싱하게 자라는 수생(水生)식물을 심거나 구피처럼 알록달록하고 튼튼한 관상용 물고기를 키우면 좋다. 금붕어라면 더 좋다.

잉어나 여타 포식성(飽食性) 물고기를 키우면 물고기가 갉아먹기 때문에 연못에 식물을 키울 수 없다. 어떤 수상(水象)으로 할 것인지는 여러분의 자유이지만 정원에 다양한 수상(水象)을 만들어 놓는다는 것은 좋은 생각이다. 물이 고여 있지 않도록 조그만 펌프를 달아 놓고, 또 물고기가 건강해지도록 물 속에 산소를 공급해 주어라. 원한다면 순결을 상징하는 수선화나 연꽃을 심을 수도 있다. 연(蓮) 또한 매우 특별나게 길한 꽃인데, 꽃이 필 때마다 아주 좋은 인연의 기를 끌어들인다.

자라나 거북이가 있는 연못은 북쪽〔坎方〕에 있으면 특별히 길하다. 이쪽에 거북이의 이미지나 형상이 있으면 수호(守護)의 기를 활성화시킨다. 이 조물(造物)은 매우 강력한 것으로 생물(生物)이면 가장 좋다. 생물은 생동감이 있고 이미 양기(陽氣)를 많이 함축하고 있기 때문이다.

수선화가 있는 연못은 경관이 멋지다. 물을 항상 깨끗하게 하여라

강과 호수

여러분이 운 좋게도 채광으로 생긴 연못이나 천연 호수 같이 자연적으로 물이 고인 곳을 바라보는 땅에서 산다면, 집의 운을 위해 가까이에 있는 천연수를 이용하도록 정말로 노력하여야 한다. 물이 천천히 흐르는 강 옆에서 살아도 마찬가지다. 이러한 천연수를 여러분의 주택 풍수에 적용하는 출발점으로 삼아라. 여러분은 물을 최적으로 활용할 수 있는 집의 좌향을 취하기 위하여 애성반을 활용해야 한다.

집을 8운으로 바꾸기 위해 어떻게 변화를 줄 것인지를 결정하기 전에 8운의 애성반을 잘 검토해 보아라. 새로 집을 짓는다면 가까이 있는 물의 재물 기운을 '취할' 수 있도록 설계할 수 있기 때문에 더욱 쉽겠지만 방법은 여러 가지가 있다.

호수나 연못이 집의 앞이나 뒤 또는 옆쪽 어디에 있든 상관이 없다. 나경을 사용하여 집의 방위를 측정하기만 하면 호수의 방향에 향성 〈8〉이 있는 애성반을 찾을 수 있다.

집의 방위에 맞는 애성반을 찾았을 때 호수로부터 물의 기운을 취할 수 있게 하려면, 물을 이용할 수 있도록 집의 방향을 미세(微細) 조정해야 한다.

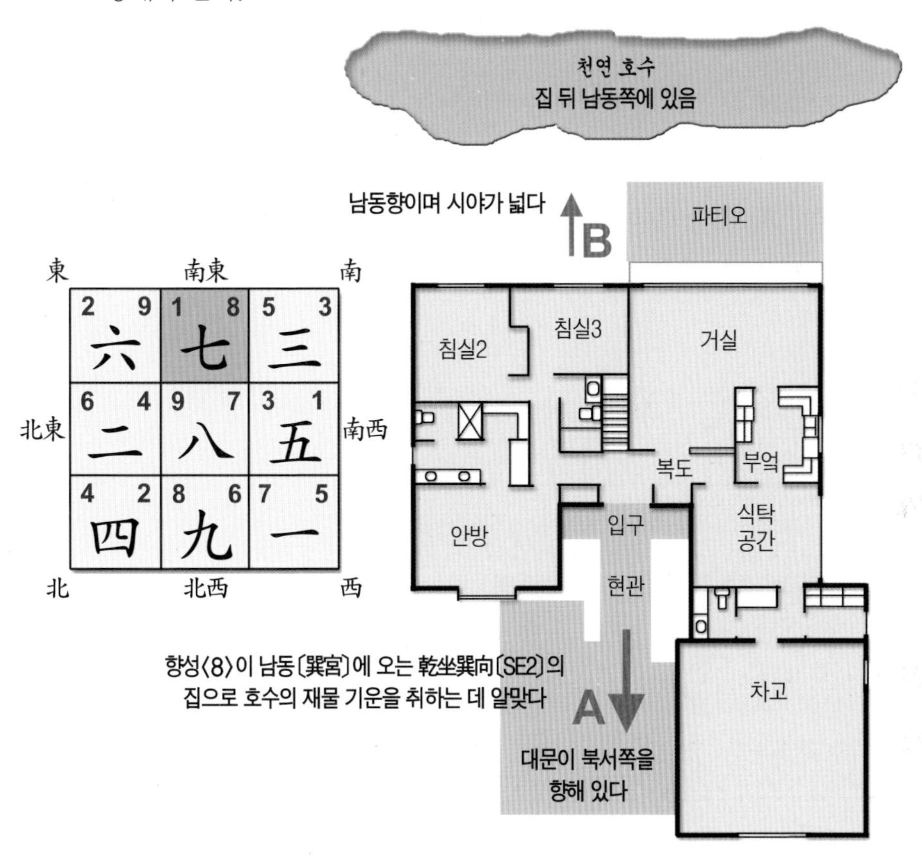

위 그림의 예에서 보듯이 집의 방향이 남동쪽을 향하고 있으면 戌坐辰向〔SE1〕보다는 乾坐巽向〔SE2〕으로 좌향(坐向)을 잡아야 손궁(巽宮)에 향성〈8〉이 오게 된다. 현공풍수에서 애성반을 결정하는 것은 대문의 방향이 아니라 집의 향방(向方)이라는 사실을 명심하여라.

강(江)의 기(氣) 취하기

조경, 산, 강 등을 다룬 풍수서적에서는 항상 집을 강 근처에 지을 것을 권장하는데, 강의 기를 잘 취하면 대단히 좋게 된다. 책에서는 강(또는 물)이 "집을 환포(環抱)"해야 한다고 주장한다. 또한 집 앞으로 흐르는 물길이 뒤로 흐르는 물길보다 더 좋은데, 후자는 기회상실을 의미하기 때문이다.

언제나 집 앞으로 강물이 흐르는 것이 가장 좋다. 그러나 강 쪽으로 트인 공간, 즉 문이나 창이 있어야 한다. 그래야만 좋은 기가 집으로 들어온다. 창이나 문은 최소한 낮 동안만이라도 열어놓아야 한다.

여러분의 집이 흐르는 강물의 재물 기운을 취할 수 있는 형국인지를 알려면 8운의 애성반을 사용하는 것도 좋은 방법이다. 여기 보여주는 예는 未坐丑向(NE1)의 집으로, 8운의 애성반에서 향성〈8〉이 향궁에 있다. 그러니 강은 대길한 것이 된다. 또한 강은 우(右)에서 좌(左)로 흐르는데 문의 향방이 북동쪽(艮宮)이어서 역시 좋다.

주석

이 집이 坤坐艮向/申坐寅向(NE2/3)이라면 향성〈8〉이 좌궁에 오고 산성〈8〉이 향궁에 온다. 그러면 강물은 불행을 초래하는데 길성의 산성〈8〉이 강 속으로 "빠지기" 때문이다.

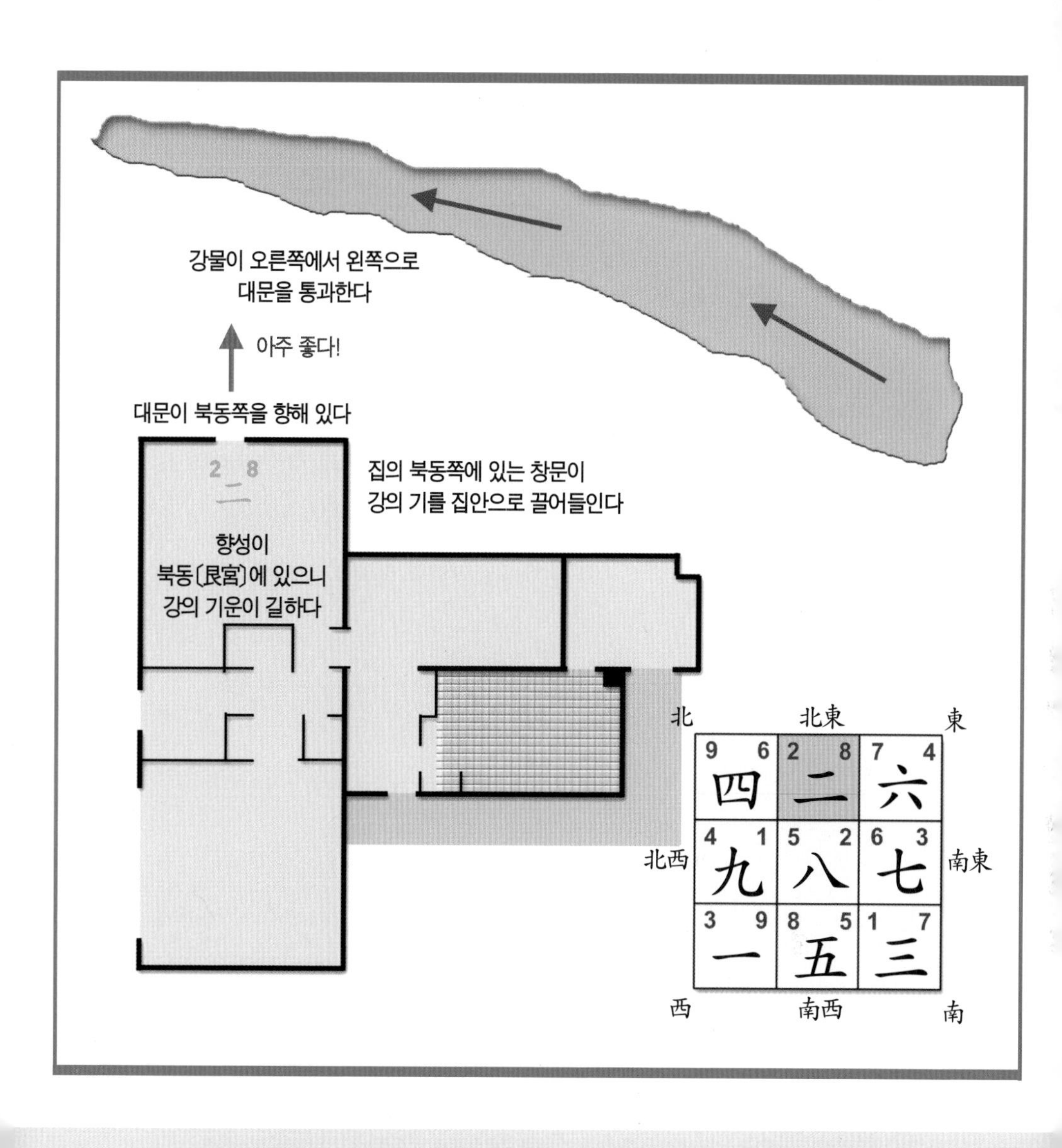

좌향을 정확하게 잡는 것이 얼마나 중요한지를 보아라. 애성반은 물론 나아가 향성〈8〉의 위치가 달라진다.

인공 폭포

여기서는 집안의 재물운을 증강시키기 위해 정원에 조그만 폭포를 만들 때 애성반을 어떻게 사용할 것인지에 대한 예인데, 庚坐甲向〔E1〕 집의 8운 애성반을 보여주고 있다. 전방인 향궁에 길성〈88〉이 오므로 향성과 산성이 모두 길하다. 〈88〉이 집의 앞쪽에 있으므로 물을 사용하여 재물운을 활성화시키면 좋다. 그리고 만드는 과정에서 산성〈8〉을 망가뜨리지 않는 것이 좋기 때문에 연못을 파는 것보다는 폭포를 만들 것을 권장한다.

애성반에서 〈88〉이 올 때 산성과 향성을 모두 '활성화시키는' 방법은 조그만 폭포를 만드는 것이다. 〈88〉이 향궁이나 좌궁의 어디에 있는가에 따라 집의 뒤쪽이나 앞쪽에 만들어라. 폭포는 물의 존재와 산의 형상을 동시에 나타내준다.

이러한 방법으로 〈88〉을 확실하게 활성화시키면 가족들에게 엄청난 행운을 가져온다는 사실을 명심하여라. 〈88〉이 나타나는 8운의 다른 애성반들도 잘 살펴보아라.

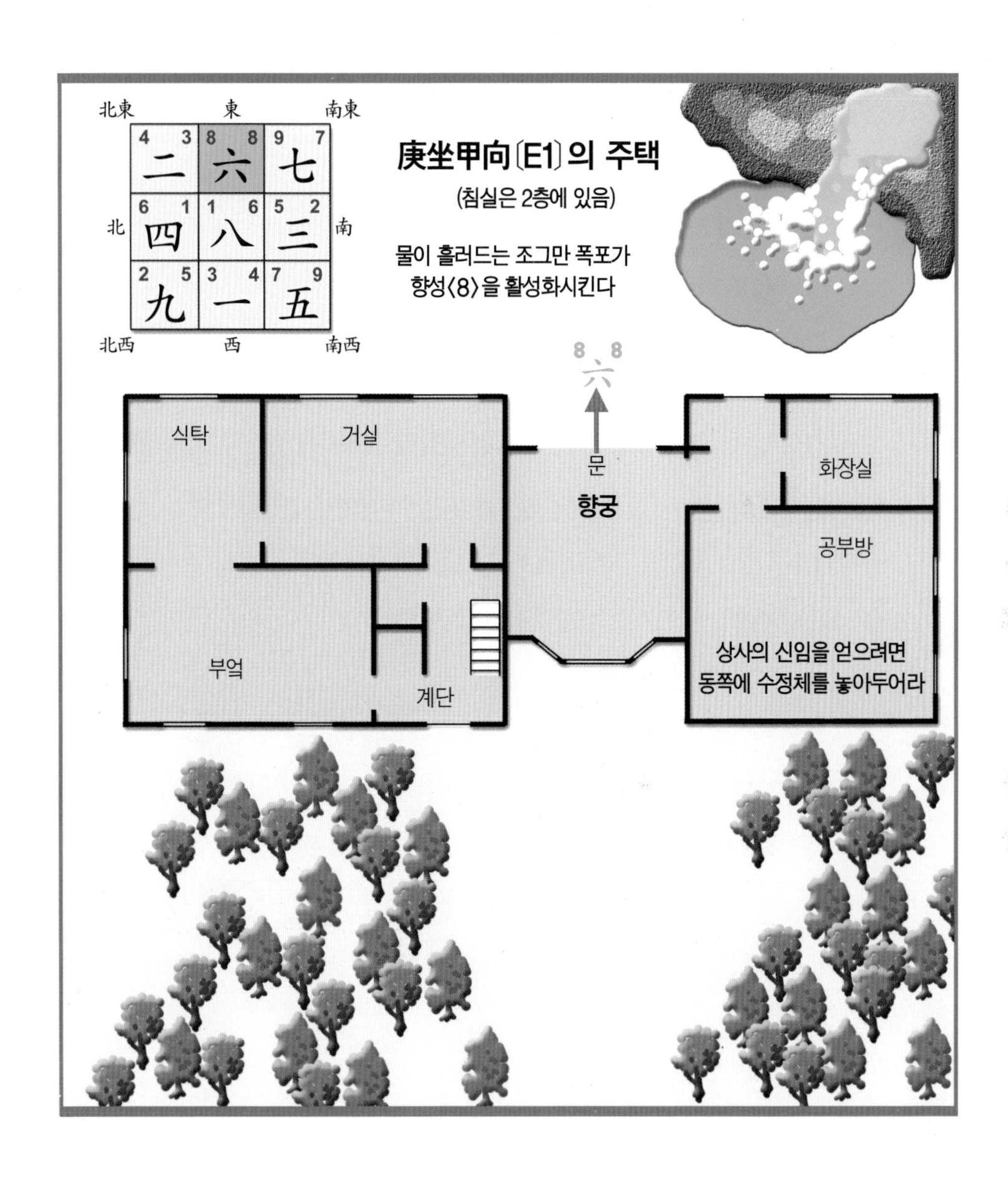
北東
東
南東
4 3 二
8 8 六
9 7 七
北
6 1 四
1 6 八
5 2 三
南
2 5 九
3 4 一
7 9 五
北西
西
南西
庚坐甲向〔E1〕의 주택
(침실은 2층에 있음)
물이 흘러드는 조그만 폭포가
향성〈8〉을 활성화시킨다
8 8 六
식탁
거실
문
향궁
화장실
공부방
부엌
계단
상사의 신임을 얻으려면
동쪽에 수정체를 놓아두어라

좌궁(坐宮)의 〈88〉

이것은 집의 좌궁에 산성과 향성으로 〈88〉이 오는 예로써 壬坐丙向〔S1〕의 8운 애성반이다.

표는 뒤에 있는 연못으로부터 재물운의 혜택을 받는 집에 애성반을 적용한 것을 보여준다. 하지만 이 연못은 그곳에 있는 산성〈8〉을 '죽인다'. 따라서 이 집에 사는 사람들은 재물운은 좋을지라도 인정운과 건강운은 나쁜 영향을 받는다. 왜냐하면 산성〈8〉이 연못에 빠지기 때문이다. 만약 뒤쪽에 연못 대신 인공 폭포를 만든다면 산성과 향성〈8〉이 모두 길하게 된다. 여기 있는 산성을 활성화시키는 한 가지 방법은 뒤쪽에 인공 '山'〔예를 들면 벽〕을 만드는 것이다. 향성과 산성의 운을 받으려면 거기에 문이나 창이 있어야 한다. 또한 향궁에 조그만 물 항아리를 놓아 거기 있는 〈97〉을 통제해야 한다.

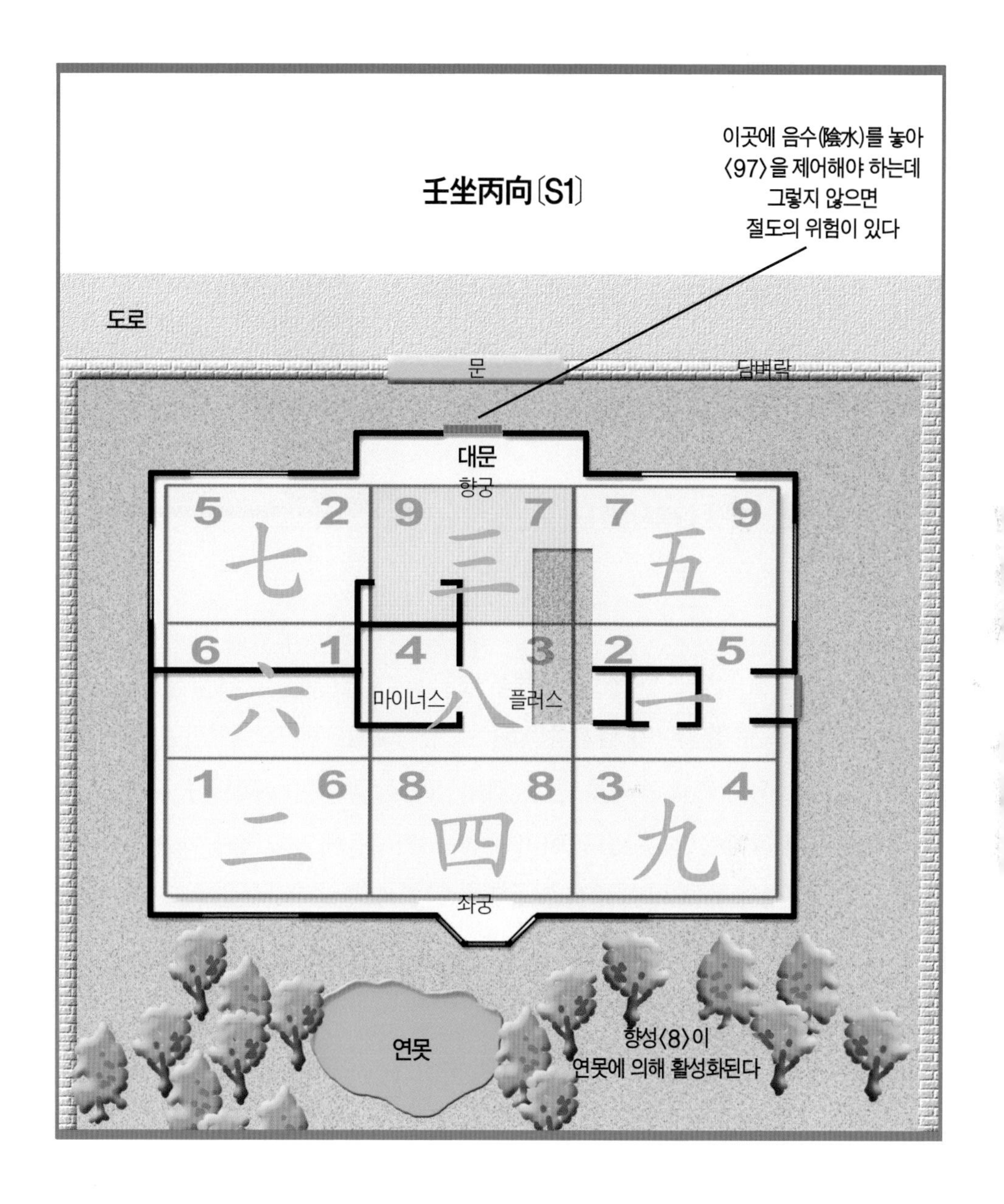

壬坐丙向〔S1〕
이곳에 음수(陰水)를 놓아
〈97〉을 제어해야 하는데
그렇지 않으면
절도의 위험이 있다
도로
문
담벼락
대문
향궁
5 2 七
9 7 三
7 9 五
6 1 六
4 3 八
마이너스
플러스
2 5 一
1 6 二
8 8 四
3 4 九
좌궁
연못
향성〈8〉이
연못에 의해 활성화된다

향성(向星)〈8〉과 산성(山星)〈5〉

이번에는 향성이 길성〈8〉이고 집의 후방인 좌궁에 흉한 산성〈5〉가 있는 애성반의 예이다. 그림에서 보는 것처럼 집 뒤쪽에 수영장이나 양어장을 만들면 좋다. 이것은 땅을 파서 만드는 것으로 산성을 감소시키는 반면 향성을 강화시킨다.

이 집의 향방은 시내가 바라보이는 도로 쪽인 것임을 잘 보아라. 그러므로 주 출입구가 남동쪽〔NE1〕을 향하고 있더라도 애성반은 丑坐未向〔SW1〕으로 그려야 한다. 집의 정확한 좌향이 얼마나 중요한지를 이 예에서 볼 수 있다. 이러한 경우, 가족들이 시내 전경이 보이는 파티오에 앉아 있으면 언제나 즐거울 것이다.

그러므로 시내가 바라보이는 집 뒤쪽에 수영장을 만들면 이 집의 풍수기운을 상당히 증강시킨다.

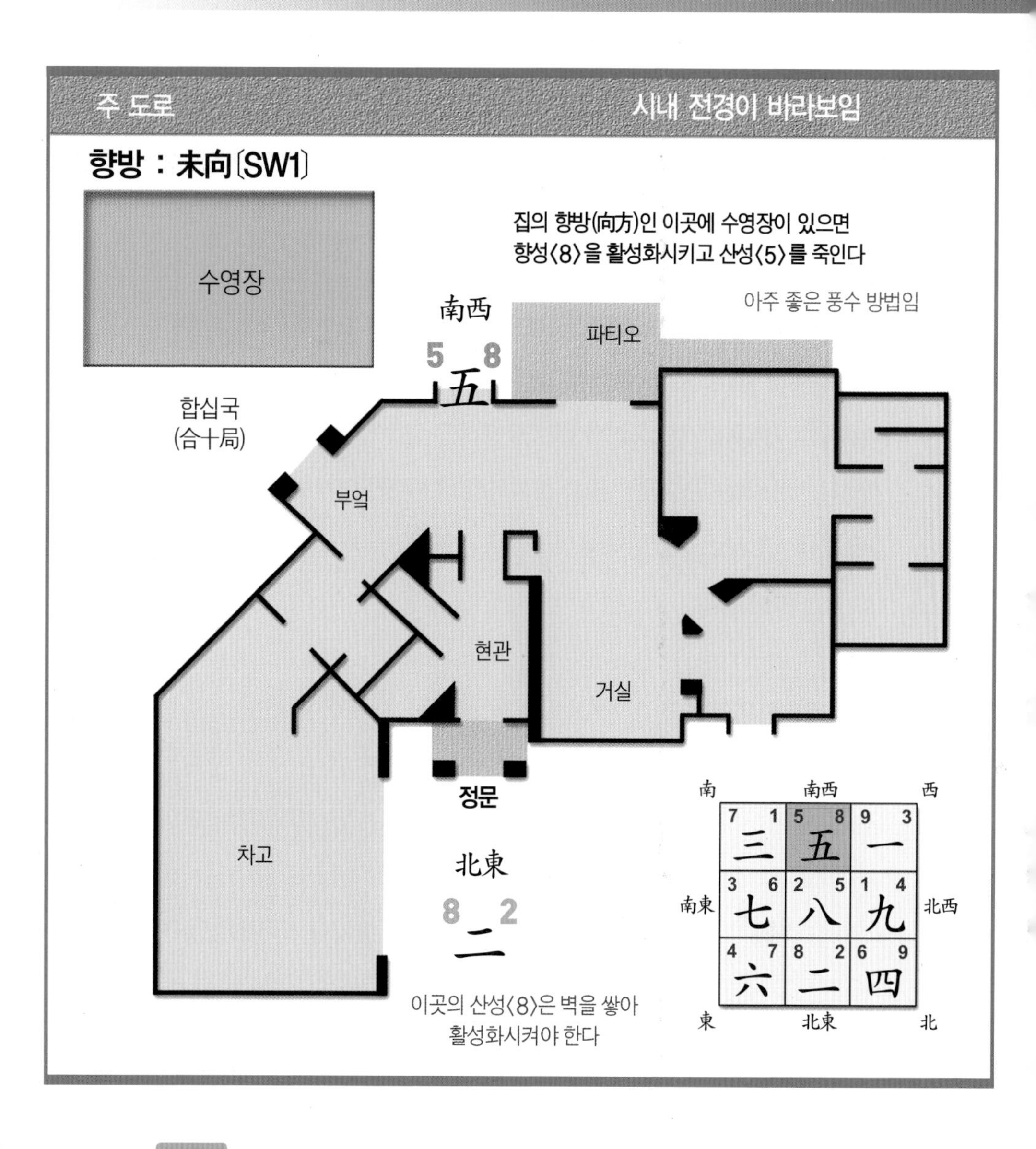

주석

이 집은 향방이 시내 전경과 도로가 보이는 집 뒤쪽이다.

집 안에 있는 물

풍수를 적용함에 있어 여러분은 원하는 대로 다 해볼 수 있는데, 집 주변의 환경에서 물의 기운을 활성화시켰으면 다음에는 집의 내부로 관심을 돌려볼 필요가 있다. 거주 공간의 내부에 장식용 물을 두는 것이 오늘날의 추세이다. 옛날에는 풍수에서 물을 활성화시키는 것은 대개 밖에서 하는 일이었으나 오늘날은 개인주택이 아름답고 편안한 안식처로 발전하고 있다.

오늘날 신분상승을 지향하는 부부들은 점점 주택에 대한 자부심이 강하다. 자기 집을 아름답게 장식하는 것이 현대 21세기 생활의 아주 중요한 방식이 되었다. 사람들은 '둥지 본능'을 습득하게 되었고 자기 집을 갖는 것이 중요한 소원이 되었다. 그러기 위해서는 좋은 기가 흐르는 편안하고 따뜻한 집을 꾸미는 것이다. 그러한 집은 행운을 가져올 뿐만 아니라 식구들이 집안에서 좋은 기분을 '느끼게' 된다. 이렇게 하는 데 가장 좋은 방법은 물을 졸졸 흐르게 만드는 것이다.

이 집은 대문 밖에 있는 조그만 연못이 향성〈8〉을 활성화시켜 집을 이롭게 한다. 내부를 꾸밀 때 소태기(小太氣)를 적용함에 있어 어떻게 식탁 공간과 거실을 구분하느냐 하는 것이다. 거실에서는 서쪽의 향성〈8〉을 거실의 서쪽으로 오도록 하고, 식탁 공간에서는 식탁 공간의 서쪽에 〈8〉이 오도록 하면 된다. 이렇게 하면 집안의 각각 두 개의 방(房)에서 향성〈8〉을 활성화시키는 방법이 되어 소태기(小太氣)의 법칙을 적용하는 것이 된다.

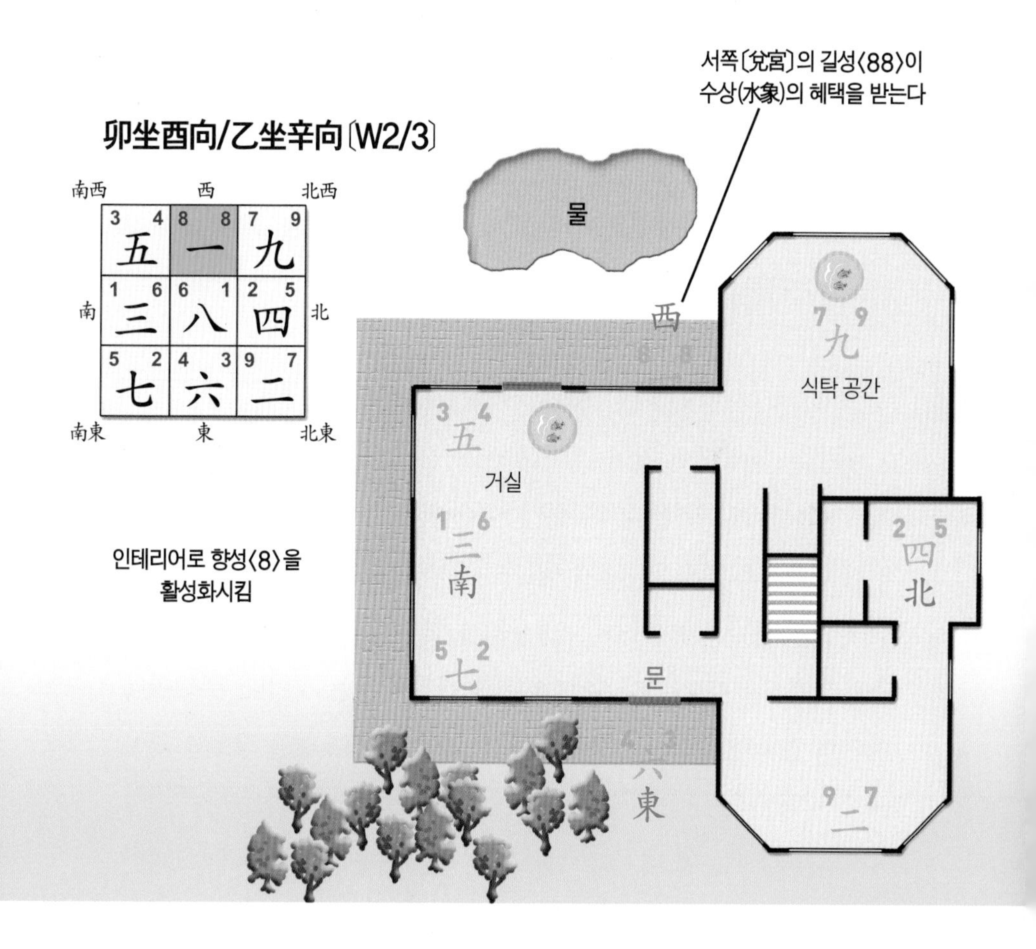

집에 이로움을 주는 수상물(水象物)

집에 이로움을 주는 물의 형상들을 뜰이나 식탁실과 같은 생활공간에다 꾸밀 수 있다. 수생식물(水生植物)을 잘 골라서 심으면 많은 양기(陽氣)를 만들어낼 수 있다. 오늘날 아주 많은 예쁜 수생식물들이 개발되어 실내장식용으로 판매되고 있는데 너무 많아서 선택하기가 힘들 정도이다. 조금만 생각해내면 집안의 거실 한 켠이나 식탁실에 아주 멋진 수생 식물원을 꾸밀 수 있다. '수생 식물원'을 만들기로 한 곳은 풍수기법상 반드시 길성이 위치하는 곳이 되도록 해야만 재물운을 증가시키게 되는데 그렇게 하는 것은 아주 쉬운 일이다.

물에는 마력적인 것이 있다. 물이 있으면 따뜻한 방을 식혀 주고 어느 곳이든 부드러운 분위기를 자아낸다. 그리하여 수상(水象)은 집안에 편안한 느낌을 연출하는데 아주 특별한 효과가 있다. 게다가 지금껏 보아왔듯이 향성〈8〉이 있는 곳을 찾아서 간단하게 풍수기법을 적용하면 되는데 거기다 수상(水象)을 만들어 놓는 것이다. 주택이나 아파트 건물의 애성반을 보고 수상(水象)을 만들어 놓을 장소를 찾아서 설치하여라.

작업을 할 때는 소태기(小太氣)의 원칙을 적용하게 되는데, 그러면 길성의 향성〈8〉이 있는 구역을 멋지게 구획할 수 있다. 그런 다음 인테리어 디자이너에게 수상(水象)이 있는 근방에다 방이나 안뜰을 설계해 달라고 부탁하면 된다.

집안에 물이 있게 되는 곳은 수족관이나, 거실 주변의 마당에 만든 조그만 양어지(養魚池)이다. 물이 들어 있는 넓은 테두리의 항아리일 수도 있고, 그림에 있는 것처럼 히아신스 색깔의 꽃을 피우는 상서로운 식물일 수도 있다. 상서로운 금붕어를 넣어 꾸며도 된다. 금붕어는 실제 물고기이거나 그럴듯한 모형 물고기여도 되는데, 이는 그림에서처럼 조그만 뜰의 연못을 멋지게 장식해 준다.

원한다면 물을 움직이며 회전하는 수정구를 놓아도 된다. 이것은 특히 사업하는 사람들에게 좋은데, 활발하게 회전하는 수정구는 매상을 올리는데 좋은 것으로 매출이 지속적으로 일어나는 것을 상징하기 때문이다.

물은 항상 상서로운 상징물과 결합될 때 풍수에서의 중요성이 더욱 커지는데 물고기 또는 거북이, 발이 세 개 달린 두꺼비 같은 영물(靈物) 등의 상서로운 상징물들과 결합하여 보완하는 것도 좋은 방법이다.

상징물은 생물로 해도 되고 인조물로 해도 되는데, 풍수는 전적으로 상징적인 것임을 명심하시라. 생물이든 무생물이든 모든 물체는 기를 가지고 있으므로 선택은 여러분의 몫이다. 필자는 생물과 인조물 두 가지 모두를 사용한다.

위쪽의 수정구는 매상을 지속적으로 올리도록 주괴와 회전볼을 사용하여 만든 아주 효과적인 수상(水象)이다.

필자는 집에서 아주 오랫동안 애완용 자라를 키우고 있다. 드루〔Drew〕, 딜란〔Dylan〕, 딕슨〔Dickson〕이라는 이름의 그들은 지금까지 나에게 행운을 가져다 주었으며, 길성의 향성〈8〉이 위치하는 우리 집의 향궁인 북쪽〔坎宮〕에서 살고 있다.

오늘날 손쉽게 구할 수 있는 수상물(水象物)들이 많이 있는데 대개는 값이 싸며, 주로 수정으로 만든 잉어, 용, 세 발 달린 두꺼비, 거북이 등이 있다. 이러한 행운의 상징물들은 운기(運氣)에 깊이와 미(美)를 더해 준다. 실제로 필자가 친구들과 함께 주로 사용하는 풍수비법은 어느 수상(水象)이든 옆에 용(龍)을 두는 것인데 이것은 실제로 중요한 차이점이 있다. 용상(龍象)이 부착된 수상물(水象物)은 목마른 용에게 '물을 주는 것'을 상징하며 이것은 행운의 기를 활발하게 해주는 아주 강력한 방법이다. 집에 수상물이 있다면 우선은 정확한 장소에 놓여 있는지를 확인하고 그런 다음 그 옆에 용을 놓는 것을 잊지 말기 바란다.

도교(道教)학자들은 이런 식으로 용상(龍象)을 사용하는 데 믿음이 강한 사람들이다. 마음에 드는 금빛의 용(龍)을 구해 수상(水象) 옆에 놓아 두어라. 아주 오랫동안 이것은 도교 풍수가들이 자기들만 알고 있던 '비법'이었다.

수상(水象) 만들기

여러분의 가정이나 사무실에 풍수를 적용하기 위해 수상물(水象物)을 꾸미려면 원하는 대로 모양을 만들 수 있다. 잊지 말아야 할 중요한 사항은 물을 애성반에 맞추어 정확한 위치에 놓아야 하는 것인데, 그래야 재물운에 막강한 영향력을 발휘하기 때문이다.

또한 물을 놓는 위치나 사용에 관한 금기사항들을 놓쳐서는 안 된다. 어느 풍수이론을 적용할 때 다른 풍수학파에서 말하는 중요한 금기사항들을 깨지 않는 것이 중요하다는 사실을 잊지 마시라. 결정하기가 힘들면 시행착오를 겪어가면서 하여라. 적어도 3개월간은 새로 만든 수상(水象)의 효과를 검증해 보아라. 그런 다음에 원하는 대로 만들어라!

캘리포니아주 애너하임의 디즈니 시내로 들어가는 길목에 있는 환상적인 물 관련 사진이 있다. 작년에 개관한 비교적 최근의 작품인데, 풍수가의 자문으로 폭포를 만들게 되었다고 들었다. 이런 폭포는 물이 밖으로 흘러나가게 해서는 안 되는데, 폭포 바로 밑에 물을 상징적으로 잡아두는 연못이 있기 때문이다. 디즈니 시내는 관광객들로 언제나 북적거린다. 필자가 2003년 6월에 그곳에

갔을 때 양기가 활기차게 넘쳐 좋아보였다. 매혹적인 도시에 걸맞게 매력적인 물의 형상들을 많이 만들어 놓았는데, 그 기운에 따라서 여기 있는 대부분의 상점과 식당들이 붐비는 것은 그리 놀라울 일이 아니었다.

타 지역에서의 여행객수 급감은 물론 전반적인 경기 침체에도 불구하고 디즈니 시내는 실제로 많은 사람들로 붐비고 있었다.

인정(人丁)과 건강운! 산성(山星)의 작용

Activating Mountain Stars For Relationship Luck

06

산성(山星)

현공풍수의 애성반에 있는 산성은 모든 인정운과 건강운을 지배한다. 길한 산성이 있는 방에서 살면 특별한 인정운과 건강운의 혜택을 받는다. 행운은 사람들이 당신에게 온정, 협조, 호의적으로 대하는 식으로 온다. 친구를 쉽게 사귀게 되고, 사랑을 받게 되며, 세상은 참말로 기분 좋은 곳이라는 것을 느끼게 된다. 산의 상징물을 정확한 위치에 놓아 산성을 활성화시키면 좋은 인간관계가 엄청난 행운으로 연결되며 건강 또한 원만하게 유지될 것이다. 그러니 산성〈8〉에도 똑같은 관심을 갖는 것을 잊지 마시라.

홍콩의 많은 풍수사들은 풍수 적용의 일환으로 산 풍경의 그림을 권장하기를 좋아한다. 필자가 수년 전 홍콩에서 일할 때 고위 중국 은행가들의 사무실을 방문할 때마다 대부분이 자기 사무실은 물론 접견실에 멋진 산 그림이 걸려 있는 것을 보고 놀랐다.

한 도교(道教)학자는 설명하기를, 산은 강력한 후원(後援)을 상징할 뿐만 아니라 천상(天上)의 용(龍)을 상징한다고 하였다. 필자가 산성〔山星, 풍수용어로 좌궁의 별〕의 개념을 알게 된 것은 그때였다. "길한 산성을 제대로 활성화시키면 가족이나 자손에게 최상의 운이 온다. 건강이 좋아지고 고령까지 장수하게 되며 자식과 손주를 보는 즐

거움을 향유할 것이다."라고 들었다.

종종 길한 산성이 있는 곳에 멋진 산 풍경화를 걸어놓는 것만으로도 좋은 관계를 끌어내기에 충분하다. 그러나 그런 그림을 걸 때에는 친밀감을 느끼는 산 그림이어야 한다.

행운의 산성(山星)

여러분이 정확한 애성반을 결정하는데 익숙해지면 집이나 사무실에서 인정운(人丁運)의 위치를 정하는 것도 알게 될 것이다.

산성은 거주자들의 인간관계, 건강, 자손운과 관련된 모든 것들을 상징한다. 산성 숫자가 길하고 제대로 활성화되면 산성이 위치하는 장소뿐만 아니라 모든 식구들에게 대단한 인정운을 가져온다.

한편, 흉성이나 피해를 주는 숫자가 오면 인기 손상 및 연인과의 문제를 유발하고, 대개 질병과 건강악화가 뒤따른다. 산성은 그래서 매우 중요하다.

길한 산성이 북쪽〔坎宮〕에 있는 경우

산성〈8〉이 북쪽〔坎宮〕에 있다면 산의 형상을 그곳에 놓도록 하되, 특히 감궁의 오행인 水를 극하는 토성(土星)의 것으로 놓아야 한다. 土가 水를 극(剋)하기 때문이다. 이는 고전 풍수이론을 무시하는 것처럼 보이는데, 감궁에 土가 있으면 풍수의 팔괘이론에서는 직업운에 영향을 끼친다고 보기 때문이다. 그래서 산성〈8〉이 감궁으로 오면 난관에 봉착할 수 있다.

천연 석영수정체는 산성〈8〉의 에너지원으로 가장 강력한 활성제이다

그러나 풍수 전문가들에게 이것은 문제가 되지 않는다. 그들의 깊은 오행지식이 일반적인 오행 순환의 얄팍한 이론을 뛰어넘기 때문

이다. 그들에 따르면 산성〈8〉이 감궁(坎宮)으로 오면 土와 水가 효과적으로 결합하는 좋은 기회가 되어 식물이 자라고 번성하는 데 좋은 환경을 만든다는 것이다. 이는 자식들의 결혼에서는 물론 사업에서 전략적인 제휴를 이끌어내는 기회가 됨을 의미한다.

이런 운을 취하기 위해 토성(土星)의 보물(寶物)을 상징하는 특별한 수정체를 놓아두면 아주 효과적인데, 결집력이 강한 천연 수정체여야 한다. 수정체 안에 조그마한 조명을 끼워 넣으면 수정체를 활성화시키게 된다.

흉한 산성이 북쪽〔坎宮〕, 동쪽〔震宮〕, 남동쪽〔巽宮〕에 있는 경우

흉한 산성이 북쪽〔坎宮〕이나 동쪽〔震宮〕이나 남동쪽〔巽宮〕으로 올 때 거기에 물이 있으면 거주자들에게 막대한 영향을 끼친다. 수기(水氣)를 동시에 활성화시키면서 흉한 산성을 제압하거나 극제하는 가장 좋은 방법은 땅에 구덩이를 파고 물을 채우는 것이다.

이는 조그만 장식용 연못이나 수영장을 만드는 것을 의미한다. 흉한 산성을 제압하기 위해 땅에 구덩이를 파는 것이 가장 좋은 상징의 방법이기 때문인데, 흉한 산성은 모든 인정운을 파괴하고 애정생활을 엉망으로 만든다. 이렇게 하면 산성입수(山星入水)라고 하는 치유의 방법이 된다.

여기 제시하는 그림은 현공비법으로 해결하는 방법을 적절하게 상징화하고 있다. 많은 풍수사들에 따르면 땅에 구덩이만 파도 물을 상징한다고 한다. 따라서 부정적인 산성[〈2〉나 〈5〉가 될 때]의 악영향을 감지할 때마다 땅에 구덩이를 파는 것이 가장 좋은 해결책이다.

구덩이를 팔 때에는 다음 사항을 유의하여야 한다. 일반적으로 집을 수리할 때 집 안에 구덩이를 파는 것은 결코 바람직하지 않다는 사실을 명심하여라. 집안에 연못을 파는 것은 집을 새로 지을 때이지 수리를 할 때가 아니다. 집수리 중 집안에 연못을 파는 것은 이미 있는 연못 주변에다 팔 때뿐이다. 이렇게 하는 것이 연못은 물론 집에 대해서도 풍수를 최적으로 적용하는 것이 된다. 집안에 구덩이를 파는 것은 대개 재물 손실을 의미한다.

또한 침실에 있는 흉한 산성을 제압하기 위해 물을 사용하는 것은 좋은 방법이 아니다. 침실 안에 있는 물[더 나쁜 것은 연못]은 지극히 해롭다. 침실에 있는 흉한 산성을 제압하는 가장 좋은 방법은 오행이론을 적용하는 것으로 풍경(風磬)을 달아매는 것이 가장 좋다. 이 방법을 쓰면 토성인 〈2〉와 〈5〉를 직접 설기시킨다. 풍경을 달아 비보(裨補)하려면 8개의 금속 봉이 달려 있어야 하며, 방 옆에다 달아야 한다. 풍경 아래에서는 자거나, 걷거나, 앉아 있지 말아야 한다.

산성(山星)〈8〉

8운에 이 숫자의 운은 엄청나게 특별하다. 인정운과 건강운을 활성화시키려면 애성반에서 산성〈8〉을 찾아야 한다. 산성을 찾았으면 적당한 산(山)의 형상으로 활성화시켜 주어야 한다.

다음과 같이 집안의 중요한 장소에 길한 산성〈8〉이 있는지를 보아라.

1 향성(向宮), 즉 대문이 있는 현관

산성〈8〉이 이곳에 있을 때 수정구, 천연 수정체, 또는 수정으로 된 물체를 이곳에 두면 산성〈8〉을 활성화시켜 대단한 인정운을 가져온다.

2 안방

이곳에 산성〈8〉이 있으면 집안에서 가장 중요한 사람〔家長〕에게 혜택을 주는데, 산성은 자수정체나 천연 석영수정체가 가장 잘 활성화시킨다. 이러한 것들을 침대의 발치 밑에 두어라.

침실의 산성〈8〉을
자수정체로 활성화시켜라

좌궁(坐宮), 즉 집이 앉은자리를 뜻하는 집의 뒷쪽

대개 산성〈8〉이 집 뒤쪽으로 오면 뒤에 산을 상징하는 조그만 언덕이 있거나 견고한 벽이 있으면 좋다. 그림에 있는 것처럼 화강암은 토성(土星)을 강조하는데, 산성이 있는 방위가 길하다면 아주 유익하게 작용한다. 자연 경사지도 마찬가지인데, 이처럼 집 뒤에 경사지가 있을 때 뒤쪽으로 산성이 길수(吉數)로 오면 경사지가 천연 활력소로 작용하여 혜택을 준다.

산성〈8〉 활성화시키기

가족들의 건강과 인정운을 확실하게 하는 가장 중요한 방법 중의 하나는 산성〈8〉이 있는 장소에 기를 불어넣는 것이다. 여러분의 집에서 그런 위치를 찾으려면 '좌향'은 물론 집의 기간운(期間運)을 알아야 한다. 그래야 애성반을 작성할 수 있다. 길한 산성의 위치를 알았으면 그것을 제대로 활성화시켜 주어야 사랑과 행복으로 인도하는 인정운을 끌어들인다.

어느 건물에서나 산성〈8〉을 활성화시킬 때 고려해야 할 몇 가지 요소가 있다. 마당이 딸린 집〔**단독주택**〕에서 사는 사람들은 집 밖의 담장으로 둘러쳐진 정원 안에 있는 산성〈8〉을 활성화시키면 혜택을 누리게 되는데, 가급적이면 벽의 형상이 집의 일부로 보일 정도로 높고 뚜렷하게 보이는 것이 좋다.

또한 집안에 있는 거실, TV룸, 식탁 공간처럼 가족들이 모이는 모든 장소에서도 동시에 산성〈8〉을 활성화시킬 수 있다. 그런 방에 산의 형상이 있으면서 산성〈8〉이 함께 있으면 엄청난 혜택을 누린다.

다음에 예시한 丑坐未向〔SW1〕의 그림에서 붉은 색으로 네모 표시를 한 곳이 바로 그러한 곳이다.

아파트에 사는 사람들은 자기 집안에서 산성〈8〉을 활성화시킬 수 밖에 없다. 아파트에서는 산성〈8〉이 큰 조망창이 있는 파티오나 발코니에 있고, 멀리 산이 보이면 산성〈8〉의 작용력이 강해진다.

마찬가지로 산성〈8〉의 위치가 집 뒤에 있으면 좌궁(坐宮)이나 좌궁의 옆으로 오는 것이 되므로 뒤쪽에 벽을 세우는 것이 좋은 풍수 방법이다. 즉, 집의 안팎에서 소태기(小太氣)를 적용하여 활성화시키는 것을 풍수현장에서 종종 볼 수 있다.

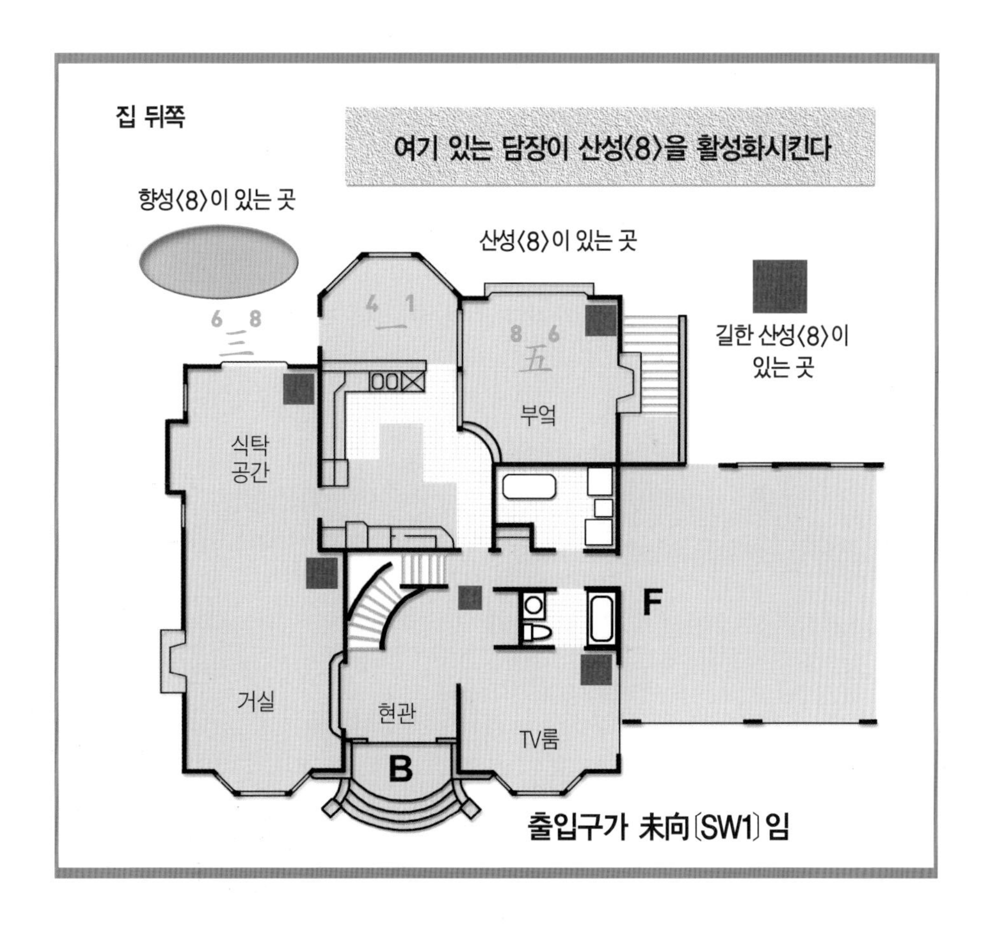

장식용 벽

풍수를 적용하는 데 있어 미(美)적인 가치를 더할 수 있도록 장식용 벽을 만들 수 있다. 벽을 다양하게 설계하는 데는 제한이 없지만 풍수의 중요성이 부각되도록 정확한 위치에 설치하여야 한다. 풍수상의 이유로 정원에 장식용 벽을 만들려면 잊지 말아야 할 몇 가지 유용한 기본사항이 있다.

벽을 세우려고 하는 위치를 파악하여라. 벽의 위치가 길한 산성 〈8〉이 있는 곳에 정확하게 해당되면 식구들에게 우정, 사회운, 심지어 연애운까지도 분명하게 가져다 준다. 여기에 몇 가지 기본 지침을 제시한다.

1 벽은 대개 땅 위에 세워지는데 땅의 위치가 중요한 문(門)의 전망을 가려서는 절대로 안 된다. 그림에 보이는 것은 대리석으로 된 단단한 벽인데, 이것이 정확한 위치에 세워져 있으면 산성을 확실하게 활성화시킨다. 이 벽의 모습은 필자가 2003년 6월에 들렀던 미국 로스앤젤레스에 있는 유명한 게티(Getty) 박물관의 전경 중 일부이다.

2 벽의 높이는 주변을 압도할 정도가 아니면 상관없다. 산의 형상〔山形〕은 주택이나 건물에 대해 지지(支持) 역할과 조경을 멋지게 하는 보완역할을 해야지 풍수상의 이유로 세워진 벽이 그 주변을 압도해서는 안 된다.

3 벽 근처에 수영장으로 물을 뿜는 '분수대'와 거품용 분출구가 있다면 반드시 물이 주택이나 건물의 안쪽으로 뿜도록 해야지 바깥쪽으

로 뿜도록 해서는 안 된다. 인정운을 증가시키려고 재물운을 망칠 필요는 없다. 그림에 보이는 건물은 물의 형상이 눈에 띄면서도 '산'이 지배하는 형상으로 설계되어 있다. 산이 조그마한 수영장을 압도하고 있음을 볼 수 있다.

4 벽의 형상은 산성〈8〉이 오는 궁에 있는 것이 가장 좋은데 산성〈5〉와 〈2〉가 오는 곳에 있으면 절대 안 된다. 엉겁결에 흉성을 활성화시키기 때문이다. 〈2〉와 〈5〉는 토성(土星)이므로 이 숫자들이 있는 곳에 벽을 만들면 그 힘을 강화시켜 식구들이 불행에 빠진다. 이런 흉한 산성수(山星數)가 오는 곳에 이미 벽이 만들어져 있다면 덩굴식물을 심어 토성(土星)을 통제하면 된다. 오른쪽 그림은 그러한 예를 보여준다.

5 벽은 항상 집 앞쪽에 있는 것보다 뒤쪽에 위치하는 것이 더 좋다. 그러나 산성이 향궁에 있다면 앞쪽에 장식용 벽을 만드는 것도 좋다. 많은 8운의 애성반에서, 집이나 건물의 향궁이나 좌궁에 산성과 향성이 "〈88〉"로 함께 있는 것을 보게 될 것이다. 그런 경우에는 향성〈8〉을 활성화시킬 것인지, 산성〈8〉을 활성화시킬 것인지를 결정해야 하는데 할 수만 있다면 둘 다 해도 좋다.

예를 들면, 산성과 향성 〈88〉이 있는 곳에서는 수영장 옆에 장식용 벽을 세울 수도 있다. 하지만 그렇게 할 때에는 물론 길한 산성이 "물에 빠지는" 위험도 감수해야 하는데, 그것은 물이 얼마나 깊은가에 달려 있다. 대개 향성과 산성의 〈88〉이 함께 오는 상황을 헛되지 않게 하기 위해서는 방이나 건물 안에 길한 향성과 산성의 소태기(小太氣)를 둘 다 활성화시키는 것이 좋은 방법이다.

6 마지막으로, 모든 장식용 벽은 그야말로 청결하게 유지해야 하며 벽의 기를 제압할 필요가 없는 한 덩굴식물을 너무 자라게 해서는 안 된다. 아래 그림은 벽의 기를 제압하지 않으면서도 식물과 벽을 조화롭게 어우르는 방식을 보여준다.

인상적인 산의 형상이 길한 산성이 있는 건물의 코너에 세워져 있다. 벽에 녹색 식물을 심어 더욱 멋지게 보이지만 식물은 대리석 벽을 압도하지 않고 있다

산(山) 그림

풍수를 적용할 때 여러분이 원하는 대로 "안 될까 봐 두려워할" 수도 있으니 인정운과 건강운을 가져다주는 별(애성)을 놓치지 않도록 확실하게 하려면 길한 산성이 있는 집안의 중요한 방마다 산 그림이나 사진을 걸어 놓으면 된다. 즉, 침실은 물론 거실, 공부방 등에 산이 그려진 그림을 걸어 놓는 것을 의미한다.

산(山) 그림은 구하기 쉽다. 특별히 중국의 풍경화를 좋아한다면 선택의 폭이 넓어 결정하기가 쉽지 않을 정도이다. 홍콩, 대만, 중국의 재계 거물들은 자기 집이나 사무실에 멋있는 풍경화를 항상 걸어 놓는 것을 볼 수 있는데 그들이 고르고 주문하는 산수 풍경화에는 특별한 의미가 담겨 있다. 예를 들면, 산의 모양, 색깔, 심지어는 봉우리와 협곡의 숫자까지도 풍수상 중요한 의미가 담겨 있는 것이다.

풍수상의 목적으로 길한 산성을 활성화시키기 위해 산 그림을 걸어놓을 때는 그림 안에 물의 형상이 없는 것을 고르는 것이 가장 좋다. 날아다니는 새가 있고 상서로운 식물과 소나무 같은 나무들이 있으면 더욱 좋다.

이 산 그림은 풍수를 염두에 두고 그린 것이다.
앞에 소나무, 멀리 눈 덮인 산봉우리, 나는 새의 무리가 있는 것을 보아라.
새가 있으면 항상 풍수적으로 좋다. 어느 종의 새이던 괜찮으며 많을수록 좋다!

황금(黃金) 산

또 달리 산성을 활성화시키는 방법은 길한 산성이 위치하는 곳에 황금 산을 만드는 것이다. 금덩이처럼 보이도록 돌을 쌓아 페인트 칠을 해도 좋고, 금색을 덧칠한 실제의 나뭇잎을 붙여 만든 산 그림이어도 좋다.

Changing House Period

집의 운 바꾸기

07

집의 운 바꾸기

7운과 8운의 애성반을 숙지하였으면, 이제 집의 운을 8운으로 바꿀 것인지 말 것인지를 결정할 필요가 있다. 운을 바꾸면 집안의 기가 정체되지 않게 되므로 반드시 그렇게 해야 한다. 현공풍수에서는 20년 주기가 바뀌자마자 이전 운에 건축하거나 개조한 모든 집은 곧바로 기가 줄어들기 때문에 선택의 여지가 없다고 생각한다. 집의 배터리가 방전되는 것과 같아 길운이 녹아 없어지기 시작한다.

7운에는, 6운에 건축하거나 개조한 모든 집은 기가 소멸되고, 7운으로 바꾸지 않은 채 그대로 사는 사람들은 행운이 줄어들었다. 마찬가지로, 모든 7운의 집은 8운으로 바뀌자마자 기를 잃게 되며, 그런 집에 사는 사람들은 운이 줄어드는 것을 느끼게 될 것이다. 어떤 풍수사들은 7운의 끝자락, 즉 2002년이나 2003년에 완공한 집이라면 집의 기가 계속 강하게 남아 있고 8운의 기를 일부 취할 수도 있을 것이라고 주장한다.

그러나 필자는 2003년에 완공한 새집이라 하더라도 기를 8운의 것으로 바꾸도록 반드시 조치를 취해야 한다는 학설에 더 동감한다. 어느 정도는 수리를 해야 한다는 뜻이다. 그러나 이렇게 말은 하지만 운을 바꾸는 결정이 그렇게 간단하지 않은 상황들이 많이 있다. 여기에 그 몇 가지를 나열해 본다.

여러분 집의 7운 애성반이 더 좋다면 어떻게 할 것인가?

7운과 8운의 애성반을 면밀히 검토해 보면 많은 경우에 있어서 8운의 것보다 7운의 것이 기의 흐름이 더 좋은 것으로 나타난다. 그런 상황에서는 운을 바꾸는 것이 더 나쁜 운을 가져다 줄 뿐이다. 그럴 때는 1~2년 기다리며 새로운 기가 여러분의 운에 어떤 영향을 미치는지를 보라고 권고하고 싶다.

필자는 최근 운에 지은 집의 기가 애성반에서의 운의 흐름보다 훨씬 더 중요하다고 귀가 따갑게 들어왔다. 정말로 그토록 7운의 애성반이 더 좋게 작용한다 하더라도 운을 바꾸려는 노력은 계속 하여야 한다. 적어도 8운의 애성반에 맞도록 방의 배치는 바꾸어야 한다.

자신의 침실과 출입문이 8운의 애성반에서 정말로 나쁜 숫자에 피해를 받고 있다면 어떻게 하겠는가? 그래도 바꾸겠는가?

답은 '그렇다' 이다. 출입문은 물론 침실의 위치를 새로 배치하는 것이 좋다. 변화를 주면 곧 기의 변화에 영향을 주는 것이 됨으로 집 안에 기의 흐름을 바꾸는 것만으로도 좋은 일이 될 수 있다.

이렇게 말은 하지만 많은 사람들에게 있어 집을 수리하는 것이 그리 쉬운 문제가 아니라는 사실을 잘 알고 있다. 필자 역시도 필자의 풍수운을 보호하기 위해 80년대 중반에 지은 집을 같은 방법으로 바꿔야 하니 말이다.

어떤 식으로도 수리하기가 불가능하다면 어떻게 할 것인가?
예를 들어, 세 들어 살고 있거나 수리할 여유가 되지 않는다면?

만약에 집의 운을 바꾸기 위한 수리작업이 불가능하다면 차선책이 있는데, 집으로 많은 양의 신선하고 새로운 양기(陽氣)를 끌어들일 수 있는 경우를 만드는 것이다. 다만, 전환점이 되는 2004년 2월 4일 이후에 하여라.

집에 다량의 양기(陽氣)를 만드는 몇 가지 방법을 제시한다

첫째 운이 바뀌는 시점 이후에 집들이를 크게 하는 것이다.

될 수 있으면 많은 사람들과 친구들을 초청하여 시끌벅적하게 하는 것이다. 그리고 초청할 사람들은 서로가 마음을 터놓고 지내는 긍정적인 사람들이라야 한다. 여러분이 생성하는 기가 긍정적이고 힘을 불어넣어 주는 것이 되도록 해야지 부정적이고 적대적인 것이 되게 해서는 안 된다.

될 수 있는 한 많은 애들도 초청하고 등불, 풍선, 행복을 의미하는 물건들을 매달아 놓아야 한다. 생음악이 흐르는 분위기에 음식을 많

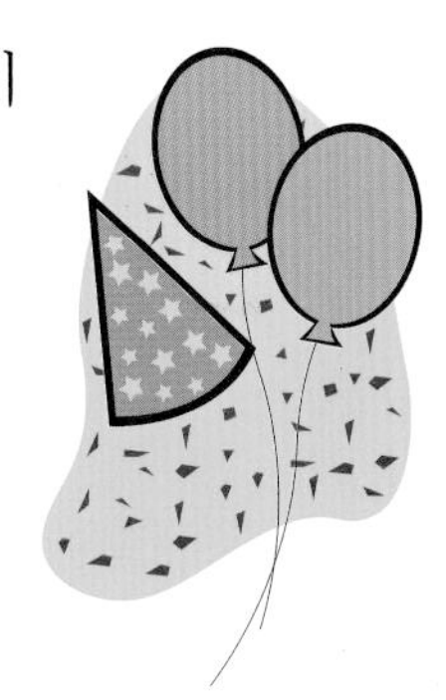

이 준비하고, 모든 문과 창문을 열어놓아 집안으로 기가 유입되도록 해야 한다. 애들이 웃으며 좋아하는 파티를 성공적으로 여는 것이 오래되고 정체된 기에 활기를 불어넣는 가장 좋은 방법 중의 하나이다. 몇 년 뒤에 바뀔 운까지 충분한 시간을 두고 기를 받아야 한다.

사자춤을 준비하는 것을 고려해 보아라.

이것은 '소음' 을 만드는 아주 시끄러우면서도 효과적인 방법이다. 사자춤이 인기가 많은 아시아 지역의 도시에서 대부분의 사자춤 공연단은 다양한 사자춤을 잘 춘다. 그러니 그들에게 바뀌는 운에 대한 공연을 해달라고 부탁하여라. 어떤 경우이던 음력 새해에 사자춤을 추면 좋은 법이다. 따라서 여러분이 정말로 집의 운을 바꿀 수 없다면 사자를 끌어들이도록 하여라. 설령 집의 운을 바꿀 수 있다 하더라도 집안에서 사자춤 공연을 열면 아주 좋다.

집을 새로이 페인트칠을 할 수도 있다.

지금의 색깔보다 약간 화려한 색을 택하는 것이 신선하고 새로운 기를 창출하는 좋은 방법이다. 8운에 가장 좋은 색은 황색〔土星의 색〕이라는 것도 참고하여라. 7운에 백색이 가장 좋은 색이었던 것과 마찬가지로 황색은 8운에 가장 잘 맞는 색이다. 색깔을 고르기가 힘들면 더 밝은 색을 택하면 된다.

천기(天氣) 바꾸기_환천심(換天心)

집의 운을 8운으로 바꾸는 데는 중요한 세 가지가 있는데 그중 첫 번째가 환천심(換天心)을 하는 것이다. 환천심은 지붕을 개량하는 것을 의미한다.

홍콩의 풍수사들은 지붕 개량의 중요성을 엄청나게 강조한다. 그들은 "하늘에서 새롭고 신선한 기가 들어오지 않는다면 어떻게 집안의 기가 새로워지겠는가?"라고 말한다.

그들이 말하는 지붕 개량은 단순한 겉치장이 아니다. 옛날 지붕을 뜯어내고 최소한 3일이 지난 뒤에 그 자리에 새 기와를 얹는 것이다.

그러나 환천심은 상징적인 일일 수도 있다. 옛날 지붕을 뜯어내고 새 기와를 얹는다면 지붕을 뜯어낸 채로 3일씩이나 있을 필요가 없다고 필자는 생각한다. 특히 장마철에는 더욱 그렇다. 또한 지붕 전체를 바꿀 필요도 없다. 집의 중심부〔향궁에 있는 현관〕 쪽 지붕을 바꾸기만 하면 충분하다. 그러면 기가 하늘로부터 집안으로 들어온다.

마지막으로, 비용을 아끼려는 사람들은 지붕 전체를 새 기와로 바꿀 필요가 없다. 지붕의 일부분을 새 기와로 바꾸는 것만으로도 충분하다. 나머지 부분은 깨끗이 닦고 페인트칠을 하면 된다.

지기(地氣) 바꾸기

두 번째로 효과적인 방법은 집의 지운(地運)을 바꾸는 것인데, 그것은 바닥을 뜯어내고 새로 바꾸는 것이다. 현대식 가옥에서는 바닥 타일을 바꾸면 된다.

지붕 개량에서처럼 무엇을 토기(土氣)의 변화로 볼 것이냐에 대하여 풍수사들의 의견이 일치되지 않는다. 다시 말하건대, 집 전체를 수리하는 것처럼 거창한 개조를 할 필요가 없다는 것이 필자의 생각이다. 향궁(向宮)의 바닥만 바꾸면 충분하다고 생각한다.

또한, 새로 바닥을 넓히는 작업을 하려면 기존의 바닥은 손을 댈 필요가 없다. 바닥 면적을 넓히기만 하면 신선하고 새로운 기가 집안으로 들어온다고 한다. 바닥 타일을 바꾸는 것은 아주 번잡스러운 일이므로 이렇게만 하면 아주 확실하다.

게다가 집 전체를 새로 페인트칠하는 것도 좋은 방법이다. 이것은 중요한 실천방법으로써 집의 안팎을 새로 페인트칠하면 운을 바꾸기에 충분한 개조라 할 수 있다고 주장하는 풍수 전문가들이 많다.

필자는 잘못될까 두려워하는 사람에 속하기 때문에 이 점에 대해서는 동의하기가 망설여진다. 필자는 운을 바꾸려고 집을 개조할 때 확실한 효과를 보게끔 확실한 개조방법을 택하는 것을 더 좋아한다. 따라서 필자는 7운의 집을 8운으로 바꾸기 위하여 새로 페인트칠하는 것을 분명히 옹호하면서도 바닥까지도 바꾸도록 할 것이다.

대문(大門) 바꾸기

세 번째로는 대문을 바꾸는 것이다. 이것은 운을 바꾸는 데 있어 기본적인 사항으로 여겨지는데, 대문을 새로 내지 않으면 기(氣)가 지난 운의 것으로 그냥 남아 있게 된다고 한다.

대문을 바꾼다는 것은 완전히 새로 만드는 것을 의미한다. 집의 운을 바꾸는 것은 앞문의 위치를 바꾸는 것에 대한 결정사항이기도 하다. 대문이 향궁의 위치를 결정하기 때문에 '최상의 길수'가 대문에 오도록 전면(前面)을 정하여야 한다.

다음 그림에서 제시하는 예를 보아라. 이것은 서쪽〔兌宮〕을 향하고 있는 집으로 전면의 중앙〔酉向〕에 길성인 산성과 향성〈88〉이 있다. 그러므로 이런 경우에는 앞문을 전면의 왼쪽에서 중앙으로 옮겨야 한다. 거의 모든 8운의 애성반에서는 중앙의 궁이 '가장 좋은' 운이 된다는 것을 알아두는 것이 좋다. 이는 8운에서는 집이 좁지 않고 넓어야 한다는 것을 의미한다.

현공풍수 전문가들에 따르면, 집이 좁아서 달랑 방 두 개로 집의 넓이를 차지한다면 방과 방 사이의 중간선이 없어지게 된다고 한다.

그러면 8운에 집의 중간선으로 오는 길성의 숫자 〈8〉의 혜택을 볼 수 없게 된다. 필자는 이런 해석에 별로 동의하지 않는다. 그럼에도 불구하고 집의 넓이를 상징적으로 3등분하는 것도 좋은 방법이다. 그러면 길성인 〈8〉을 효과적으로 취할 수 있기 때문이다.

또 다른 방법은 집의 넓이에 꽉 차는 큰 방 하나를 두는 것인데, 그러면 중앙선을 '넓어지게' 하여 중앙에 오는 숫자들이 균형을 취할 수 있게 된다.

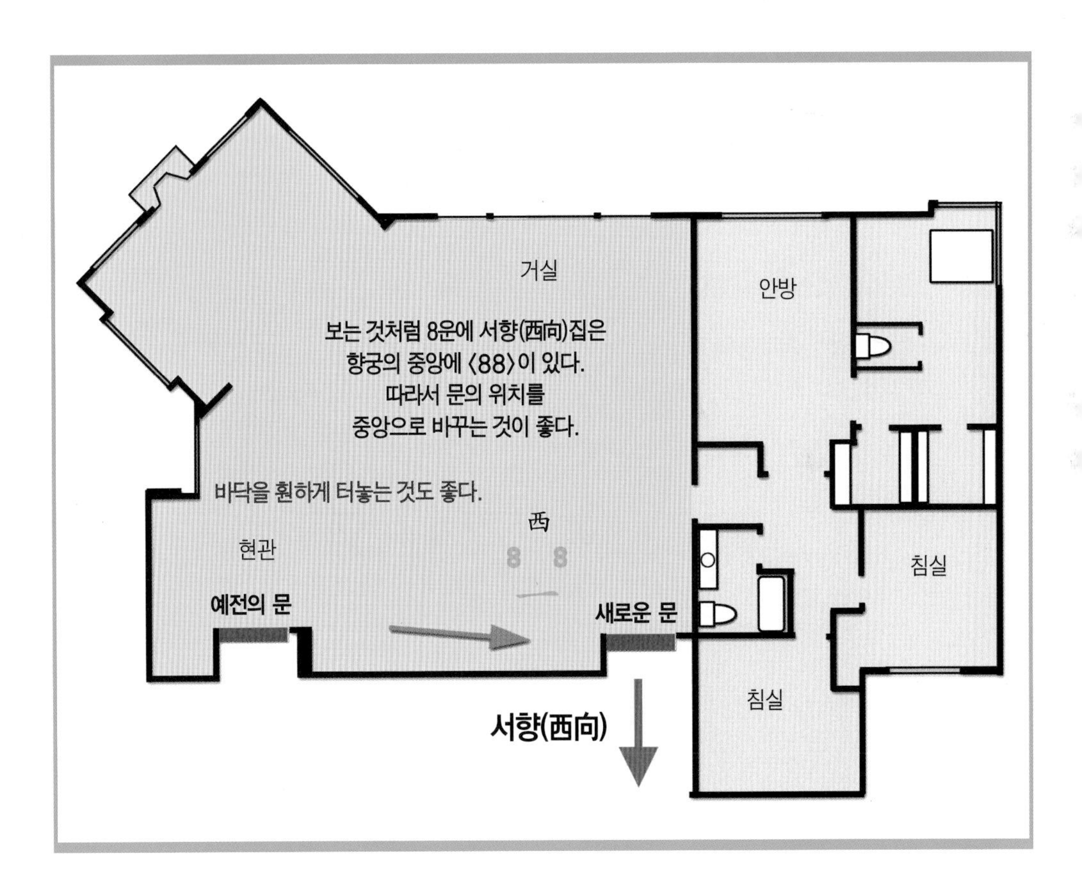

매년 주목해야 할 악살(惡殺)들

집수리를 할 때 염두에 두고 꼭 지켜야 할 중요한 사항이 있는데, 그 해마다 살(煞)이 있다는 것이다. 이런 살(煞)들은 애성반의 연명성에 악영향을 끼친다. 주목해야 할 세 가지 악살이 있는데 태세(太歲), 삼살(三殺), 그리고 오황(五黃)이다. 수리를 하려는 해에 이런 악살들이 어디에 있는지를 아는 것이 중요하다. 왜냐하면 이런 세 개의 살이 오는 궁을 교란해서는 안 되기 때문이다. 이곳을 건드리면 식구들에게 심각한 흉운을 유발한다.

따라서 2004년부터 여러분 집의 어느 방위를 건드리면 안 되는지를 정확하게 찾는 것이 좋다. 다음에 삼살이 위치하는 곳을 요약해 놓았다.

2004년

다음 궁에서는 수리작업을 해서는 안 된다

南西〔申宮. SW3〕에는 태세(太歲)가 있고

南〔離宮. S〕에는 삼살(三殺)이 있으며

中宮에는 오황(五黃)이 있기 때문이다.

2005년

다음 궁에서는 수리작업을 해서는 안 된다

西〔酉宮. W2〕에는 태세(太歲)가 있고
東〔震宮. E〕에는 삼살(三殺)이 있으며
北西〔乾宮. NW〕에는 오황(五黃)이 있기 때문이다.

2006년

다음 궁에서는 수리작업을 해서는 안 된다

北西〔戌宮. NW1〕에는 태세(太歲)가 있고
北〔坎宮. N〕에는 삼살(三殺)이 있으며
西〔兌宮. W〕에는 오황(五黃)이 있기 때문이다.

2007년

다음 궁에서는 수리작업을 해서는 안 된다

北西〔亥宮. NW3〕에는 태세(太歲)가 있고
西〔兌宮. W〕에는 삼살(三殺)이 있으며
北東〔艮宮. NE〕에는 오황(五黃)이 있기 때문이다.

나머지 해에도 이렇게 구궁의 순서에 따라 그 해에 해당되는 악살들의 방위를 찾으면 된다.

매년 이런 살들이 위치하는 곳을 점검하여 풍수를 적용하여야 한다. 그때그때 이런 것들을 알려면 www.wofs.com이나 풍수월드 잡지를 참고하기 바란다.

위에 열거한 금기사항들은 부분 수리를 할 때 특히 중요하다는 것을 명심하여라. 중요한 것은 이런 살들이 있는 곳을 쿵쿵 치거나, 두드리거나, 파거나, 절단하여 살(煞)들이 동(動)하게 해서는 안 된다. 악살이 동(動)하면 식구들에게 손실, 건강악화, 사고 등을 유발한다.

만약 수리작업을 광범위하게 하면 집 전체를 두드리고 파고 쿵쿵거리게 될 것인데, 그때는 살(煞)이 있는 곳에서 수리작업을 시작하거나 끝내지 않도록 주의하여야 한다. 그러니 길한 연명성과 월명성이 있는 곳에서 수리작업을 시작하고 끝내는 것이 항상 유익하다.

마지막으로 집의 운을 바꾸기 위해 수리작업을 할 때는 풍수 만세력을 참고하여 길일(吉日), 길시(吉時)를 택하여 작업을 시작하도록 하여라.

또한, 어느 띠가 작업 착수일과 충(沖)하는 지를 알아보아라. 여러분의 띠와 충하지 않거나 식구들 누구와도 충이 없는 날을 택하여 작업할 것을 제안한다.

實用玄空風水

1판 1쇄 인쇄 | 2013년 3월 8일
1판 1쇄 발행 | 2013년 3월 15일

지은이 | 릴리언 투
옮긴이 | 이민열
펴낸이 | 문해성
펴낸곳 | 상원문화사
주소 | 서울시 은평구 신사1동 32-9호 대일빌딩 2층(122-882)
전화 | 02)354-8646 · **팩시밀리** | 02)384-8644
이메일 | mjs1044@naver.com
출판등록 | 1996년 7월 2일 제8-190호

책임편집 | 김영철
표지 및 본문디자인 | 개미집

ISBN 978-89-87023-99-1 (03150)